Zu diesem Buch

Scientology – in Selbstdarstellungen eine Religion, in der Realität ein multinationaler Konzern, der mit Heilsversprechungen vermutlich Milliarden scheffelt. Die Organisation betreibt Mission mit allen Mitteln und versucht, durch systematische Unterwanderungsaktivitäten Einfluß in Wirtschaft, Politik und Kultur zu gewinnen. Geschichten von Aussteigern belegen die massiven psychischen Schäden bei den Betroffenen und zeigen die persönlich verheerenden Konsequenzen der finanziellen Existenzvernichtung, die denen droht, die sich auf die Hubbardsche Heilslehre einlassen.

Dieses Buch informiert über Praktiken, Aktivitäten und Aufbau der Scientology-Organisation, wobei psychologische, juristische, weltanschauliche und politische Hintergründe Berücksichtigung finden.

Jörg Herrmann (Hg.)

MISSION MIT ALLEN MITTELN
DER SCIENTOLOGY-KONZERN AUF
SEELENFANG

Rowohlt

16.–23. Tausend September 1992

Originalausgabe
Veröffentlicht im Rowohlt Taschenbuch Verlag GmbH,
Reinbek hei Hamburg, August 1992
Copyright © 1992 by Rowohlt Taschenbuch Verlag GmbH,
Reinbek bei Hamburg
(Umschlagfoto Bill
Nation-Dupe/Focus)
Satz Bembo (Linotronic 500)
Gesamtherstellung Clausen & Bosse, Leck
Printed in Germany
1490-ISBN 3 499 19341 8

INHALT

Jörg Herrmann

EINLEITUNG

Sportler werben für Milchprodukte oder Autos, Entertainer sind gegen gutes Geld für Gummibärchen geistreich, und Politiker lassen sich schon mal mit einer Kreditkarte fotografieren. Prominenten Wissenschaftlern begegnet man in der Warenwelt dagegen seltener. Eine Ausnahme bildet der wohl populärste Naturwissenschaftler dieses Jahrhunderts, Albert Einstein. Sein Konterfei schmückt vorzugsweise Werbeschriften des Scientology-Konzerns. Er wäre, lebte er noch, wohl kaum damit einverstanden, daß ausgerechnet diese Organisation mit seinem Abbild auf Kundenfang geht.

Doch Einstein kann sich nicht mehr wehren, und die Jünger des ehemaligen Science-fiction-Autors L. Ron Hubbard werden sein Image weiterhin zu schätzen wissen: Der von dem französischen Philosophen Roland Barthes[1] so treffend beschriebene Einstein-Mythos eignet sich schließlich hervorragend als Anknüpfungspunkt für scientologische Missionsversuche. Der geniale Mathematiker gilt dem verbreiteten Mythos zufolge als der Mensch, der die Chiffre des Stahltresors mit den letzten Geheimnissen des Universums fast gefunden hat. Einstein war ganz nahe dran! Und das, obwohl er, wie die Scientologen kolportieren, selbst gesagt haben soll: «Wir nutzen nur 10% unseres geistigen Potentials.» Trotzdem seien seine 10% «recht erfolgreich» gewesen, räumt eine scientologische Werbeschrift[2] ein und schließt die Frage an: «Was wäre passiert, wenn er seine restlichen 90% eingesetzt hätte?» Nicht auszudenken! Doch anstatt sich an der Vision eines hundertprozentigen Einstein zu berauschen, fährt man so fort: «Leider gab es zu seiner Zeit noch nicht das Buch und die Techniken der Dianetik. Mit der Dianetik können Sie an die restlichen 90% Ihres geistigen Potentials kommen. Das klingt so unglaublich, so neu, daß wir es Ihnen nur anbieten können.» Wer sich auf das unseriöse Angebot einläßt, bekommt es nun endlich mit dem Mann zu tun, der nach scientologischer Überzeugung da weitermachte, wo Einstein an seine Grenzen stieß: L. Ron Hubbard. Der Relativitätstheoretiker verhält sich im scientologischen Koordinatensystem zu diesem Genius wie Johannes der Täufer zu Jesus Christus im christlichen. Der Amerikaner Hubbard hat den Schlüssel zum Geheimnis der Welt gefunden, das Paßwort zur «totalen Freiheit» lautet «Scientology».

Der Begriff ist eine Wortschöpfung des 1986 verstorbenen Gurus. Den Beginn seiner Erleuchtungen markiert das 1950 erschienene Buch *Dianetik – Die moderne Wissenschaft der geistigen Gesundheit*. Das in Anlehnung an griechische Begriffe kreierte Wort «Dianetik» meint etwa «durch den Sinn» oder «durch den Geist». Nach «vielen Jahren exakter Forschung» kann der Autor der «modernen Wissenschaft» seinen Lesern eine «Entdeckungsreise in eine Terra incognita... einen Zentimeter hinter unserer Stirn»[3] in Aussicht stellen. Dort winken «völlige Heilung» von psychosomatischen Krankheiten und «vollständige Einsicht in die vollen Möglichkeiten des menschlichen Geistes». Doch damit nicht genug. Schon bald führt die Expedition in die unerschlossenen Hirnwindungen zur Erweiterung der dianetischen Einsichten unter dem Oberbegriff «Scientology». Diesmal beruft sich Hubbard auf lateinische (scire: wissen) und griechische (logos: Lehre) Wurzeln. Scientology bezeichnet demnach «die Lehre vom Wissen». Sie macht aus der Dianetik-«Therapie» eine komplette Weltanschauung mit Reinkarnationsvorstellungen und einem noch ausgefeilteren Selbsterlösungsprogramm.

Natürlich war Hubbard auch damit noch lange nicht am Ende seines Sektenlateins angelangt. Bis zu seinem Tod 1986 überraschte er seine Anhänger noch mit vielen großen und kleinen Erleuchtungen, die das scientologische Kurssystem, die «Brücke zur völligen Freiheit», immer umfangreicher werden ließen.

Sämtliche Früchte seiner «Forschungsarbeit» sind inzwischen in den «neuen technischen Bänden» verfügbar. Auf über 12 000 Seiten haben seine Anhänger zusammengetragen, was der Mann mit dem magischen Kürzel LRH (für L. Ron Hubbard) je gesagt oder geschrieben hat. Allein das Korrekturlesen der gesammelten Offenbarungen habe 6000 Stunden in Anspruch genommen, weiß ein Werbetext. Ergebnis: «Die korrekte Technologie – und zwar lückenlos».

Zelebriert wurde das vollständige Erscheinen des technizistischen Megaevangeliums 1991 in einer Hochglanzbroschüre[4] der Kommandozentrale des Psychomultis in Los Angeles. Darin zeigt ein Foto einen vielleicht fünfzigjährigen Mann, der, mit einer Seemannsuniform bekleidet, an einem Rednerpult steht. Er trägt eine Fliege und lächelt sanft. Hinter ihm füllen achtzehn wie Orgelpfeifen aneinandergereihte, überlebensgroße Attrappen von Buchrücken den Bühnenraum. Aufschrift: «Technical Bulletins, L. Ron Hubbard». Die Bildunterschrift identifiziert den Redner als Captain Ray Mithoff, der «anläßlich des 41. Geburtstages von Dianetik» die neuen Bände freigebe.

Was dem Titel nach wie eine Art Mammutlexikon der Ingenieurwissenschaften anmutet, beschreibt laut Broschüre (wir ahnen es schon) «den einzigen, begehbaren Weg zu totaler Freiheit für den Menschen»[5]. Potentiellen Pilgern wird versichert: «Die Erfolge der Standard-Technologie übertreffen alles, was der Mensch je zuvor erlebt hat.» Scientologen sind solche Superlative gewohnt. Schließlich hat ihnen Sektenchef Hubbard eingebleut: «Alles, was religiöse Lehren, auch jene von Buddha, versprachen, ja sogar die Visionen des Christentums, sind in der Scientology in Form von tatsächlichen ERGEBNISSEN erreichbar. Und diese Tatsache ist einfach eine Nummer zu groß... Und eines Tages – wer weiß – falls wir Glück haben und unsere Aufgabe erfüllen, wird dies nicht mehr der verrückteste Planet im ganzen Universum sein, sondern im Gegenteil der strahlendste Ort, wo alle Wesen, die guten Willens sind, in Sicherheit und Frieden leben können.»[6]

Je mehr man sich mit den Wahnideen des selbsternannten Messias und deren Wirkungsgeschichte auseinandersetzt, desto mehr leuchtet die Diagnose des ehemaligen Scientologen Robert Kaufman ein: Er befand, Scientology sei «Science-fiction, die zum Leben erwacht ist»[7]. Mit dieser treffenden Charakterisierung stellt sich die Frage allerdings nur um so drängender, wie dieser zur Wirklichkeit gewordene Verschnitt aus «Terminator», «Brazil» und «Sternenkrieg» zum Lebensinhalt erwachsener Menschen werden kann. Wie ist es möglich, daß sich ein Amerikaner reiferen Alters, mit einer Kapitänsuniform bekleidet, in Los Angeles, und nicht in Köln zur Faschingszeit, auf eine Bühne stellt, um die «neuen technischen Bände» freizugeben? Wie können gebildete Menschen des 20. Jahrhunderts Sätzen Glauben schenken wie: «Mit diesem Universum ist es nur aus einem Grund bergab gegangen – es fehlte ihm eine Technologie, um die Probleme des Mind und die von Wesen zu lösen»?

Trotz aller Abstrusität hat die Pseudowissenschaft Scientology Schule gemacht: Sie hat einen multinationalen Konzern hervorgebracht, der nach eigenen Angaben in 65 Ländern operiert, 7 Millionen Anhänger zählt und seit Mitte der fünfziger Jahre als Kirche auftritt. In der Bundesrepublik ist die selbsternannte Kirche seit 1970 aktiv und gibt ihre Mitgliederzahl 1992 mit etwa 30000 Seelen an. Nach Expertenschätzungen macht der von Los Angeles aus gesteuerte Multi mit dem Verkauf sündhaft teurer Selbstverbesserungskurse Milliardenumsätze.[8] Dabei profitiert er vielerorts immer noch von dem steuerprivilegierten Status, den Kirchen in den westlichen Demokratien genießen.

In der Bundesrepublik wird die Berufung auf die in Artikel 4 des Grundgesetzes garantierte Religionsfreiheit und die damit verbundenen Privilegien allerdings zunehmend schwieriger. Schon 1984 erkannte die Münchner Staatsanwaltschaft: «Die Scientology-Kirche ist ein riesiger multinationaler Wirtschaftskonzern» und «benutzt zur Abwehr innerer und äußerer Gegner der Organisation geheimdienstliche Methoden, operiert im Grenzbereich zur Illegalität und scheut gegebenenfalls auch nicht vor kriminellen Aktionen zurück.»[9] Selbst in Hamburg, wo das Landgericht noch 1988 der Selbstdarstellung der Seelenfänger auf den Leim gegangen war und der Hamburger Organisation den Status eines religiösen Vereins zugebilligt hatte, ist man heute klüger: Nachdem das dortige Verwaltungsgericht 1990 zu dem Schluß kam, daß es sich bei dem Psychokult um «ein auf Gewinnerzielung bedachtes Wirtschaftsunternehmen» handelt, hat die Hansestadt der Hamburger Scientology-Filiale im Mai 1991 den Vereinsstatus wieder aberkannt.

Diese Entscheidungen verdanken sich nicht zuletzt den unzähligen Gutachten und Publikationen, die immer wieder deutlich gemacht haben: Die Scientology-Organisation ist keine Religionsgemeinschaft, sondern ein multinationaler Konzern zur weltweiten Vermarktung einer Psychotechnik, die ihr Erfinder weltanschaulich überhöht, mit einigen religiösen Elementen gewürzt und vermutlich nur aus PR-strategischen und steuerrechtlichen Gründen mit dem Etikett Kirche versehen hat. Es geht nicht um Gott, sondern um Geld, um Macht und um eine magische Heilsbotschaft.

Hubbards fetischistische Gier nach Geld ist vielfach belegt.[10] Dennoch wäre es zu kurz gegriffen, Scientology als bloße Geldmacherei und Hubbard als eine Art Dagobert Duck auf dem Psychomarkt zu betrachten. Geld und Gewinn sind – bei aller Bedeutsamkeit – letzten Endes nur Mittel der Machtentfaltung. Oberstes Ziel ist und bleibt die globale Erlösung durch die scientologische Weltherrschaft. Alle Menschen sollen in den Genuß des Hubbardschen Heilsprogramms kommen. Darin wird schließlich «in Form von tatsächlichen ER-GEBNISSEN erreichbar», was religiöse Lehren je versprachen.

Mit diesem Größenwahn, der im übrigen gern zu Großbuchstaben greift und darin seinen unmittelbarsten Ausdruck findet, entlarvt Hubbard selbst den pseudoreligiösen Charakter [11] seiner Heilslehre: Wo echte Religion gerade die Unverfügbarkeit des Göttlichen betont, verspricht die Heilsmaschine Scientology die magische Machbarkeit von Glück und Vollkommenheit gegen Geld.

Deshalb hat das für Scientology häufig und auch nicht zu Unrecht benutzte Wort «Sekte» dennoch einen irreführenden Nebenklang. Meint der Begriff zwar heute im allgemeinen Sprachgebrauch in erster Linie eine durch Enge und Fanatismus gekennzeichnete weltanschauliche oder religiöse Gruppierung, so schwingt doch gleichwohl die ursprüngliche Bedeutung noch mit: Der Begriff wurde zunächst nur für Abspaltungen vom kirchlich-religiösen Mainstream verwendet, bezog sich also ausschließlich auf den religiösen Bereich.

Diese im Fall von Scientology unzutreffende Zuordnung kann der in den USA für neuere Sinnanbieter geläufige Oberbegriff «Kult» vermeiden helfen. Scientology wird dieser Terminologie zufolge den etwa 200 «destruktiven Kulten» zugerechnet. Als destruktiv gelten amerikanischen Kultkritikern Gruppen, die versuchen, die Gedanken, Gefühle und Verhaltensweisen ihrer Mitglieder durch die systematische Anwendung von Psychotechniken möglichst weitgehend zu kontrollieren. Sie machen ihre Anhänger zu psychischen Gefangenen. Der amerikanische Kultexperte Steven Hassan konstatiert: «Aus der Sicht eines destruktiven Kultes gibt es für Anhänger keinen legitimen Grund, die Gruppe jemals wieder zu verlassen.» [12] Aussteigen verboten! Dieses Charakteristikum destruktiver Kulte ist die Kehrseite ihres Absolutheitsanspruchs: Eine Gruppe, die sich allein im Besitz der Wahrheit wähnt, kann Abgrenzungen nicht gelten lassen. [13] Ebensowenig kann es in ihr Raum für Selbstkritik oder gar die Bereitschaft zu einem echten Dialog mit Andersdenkenden geben. Konformität ist angesagt, Denken verboten. Die Frage nach der Freiheit zu selbstbestimmtem Denken und Handeln ist darum ein guter Ansatzpunkt für die Beurteilung fragwürdiger Gruppen. Dieses kultdiagnostische Kriterium ist – und darauf weist Hassan zu Recht mit Nachdruck hin – allerdings nicht nur gegenüber der Ideologie einer Organisation in Anschlag zu bringen, sondern auch und vor allem im Blick auf ihre Praxis zum Prüfstein zu machen. «An ihren Früchten sollt ihr sie erkennen!» Wie genießbar diese in Wirklichkeit sind, wissen Aussteiger am besten. Sie sind unsere wichtigsten Zeugen für das, was im Innern zwielichtiger Tempel und Kulte vor sich geht. Auch in diesem Buch kommen sie deshalb ausführlich zu Wort.

Ihre Erfahrungen mit der Scientology-Organisation sind keine Ausnahmen: Unzählige Menschen haben durch den Kontakt mit Hubbards Heilslehren finanziellen und/oder psychischen Schaden erlitten. Für manche war die vermeintliche Brücke in die Freiheit gar eine in den Tod, wie auch der hier von Hugo Stamm geschilderte Fall zeigt.

Die Leidensgeschichten der Opfer mahnen kompetente Beratung und Prophylaxe durch Information an – und zeigen die Notwendigkeit eines Psychotherapiegesetzes, das hilft, Heilern von eigenen Gnaden das Handwerk zu legen, ohne dabei ein bloßes Instrument der Besitzstandswahrung einzelner Berufsgruppen zu sein.

Insgesamt stellen die Aktivitäten der Scientology-Organisation die Gesellschaft jedoch vor allem vor ein politisches Problem:[14] Die systematischen Unterwanderungsaktivitäten in Politik, Wirtschaft und Kultur sind als durchaus ernst zu nehmender Angriff auf die demokratische Kultur einzustufen. Einmal mehr gilt es, einer totalitären Bewegung durch Aufklärung den Wind aus den Segeln zu nehmen. Besonders im Osten der Republik, wo Scientologen und Seelenfänger aller Art unterwegs sind, um Kapital aus den Unsicherheiten der Umbruchsituation zu schlagen, gibt es Informationsbedarf.

Doch nicht nur im Osten Deutschlands ist man empfänglich für eindeutige Antworten in Zeiten politisch-sozialer Desorientierung. Weltweit befindet sich auf dem Vormarsch, was man – in Erinnerung an eine Gruppe militanter amerikanischer Protestanten – Fundamentalismus[15] nennt. Angesichts der anwachsenden Komplexität der Lebensverhältnisse und der Drohung apokalyptischer Eskalation hat die fundamentalistische Flucht in die Sicherheit und Überschaubarkeit vermeintlich heiler Welten wieder Konjunktur. Wo die Welt auseinanderzufallen droht, sucht man um so verzweifelter nach dem, was sie im Innersten zusammenhält. Wenn dann noch traditionelle Orientierungen nicht mehr so recht zu überzeugen vermögen, macht das aufnahmebereit für die Botschaften derer, die meinen, auf unerschütterlich festem Boden zu stehen und über das rettende Rezept zu verfügen.

Und an solch zweifelsfreier Gewißheit mangelt es evangelikalen Fernsehpredigern ebensowenig wie islamischen Revolutionären, politischen Extremisten oder Hubbardschen Heilbringern. Die gemeinsame Matrix ihrer Mission hat der Politologe Thomas Meyer in seiner Fundamentalismus-Definition benannt: «An die Stelle des prinzipiell unabschließbaren und für alle Argumente offenen Diskurses, der die Wissensform der Moderne ist, tritt ein zum festen Fundament allen weiteren Fragens, Wissens und Handelns dogmatisiertes absolutes Wissen, das der wissenschaftlichen Prüfung und der relativierenden öffentlichen Debatte entzogen wird.» [16]

Das Phänomen Scientology ist also im Zusammenhang regressiv-fundamentalistischer Reaktionen auf die Zumutungen der Moderne zu begreifen. Von anderen Spielarten des Fundamentalismus unterscheidet sich der Hubbardsche dabei vor allem durch die konspirativen Missionsstrategien. Wohl keine andere Gruppe kann der Scientology-Organisation in Sachen systematisch betriebenen Etikettenschwindels das Wasser reichen: Der Psychokult versucht, seinen Einfluß mit Hilfe unzähliger Tarnorganisationen und vielfältiger Unterwanderungsaktivitäten auszuweiten. Diese schleichende Infiltration mit dem Ziel der Weltherrschaft ist ein Testfall für den demokratischen Pluralismus. Der Rechtsstreit um den Beschluß des Dresdner CDU-Parteitags («Die Mitgliedschaft in der Scientology Church ist mit der CDU-Mitgliedschaft unvereinbar») zeigt, wie schwer es ist, zu justitiablen Abgrenzungen zu kommen.

Um so mehr gibt der scientologische Machtanspruch Anlaß zur Besinnung auf den ethisch-politischen Minimalkonsens unseres Gemeinwesens: Ein klares Bewußtsein für demokratische Grundregeln ist immer noch das beste Mittel gegen totalitäre Versuchungen. Glorifizierungen des Status quo gilt es dabei zu vermeiden. Leicht können die bestehenden Verhältnisse im Gegenüber zu sektiererischer Dämonie in einem allzu heilvollen Licht erscheinen. Zu Recht hat der Theologe Paul M. Zulehner [17] deshalb darauf aufmerksam gemacht, daß die Auseinandersetzung mit destruktiven Kulten von der Destruktivität unserer konkreten Lebensverhältnisse ablenken kann. Solcher Bewußtseinstrübung kann die Einsicht vorbeugen helfen, daß die Mythen der Kulte oft nichts anderes sind als Karikaturen der Mythen unserer Kultur.

Im Fall von Scientology ist dieser Zusammenhang besonders deutlich: Das Hubbardsche Selbstverbesserungssystem ist «ein Zerrspiegel unserer erfolgsorientierten Gesellschaft» *(Der Spiegel)*. Seine «religiöse Technologie» entspricht dem Glauben an die Heilkräfte des technischen Fortschritts, und in seinem Übermenschentum begegnen wir den Allmachtsphantasien unserer technisch-wissenschaftlichen Zivilisation von Angesicht zu Angesicht: Ein «Operating Thetan», der scientologische Idealmensch, ist «ein Clear, der mit seiner Umgebung so vertraut gemacht worden ist, daß er den Punkt erreicht hat, völlig Ursache über Materie, Energie, Raum, Zeit und Denken zu sein, und der nicht in einem Körper ist», heißt es in der scientologischen «Fachwortsammlung»[18]. Die Kehrseite solchen Größenwahns ist die Verleugnung von Körpergrenzen und Schwäche, die Ausgrenzung von Leiden und Tod. Den besten Einblick in den Zynismus und die Menschenverachtung dieser Allmachtsideologie vermitteln die Zeugnisse derjenigen, die Hubbards mit harter D-Mark gepflasterten Erlösungspfad einmal beschritten haben. Wie nachhaltig dieser «Weg zum Glücklichsein» die Fähigkeit zur Selbstbestimmung unterminiert, zeigen die oft langwierigen und schmerzhaften Kämpfe der Aussteiger um einen neuen Anfang. Ihre Berichte unterstreichen gleichzeitig die Einsicht, «daß Autonomie ein mühevoller Anspruch und nicht Erlösung oder Glück ist»[19].

Diese Autonomie will das vorliegende Buch schützen bzw. wiedererlangen helfen: durch möglichst umfassende Aufklärung über den Scientology-Konzern, durch Auseinandersetzungen mit seinen Aktivitäten. Es will mit der Materie nicht vertraute Leser grundsätzlich über die scientologische Heilsmaschine informieren und zugleich ein Arbeitsmittel für alle sein, die aus persönlichen oder beruflichen Gründen schon mit dem Problem Scientology konfrontiert sind. Der begrenzte Umfang der Beiträge eines solchen Sammelbandes zwingt zur Beschränkung auf das Wesentliche. Klar ist auch, daß die Darstellung einzelner Aspekte wie Wirtschaftsunterwanderung und Umgang mit Kritikern exemplarischen Charakter hat: Versucht wird anhand konkreter Beispiele, Strategien deutlich zu machen.

Eine besondere Schwierigkeit bei der Beschäftigung mit diesem Thema ist die Vermittlung der scientologischen Vorstellungswelt und der sie prägenden «Sprache». Ein kurzes Glossar der wichtigsten Scientology-Begriffe will hier zur Verständlichkeit beitragen.

14

Anmerkungen

1 Vgl. Barthes, Roland, *Einsteins Gehirn*, in: *Mythen des Alltags*, Frankfurt am Main 1964 (1954), S. 24

2 Zitiert nach: Mucha, Ralf-Dietmar, *Die Scientology-Church*, in: Aktion Psychokult Gefahren e. V. (Hg.), *Im Netz der Sinnverkäufer*, Krefeld 1991, S. 152

3 Hubbard, L. Ron, *Dianetik. Die moderne Wissenschaft der geistigen Gesundheit*, Kopenhagen 1980, S. 9

4 Neuigkeiten zum Thema *«Die Funktionsfähigkeit der Scientology erhalten»* (KSW News), herausgegeben vom Religious Technology Center, Los Angeles, Ausgabe 38, 1991

5 Ebd.

6 KSW *News*, Ausgabe 27, 1989

7 Kaufman, Robert, *Übermenschen unter uns*, Frankfurt am Main 1972, Vorwort

8 Vgl. Haack, Friedrich-Wilhelm, *Scientology – Magie des 20. Jahrhunderts*, München 1982, S. 173

9 Aktenzeichen 115 Js 4298 / 84 vom 24. April 1984

10 Vgl. AGPF Aktuell, *Informationsdienst für die Mitglieder der Aktion für geistige und psychische Freiheit e. V.* Bonn, Sonderausgabe vom 6. 6. 1991, S. 12 ff

11 Ausführlich zu dieser Frage: Thiede, Werner, *Scientology – Religion oder Geistesmagie?*, Konstanz 1992

12 Hassan, Steven, *Combatting Cult Mind Control*, Rochester 1990 (1988), S. 104. Eine deutsche Ausgabe erscheint 1993 unter dem Titel *Ausbruch aus dem Bann der Sekten. Psychologische Beratung für Betroffene und Angehörige* im Rowohlt Taschenbuch Verlag, Reinbek

13 Vgl. zur Charakterisierung derartiger Gruppen auch: Meyer, Thomas, *Der unverhoffte Fundamentalismus. Beobachtungen in der Bundesrepublik*, in: Meyer, Thomas (Hg.), *Fundamentalismus in der modernen Welt. Die Internationale der Unvernunft*, Frankfurt am Main 1989, S. 265 ff

14 Vgl. Hemminger, Hansjörg, *Das Buch Nr. 1: Dianetik*, in: *Materialdienst der Evangelischen Zentralstelle für Weltanschauungsfragen*, Stuttgart (EZW) 5 / 1992, S. 130

15 Vgl. Meyer, Thomas u. a., a. a. O., und: Hemminger, Hansjörg (Hg.), *Fundamentalismus in der verweltlichten Kultur*, Stuttgart 1991

16 Meyer, Thomas, *Fundamentalismus. Aufstand gegen die Moderne*, Reinbek 1989, S. 161

17 Zulehner, Paul M., *Orden oder destruktive Kulte?* in: Karbe, Klaus G. / Müller-Küppers, Manfred (Hg.), *Destruktive Kulte. Gesellschaftliche und gesundheitliche Folgen totalitärer pseudoreligiöser Bewegungen*, Göttingen 1983, S. 31

18 Hubbard, L. Ron, *Fachwortsammlung für Dianetics und Scientology*, Kopenhagen 1977, S. 72

19 Meyer, Thomas, *Der unverhoffte Fundamentalismus*, a. a. O., S. 286

Norbert J. Potthoff

VOM AUFSTEIGER ZUM AUSSTEIGER

Ein ehemaliger Scientology-Manager packt aus

Lebenskrise oder Neugier

Es war keine dramatische Lebenskrise, aber ich war unzufrieden. Mit mir selbst, mit meiner Frau, mit meiner Position im Leben. Ich wollte viel arbeiten, aber auch Zeit zum Nachdenken, zum Lernen haben. In dieser Zeit lernte ich durch einen neuen Auftrag eine Unternehmerfamilie kennen, in der alles wohlgeordnet schien. Ich wurde neugierig – eigentlich sogar neugierig gemacht – auf den spirituellen Hintergrund dieser so offensichtlich glücklichen Familie. Was wußten diese Menschen, was gab ihnen die Kraft, mit den vielfältigen Anforderungen des Lebens so leicht fertig zu werden? Man verstand es geschickt, meine Neugier wachzuhalten und weiter zu schüren, bis ich unbedingt wissen mußte, was sie zu wissen schienen. So hörte ich dann zum erstenmal das Wort «Scientology».

Bei einem Abendessen stellte man mir zwei Freunde vor, die bereit waren, das Geheimnis zu lüften. Klaus und Elke waren professionelle Scientologen. Sie leiteten in Düsseldorf ein Studiencenter, wo man alles über Scientology und Dianetik erfahren könne. Scientology, so erklärten sie, sei die Lehre vom Wissen, eine religiöse Philosophie, die auf dem Buddhismus beruhe, aber die Forschungen und Erkenntnisse des 20. Jahrhunderts einschließe. Darunter konnte ich mir nichts Rechtes vorstellen, auch nicht unter ihrer Theorie vom Menschen, der durch dianetische Verfahren zu seiner Selbstbestimmung zurückfinden könne. Eigentlich eher enttäuscht von vielen nichtssagenden Erklärungen, abgestoßen von einem schreiend aufgemachten Buch mit dem Titel «*Dianetik – Die moderne Wissenschaft der geistigen Gesundheit*» und ihrer Art zu reden, die mich an meine beruflichen Kontakte mit Firmenvertretern erinnerte, ließ ich mich dann doch zu einem Persönlichkeitstest überreden. Der Test umfaßte 200 Fragen, schien sehr wissenschaftlich und trug die Bezeichnung «*Oxford-Kapazitäts-Analyse*». Meine Frau und ich beschlossen, diesen Test zu wagen, und waren natürlich gespannt auf die Auswertung.

Der erste Besuch im Scientology Center Düsseldorf war fast wie ein Ausflug am Sonntagnachmittag. Wieder traf ich auf die ein wenig zu freundliche Elke. Sie war zuständig für die Testbesprechung und Kurseinschreibung. Zu meiner Verblüffung offenbarte mein «Persönlichkeitstest» Schwächen im kommunikativen Bereich. Ein «Kommunikationskurs» sollte für Abhilfe sorgen. Kommunikation, das war ja schließlich seit Jahren mein Beruf als Kommunikationsdesigner, wie sollte ich auf diesem Gebiet schwach sein? Trotzdem ließ ich mich, wenn auch ein wenig widerwillig, zusammen mit meiner Frau, der man die gleiche Schwäche bescheinigt hatte, zum Kurs einschreiben. Das Kommunikationstraining erwies sich teilweise als amüsant, einige Übungen reizten zum Gelächter, besonders wenn man versuchen sollte, durch geschickte Ausweichmanöver Fragen nicht zu beantworten oder durch hartnäckiges Bohren Antworten einzufordern. Befremdlich und schwierig war nur der erste Teil, der darin bestand, einem anderen unverwandt in die Augen zu schauen, ohne dabei zurückzuweichen oder wegzusehen. Es war eine seltsame Mischung aus Drohgebärde und Unterwerfungsritual. Während dieser Übung erfaßte mich zum erstenmal das Gefühl, mich von meinem Körper zu lösen. Es begann meist mit einer Art innerem Rütteln, so als wolle man ein Bäumchen aus dem Boden reißen. Dann folgte ein Ruck, der in einen sanften Rauschzustand überging. Es war seltsam, befremdlich, aber der Trip schien mir damals keinesfalls gefährlich oder unangenehm. Deutlich war auf jeden Fall eine Einstellungsveränderung gegenüber dem Menschen, der als Trainingspartner die Übung mitmachte. Zur Kursleiterin Beatrix, die mir anfangs kalt, streng und unnahbar erschienen war, entwickelte sich eine eigenartige Zuneigung, die sich auf mein weiteres Leben als sehr verhängnisvoll auswirken sollte.

Schloß ich den Kommunikationskurs noch relativ selbstbewußt ab, so geriet ich im anschließenden «Informationsgespräch» erstmals ins Wanken. Damals wußte ich noch nicht, daß ein Kurs erst dann als erfolgreich gewertet wird, wenn anschließend ein neuer Kurs gebucht wird. Der erneut durchgeführte Test wies nun deutliche Verbesserungen in der Kommunikationsspalte auf. Dafür zeigte sich diesmal eine andere Schwäche, ein «Mangel an Zuneigung», eine gewisse Unausgeglichenheit im Leben, wie mir Elke erläuterte.

Irgendwie fühlte ich mich an diesem Punkt ertappt, lachte und stimmte zu. Das Auf und Ab des Lebens, bohrte Elke weiter. Mal geht es einem gut, mal schlecht. Nun begann ich unruhig hin und her zu rutschen; Stimmungsschwankungen des Künstlers, damit muß man fertig werden. Elke lächelte verständnisvoll, sie hatte den Haken ausgeworfen und ich angebissen.

Ein wenig mehr Stabilität wäre sicher nicht schlecht. Der Gedanke nahm Formen an. Ein Kurs nur, neue Informationen, abends studieren, in Ruhe nachdenken können. Elke holte die Leine ein und ich unterschrieb.

Zunächst begriff ich die Methode der Isolation nicht, die dem Kurssystem der Scientologen zugrunde liegt. Ja, das kam mir als Einzelgänger sogar entgegen. Endlich konnte ich mich in Ruhe auf etwas konzentrieren, was mich interessierte. Man hatte meiner Frau versprochen, ein «Ehehandling» durchzuführen, also die Gemeinsamkeiten unserer Beziehung zu stabilisieren. Nun trennte uns das Kurssystem stärker als jemals zuvor, machte Unterschiede deutlicher, förderte die getrennte Entwicklung. Mehr und mehr wurde ich zum Mittelpunkt meiner eigenen Vorstellungen, die sich dem scientologischen Weltbild annäherten, bis am Ende dann meine Persönlichkeit voll dem Hubbardschen System angepaßt war. Mein Interesse an anderen Menschen wurde abgelöst von einer globalen und verschwommenen Verantwortung für alles und jedes. Dies erforderte schon Omnipotenz, die nie zu erreichen war, und so war man letztlich für nichts mehr verantwortlich, nicht einmal für sich selbst. Denn mit dem Glauben an unendlich viele Leben konnte es eine echte Identifikation mit diesem Leben und darum mit sich selbst nicht mehr geben. Diese Veränderungen traten so rasch und nachhaltig ein, daß ich sie kaum bemerkte und auch heute noch nicht ganz begreife.

Im Kursraum durfte weder gegessen noch getrunken oder geraucht werden, und zuerst vermißte ich meinen Kaffee und die Zigaretten, aber nach einiger Zeit gewöhnte ich mich auch an diese Regel. Etwas befremdlicher waren da schon das Sprechverbot und das Ausbleiben jeglicher Hilfestellung bei Fragen, die während des Studiums auftauchten. Der Kursleiter beantwortete jede Frage mit dem stereotypen Satz: «Welches Wort hast du nicht verstanden?»

Und es waren viele Wörter, die ich zunächst nicht verstand. Es handelte sich nicht nur um eine Fachsprache, Begriffe waren mit völlig neuen Denkinhalten und Vorstellungen gefüllt. Die «soziale Persönlichkeit», die «antisoziale Persönlichkeit», «Unterdrücker» und «Achterbahnfahrer» (oder «Roller Coaster» – ein Mensch, dem es mal gut-, mal schlechtgeht) – diese Begriffe entstammten einem anderen Programm, einer anderen Lebenssicht. Die war nicht nur neu, sondern auch fremdartig, und ich ahnte, daß ich meine gewohnte Welt würde verlassen müssen, wenn ich mich auf diese Vorstellungen einlassen wollte. Zwei Tage dachte ich über mögliche Konsequenzen nach, dann war ich entschlossen, den Versuch zu wagen. Damals, im Frühjahr 1981, gab es kaum brauchbare Informationen über Scientology, die mich wirkungsvoll hätten warnen können. Neugier überwog meine Bedenken, Neugier, etwas über konstante Verhaltensmuster von Menschen herauszufinden, das Leben transparenter zu machen.

Der zweite Kurs vermittelte mir, etwas vereinfacht gesagt: Da sind die Guten und dort die Bösen. An diesen und jenen Merkmalen kannst du sie erkennen. Niemand sagte mir: Du mußt dich von deiner Frau trennen, sie steht deiner Entwicklung im Weg, ja sie behindert dich aktiv. Aber wenn ich die Informationen richtig deutete, dann blieb nur dieser eine Weg. Ich verließ meine Frau und meine Kinder. Zum erstenmal war ich an einem entscheidenden Punkt auf die Indoktrination von Scientology hereingefallen. Niemand im Scientology Center schien an meiner Entscheidung Anstoß zu nehmen. Die einzige Frage, die Beatrix mir dazu stellte, lautete: Wie geht es dir, wie ist deine tägliche Statistik? Als ich ihr bestätigte, daß es mir seit der Trennung glänzend ginge, war der Fall für sie erledigt, und sie erläuterte nur noch kurz: «Wenn es dir gutgeht, dann ist es das Zeichen dafür, daß deine Entscheidung richtig war. Probleme löst man in Scientology durch Handhaben.» Offensichtlich hatte ich meine Frau korrekt «gehandhabt» und war von da an für Scientology kein Problemfall mehr. Das Ziel des Kurses war erreicht.

Neues Leben – Get high on yourself

Entschlossen, nun ein völlig neues Leben zu beginnen, wehrte ich mich nicht länger gegen Ideen und außergewöhnliche Vorstellungen, die ich vor einiger Zeit noch weit von mir gewiesen hätte. Die Brücken waren abgebrochen, und vor mir lag, so schien mir, eine neue, glänzende Zukunft. Scientology wurde meine Ersatzfamilie und ich überzeugter Scientologe, ebenso wie meine neue Lebensgefährtin.

Wie auf einer Woge des Glücks ließ ich mich davontragen von den ungeheuerlichsten Vorstellungen über die menschliche Existenz, ihren Ursprung und ihre Zukunft. Das Zauberwort war «Auditing». Inzwischen fand ich das *Dianetik*-Buch auch längst nicht mehr abstoßend, im Gegenteil: begeistert versuchte ich, es allen meinen Freunden zu verkaufen. Das Auditing-Verfahren, wie es in diesem Buch beschrieben wurde, schien simpel und einleuchtend im Ansatz, zeigte Lösungen, die, wenn sie denn wahr wären, eine Revolution des Menschen von innen her darstellten. Der «neue Mensch» schien zum Greifen nahe, der «Clear» ist jemand, der sein Leben in Ordnung gebracht hat; der nicht mehr über seinen eigenen «reaktiven Verstand» verfügt. Nach Hubbards Vorstellungen hat jeder Mensch einen «analytischen» und einen «reaktiven Verstand» (vergleichbar dem Unterbewußtsein). Im reaktiven Verstand sind alle negativen Erfahrungen und falschen Lebensvorstellungen gespeichert. Durch Auditing sollen diese Informationen im Unterbewußtsein entdeckt und dann gelöscht werden. Sind alle «falschen» Informationen gelöscht, so hat man einen «geklärten» Menschen, der von nun an «vernünftig» handelt. Auch ich wollte clear werden, um endlich in Frieden leben zu können und um zum Frieden in der Welt beizutragen.

Auditing, das ist meiner Erfahrung nach in der Praxis die Aneinanderreihung von «Gipfelerlebnissen», eine Wiedergeburt pro Sitzung sozusagen. Und es geht dabei nicht mehr um Veränderungen im wirklichen Leben, sondern um das Erleben von Wunschvorstellungen. Die Wirkungslosigkeit dieses Verfahrens läßt sich relativ leicht und schnell feststellen, wenn man mit der Realität des Lebens zusammenprallt. Aber genau das soll durch die strengen scientologischen Regeln verhindert werden. Die Realität wird umgedeutet in Nichtwirklichkeit, einzig real und richtig ist die Scientology-Welt. Die beständige Indoktrination durch die Kurse, die eigene Sprache der Organisation mit ihren Umdefinitionen, das «wir sind die Größten»-Gefühl in der Gruppe, all das macht nach und nach blind für Tatsachen. Um die noch existierenden Widersprüche aufzuheben, muß eben die ganze Welt scientologisch werden. Und so begann ich, folgerichtig im Sinne des Systems, auch meine Arbeit als Designer scientologisch zu organisieren.

Doch so einfach war das nicht. Das, was im Scientology Center so einfach und logisch schien, funktionierte nicht mit Menschen, die die Dinge ganz anders sahen. Bereits in meinem ersten Kurs hatte ich lernen müssen, daß Kritik ein Merkmal der unterdrückenden, der antisozialen Persönlichkeit ist. Kritik, hinterfragen, andere Meinungen vertreten, das alles war bei Scientology streng verboten, aber das genau machte die alltägliche Realität aus, die sich mit Händen und Füßen dagegen zu wehren schien, zur schönen, neuen Welt zu werden. Die Abende im Scientology Center wurden immer wichtiger, weil sonst der ständige Realitätsbruch nicht zu ertragen gewesen wäre.

Trotz Scientology-Management ging es geschäftlich nicht recht aufwärts. Theoretisch klang alles so einfach und einleuchtend, und in der Zusammenarbeit mit Scientologen klappte es ja auch prächtig. Jeder hielt sich an die erlernten Regeln. Was also lief falsch? Hatte es doch etwas damit zu tun, daß ich meine Fähigkeiten an «unsinnige» Dinge verschwendete, wie Beatrix mir immer wieder einzureden versuchte? Gab es wirklich keine Alternative mehr, wenn man einmal die Wahrheit erkannt hatte? Ihre Logik war, wie immer, sciento-logisch bestechend: «Die da draußen, die wollen noch nicht gerettet werden, die wissen weder deine Qualitäten noch die Vorzüge von Scientology richtig zu schätzen. Warum kommst du nicht ganz zu Scientology und setzt dort deine ganze Kraft und Fähigkeit für die ethischste Gruppe der Welt ein? Wir brauchen nur 15 Prozent Clears auf der ganzen Welt, dann sieht alles ganz anders aus.»

Beatrix übte von Anfang an einen verhängnisvollen Einfluß auf mich aus. Nicht sonderlich intellektuell oder gebildet, verfügte sie aber über die Gabe, Menschen begeistern zu können. So kam es, daß ich einen Mitarbeitervertrag unterschrieb und Direktor für «Clearing» wurde. Darunter war nicht das individuelle «Klären» des Menschen zu verstehen, sondern das Klären der Gesellschaft, das Erschaffen einer neuen Zivilisation unter scientologischen Gesichtspunkten. Daß ich zu jenem Zeitpunkt noch glaubte, sechzig Stunden pro Woche als Manager der Organisation und gleichzeitig als Designer in meiner eigenen Agentur arbeiten zu können, war die unglaublichste Selbstüberschätzung meines Lebens.

Es war nun bereits etliche Jahre her, seit ich zum erstenmal den Begriff «Clear» gehört hatte. Inzwischen hatte ich keinen Zweifel daran: dieser Zustand trifft auf mich zu. Ich wußte jedoch nicht, daß ich es nur meinem Trainer gegenüber hätte aussprechen brauchen. Als ich meinem «Auditor» im November 1984 dann doch Mitteilung von meiner Clear-Gewißheit machte, kam sofort die Nachricht vom «Fallüberwacher», daß nun zur Abnahme und endgültigen Bestätigung des Clear-Zustandes das «DCSI» angesagt sei. Das bedeutete «Dianetik Clear Special Intensive» und ist eine Auditing-Aktion, die nur in einer höheren Organisation absolviert werden kann. Also mußte ich schleunigst nach Kopenhagen. Mich erfaßte eine ungeheure Spannung. Wenn man jahrelang immer wieder von sagenhaften Gewinnen auf dieser Stufe hört und liest, wenn die tägliche Arbeit darauf ausgerichtet ist, Menschen zu erklären, der Zustand Clear sei die Mindestvoraussetzung für das Erreichen einer besseren Welt, dann wird er natürlich auch zur eigenen Zielvorstellung. Der Status eines Clear schien die Veredelung des Menschen zu sein, der entscheidende Schritt zur Unsterblichkeit. Nur die wenigsten Mitarbeiter in einer Organisation verfügen jedoch über die finanziellen Möglichkeiten, diesen Abschluß zu machen, auch wenn sie als Mitarbeiter einen fünfzigprozentigen Rabatt erhalten. Allein das DCSI in Kopenhagen kostete 5000–6000 DM.

Nachdem ich es irgendwie geschafft hatte, einen Stellvertreter für die Dauer meiner Abwesenheit zu finden – so ohne weiteres darf niemand seinen Posten in einer Organisation verlassen –, attestierte man mir, wie bei den Scientologen üblich, am 5. Dezember 1984, zwei Tage nach meinem 38. Geburtstag, den Status Clear in Kopenhagen. Ich redete mir ein, einen neuen Geburtstag feiern zu können. Einige Irritationen, die mit diesem Prozeß verbunden waren, wurden weggespült von der Begeisterung, mit der jeder neue Clear gefeiert wurde, denn so sehr viele Clears schien es 34 Jahre nach Erscheinen von Hubbards Buch *Dianetik* immer noch nicht zu geben. Ich war so in etwa der achtunddreißigtausendste. Man tätowierte mir die genaue Zahl zwar nicht in den Oberarm, bot sie mir aber eingraviert in ein silbernes Armband an.

Zurück in Düsseldorf, wurde ich auch dort begeistert empfangen. Es erwarteten mich neue Aufgaben und eine Beförderung zum

«PES» (Public Executive Secretary, leitende Funktion in der Öffent-lichkeitsarbeit). Von nun an leitete ich die gesamte Öffentlichkeits-abteilung, war aufgestiegen ins Topmanagement.

In den ersten Wochen meiner neuen Tätigkeit als Chef der Öffent-lichkeitsabteilung war ich damit beschäftigt, die vielen Anfragen zu beantworten, die plötzlich auf meinem Schreibtisch landeten. Allein daran war der Unterschied zu meiner bisherigen Arbeit am deutlich-sten zu erkennen. Die Monate zuvor, in der Abteilung, waren ver-gleichsweise harmlos, weil ich nicht direkt dem internationalen Ma-nagement unterstand. Die zentrale Bedeutung meines neuen Postens kann man auch daran erkennen, daß zwar die deutsche Scientology-Sektion ohnehin von einem besonderen Manager in Kopenhagen kontrolliert wird, für mich jedoch zusätzlich eigens ein Führungs-offizier abgestellt wurde. Weiterhin bestanden sofort Verbindungs-linien zur technischen Zentrale nach «Flag»/Florida («Flag Land Base» in Clearwater) und zur Verwaltungszentrale nach Los Ange-les. In nur wenigen Wochen erweiterte ich meine Division um sechs auf neun Mitarbeiter, und allen schien es großen Spaß zu machen, am Projekt einer «neuen Zivilisation» mitzuarbeiten.

Kollisionen und Ausstieg

Im Winter und Frühjahr 1985 überstürzten sich die Ereignisse in der Scientology-Welt. Die ersten «OT-VII-Abschlüsse» wurden gemel-det, d. h. jene sagenhafte Auditing-Stufe, die das Bild der Welt grund-legend verändern sollte, war erreicht. Der teuer zu bezahlende «Ge-winn» dieser Stufe läßt sich kurz so darstellen: keinen Widerstand aufbauen und die Absicht (auf das Ziel hin) unbeirrbar aufrechterhalten.

Ein neues Zeitalter schien eingeläutet, und wir als Scientologen waren in diesem historischen Moment dabei. Eine Welle der Eupho-rie schwappte durch die Organisation, begleitet von einem ungeheu-ren Leistungs- und Erfolgsdruck. «Missionen» aus Flag und aus der Zentrale Los Angeles durchkämmten die Organisationen nach neuen Ressourcen, preßten Geld und Leistung aus jedem einzelnen heraus. Das Ziel war hochgesteckt. Man wollte ein neues Schiff kau-fen, um die Tradition der «Sea-Org» wiederaufleben zu lassen. Die-ses Schiff sollte der Stützpunkt für die zukünftigen «OT-VIII-Abschlüsse» sein, sicher und abgeschirmt von allen Gefahren der

Außenwelt. Hier sollte man die Stufe mit dem Titel «Wahrheit enthüllt» ungestört erklimmen können.

Die täglichen Forderungen, Abschlüsse und Buchverkäufe zu steigern, lösten bei den einzelnen Mitarbeitern Panik aus. Angst vor Versagen und Mißtrauen gegen jeden, der Erfolg hatte, ließen eine Atmosphäre der Mißgunst entstehen. Jeder, der Druck bekam, versuchte diesen Druck, so gut es ging, nach unten weiterzugeben. Erfolge wurden fingiert oder die anderer eingeheimst, nur damit sich die eigene Statistik sehen lassen konnte. An jedem Donnerstagnachmittag Punkt 14 Uhr war «Statistik-Deadline», und in den nervöshektischen Stunden davor liefen Telefondrähte heiß. Studenten wurden durch Kurse gehetzt, Mitarbeiter opferten ihr karges Gehalt, um noch irgendein Buch zu kaufen, das man der Statistik aufschlagen konnte, Kurse wurden angezahlt und gestartet, mindestens drei Mitarbeiter durchkämmten die Städte nach finanzstarken Scientologen, um Geld aufzutreiben. Kurz, es waren dramatische Wochen und Monate, in denen jeder gegen jeden spielte und ausgespielt wurde.

Dreimal verlor ich am Donnerstagabend meinen Posten, wurde zur sogenannten «Ethik-Handhabung» nach Kopenhagen geschickt, putzte Fenster, kehrte Flure aus, ließ meine Gesinnung durchleuchten und war am Montag zurück, wieder auf meinem Posten. Freundschaften hielten nur noch für die Dauer einer erfolgreichen Woche, zerbrachen mit fallender Statistik. «The Evil Purpose», die zugrundeliegende böse Absicht, grinste hämisch aus jeder fallenden Statistikkurve. Serien von «Wissensberichten» über schädliche Handlungen bescheinigten jedem, der Erfolgskurve selbst im Wege zu stehen. In Ethik-Handhabungen spürte man beständig den schwarzen Flecken in diesem oder früheren Leben nach. Brüllen und Toben kennzeichneten den Führungsstil der leitenden Direktoren, und ich bildete dabei keine Ausnahme. Die scientologische Welt war in Aufruhr, und langsam dämmerte mir, daß mehr dahinterstecken mußte als der Wunsch nach noch mehr OT-VIII-Abschlüssen. Etwas hatte sich grundlegend in der Scientology-Welt verändert.

Ein halbes Jahr zuvor, Mitte 1984, war die «Internationale Vereinigung der Scientologen» (IAS) entstanden. Alle bisherigen Mitgliedschaften wurden für ungültig erklärt, und nur wer Mitglied in der IAS wurde, durfte Dienstleistungen bei Scientology kaufen. Die Unruhe, die mit der Gründung der IAS verbunden war, schien nun doch andere Ursachen zu haben als allein die Auflösung der Vorläuferorganisation

(HASI – «Hubbard Association of Scientologists International»).
Man hörte von Abtrünnigen, von Prozessen, die Scientologen gegen
die «Church of Scientology» führten. Es verschwanden Namen von
den Mitgliederlisten, Fragen nach langgedienten Scientologen wurden mit Schulterzucken beantwortet, und am Mitarbeiterinforma-
tionsbrett hingen Briefe mit sogenannten «SP-Declares», d. h., jemand wurde zur unterdrückerischen Person erklärt, mit der jeglicher
Kontakt «strafbar» war. Statt der bisher üblichen Richtlinienbriefe
von Hubbard höchstpersönlich lagen immer häufiger Briefe von IAS
und RTC («Religious Technology Center», oberste Institution) auf
meinem Schreibtisch. All diese Vorgänge konnte ich mir nicht mehr
erklären.

Wir arbeiteten alle bis tief in die Nacht. Beschwörungen von Ver-
bundenheit wechselten mit Flügelkämpfen und heftigem Schlagab-
tausch. Eines Tages stand ein junger Mann aus Kopenhagen neben
meinem Schreibtisch. Blutjung, in adretter Sea-Org-Uniform, erläuterte er mir seine Aufgabe, meine Arbeitseffektivität erhöhen zu
wollen. Er trabte dabei wie ein Jogger auf der Stelle, und wohin ich
von nun an auch ging, er klebte stets an meinen Fersen. Er machte in
der Tat nichts anderes als den Versuch, mir durch seine Körperbewe-
gungen erhöhte Geschwindigkeit zu suggerieren. Verblüfft regi-
strierte ich seine Bemühungen, jedoch ohne in seine Trabbewegun-
gen einzufallen. Die Quittung für meine Weigerung erhielt ich am
nächsten Tag in Form eines erneuten Marschbefehls nach Kopenhagen. Unverzüglich hätte ich meinen Posten an meinen Junior zu
übergeben und mich zusammen mit meiner zweiten Frau bei unseren
dänischen Vorgesetzten zu melden.

Nun war das Maß voll. Unbewußt war ich bereit für einen ein-
schneidenden Schnitt. Die Ausbildung in Kopenhagen, der militäri-
sche Drill, der unbedingte Gehorsam, der mir abverlangt wurde, all
das hatte mir die Scientology-Organisation von einer mir bis dahin
verborgenen Seite gezeigt. Die Auseinandersetzungen mit dem Management deckten Schwachstellen auf, wie ich sie nie vermutet hätte.
Scientology war für mich nicht mehr das unfehlbare System. Ich
fühlte mich mißbraucht, hatte meine Ideale für einen Konzern eingesetzt, der nur mehr und noch mehr Geld und Leistung wollte.

Noch in der gleichen Nacht räumte ich meinen Schreibtisch. Ich
verspürte eine merkwürdige Mischung aus Erleichterung und Verbitterung, Zorn und Trauer. Wir – meine Frau und ich – verließen

Freunde und mußten begreifen, daß es niemals unsere Freunde gewesen waren. Wir waren ab sofort Aussätzige, durften mit keinem Scientologen Kontakt halten, außer mit dem «Ethik-Offizier». Meine ehemaligen Mitarbeiter blickten zur Seite, wenn ich das Büro betrat, schrieben «Wissensberichte», wenn ich sie ansprach. Doch so schnell wollte ich nicht aufgeben. Noch einmal beantragte ich ein Verfahren, wurde von allen Anschuldigungen freigesprochen und wieder auf meinem Posten eingesetzt. Doch nun wollte ich nicht mehr. Die Wochen des Abstandes, frei vom täglichen, unmenschlichen Leistungsdruck, hatten meine eigene Wahrnehmung wieder soweit geschärft, daß ich die Ereignisse der letzten Monate in Ruhe überdenken konnte. Was war das für ein System, dem ich meine Familie, meine Firma und mein ganzes Können geopfert hatte? Klar denken konnte ich zu diesem Zeitpunkt noch nicht wieder, und so fiel meine Entscheidung eher gefühlsmäßig. Für dieses System wollte ich nicht länger arbeiten.

Dies war der erste Schritt zum Ausstieg, aber leider noch längst nicht das Ende der Irrfahrt. Fünf Jahre in einem totalitären Lebens- und Denksystem hinterlassen tiefe Spuren. Noch glaubte ich an einen großen Irrtum, glaubte, daß Hubbard das neue Management zum Teufel jagen würde, wenn er nur wüßte, was da vor sich ging. Nach einigen unruhigen Monaten war unsere Position in der Stadt finanziell nicht mehr zu halten. Meine Frau und ich flüchteten bei Nacht und Nebel aufs Land zu Freunden, die wir in der Organisation kennengelernt hatten. Je größer der zeitliche Abstand wurde, um so widersprüchlicher erschien mir das Scientology-System oder, besser gesagt: um so mehr verlor es an Dominanz. Das normale Denken begann das scientologische Rasterdenken zu verdrängen, bis ich mich schließlich in einer Grenzsituation befand: Ich war noch Scientologe, aber es gab auch andere Dinge, die mich zu interessieren begannen. Ich sah alles mit etwas mehr Distanz und machte mir keine besonderen Sorgen, als meine Frau plötzlich im «Celebrity Center», einer Sonderform der Scientology-Organisation für Prominente, einen neuen Mitarbeitervertrag über fünf Jahre unterschrieb. Sie wollte weiterhin aktive Scientologin bleiben, ich nicht. Doch auch ich sollte zurück auf meinen alten Posten. Als ich mich beharrlich weigerte, kam es zum Bruch. Es gab eben im Scientology-System kein halb drinnen, halb draußen. Meine Frau saß zwischen zwei Stühlen, zwischen dem Ehemann auf der einen und Scientology auf

der anderen Seite. Und natürlich machte man mich dafür verantwortlich, daß sie sich nicht entscheiden konnte. Zuerst erhielt ich
eine «Non Enturbulation Order», d. h., mir wurde untersagt, andere
zu «enturbulieren», also durcheinanderzubringen oder in Gewissens-
konflikte zu stürzen. Später erging ein «Trennungsbefehl»: mir
wurde verboten, meine Frau zu sehen und zu sprechen. Ironie des
Schicksals, denn ich hatte jahrelang im Rahmen meiner Öffentlichkeitsarbeit behauptet, daß es einen solchen Befehl in der Scientology-
Organisation nicht gäbe. Es erwies sich als sinnlos, meine Frau von
der Unmenschlichkeit solcher Anordnungen überzeugen zu wollen.
In dieser letzten Auseinandersetzung begriff ich, daß nicht nur die
Organisation totalitär war, sondern das gesamte pseudoreligiöse und
pseudophilosophische Gedankengebäude.

Rückblick

Noch heute überrascht mich die Tatsache, mit welchem Gleichmut,
oft sogar mit Freude und Begeisterung ich die ungeheuerlichen geistigen und körperlichen Belastungen ertragen habe. So etwas macht
man nicht einfach aus einer Laune heraus – weder ich noch die vielen
anderen. Der Kern meiner Motivation, Scientologe zu werden, waren meine Träume und Ideale. Das Problem beim Aussteigen bestand
darin, daß sie nicht zerstört werden sollten. Aufräumen jedoch
mußte ich mit dem, was in mir geweckt oder gefördert worden war:
totalitäres Denken und Handeln.

Die unkritische Distanz, die ich in jenen Jahren zu meinem eigenen
Handeln hatte, hatte meine Wandlung vom Opfer zum Täter möglich gemacht. Auch wenn es ein beständiger Wechsel zwischen der
Opfer- und Täterrolle war, auch wenn es zu den wesentlichen, ja
grundlegenden Prinzipien des Scientology-Systems gehört, die kritische Distanz im Denken zu verringern, Kritikfähigkeit abzubauen,
so geht dies doch nicht ohne ein gewisses Maß an eigener Bereitschaft
und Zustimmung.

Das Schwerste am Ausstieg war das Ausbrechen aus der scientologischen Gedankenwelt. Solange ich mich nicht konsequent aus diesen Denkschemata gelöst hatte, war es auch unmöglich, kritisch
nachzudenken. Die Zerstörung meiner gesamten Existenz und meiner Ehe machten mir diesen Ablösungsprozeß nicht gerade leichter.

Auf der Suche nach einer Lösung begann ich zu lesen, was mir zwischen die Finger kam, und konnte mich so langsam aus der sprachlichen Umklammerung befreien, in der ich mich sechs Jahre befunden hatte. Das Wichtigste war, schien mir, zunächst meine Sprache wieder unter Kontrolle zu bekommen, dann mein Denken und Fühlen.

Selbstzweifel bildeten dabei ein ernsthaftes Hindernis. Was wäre, wenn Hubbard nun doch recht hätte? Immer wieder schwankte ich zwischen subjektiver Wahrnehmung, schönen Erinnerungen, Idealen und bitteren Erfahrungen hin und her: Ich drohte an diesem inneren Konflikt zu zerbrechen.

Das soziale Gefüge unserer Demokratie, in das ich ohne viel Zutun hineingewachsen war, hatte mir keine Sicherheit bieten können. Mein Versuch, in der Scientology-Organisation an einer sozial sicheren, neuen Welt mitzuarbeiten und die alte dadurch gleichzeitig besser zu verstehen, war jämmerlich gescheitert. So ohne weiteres in die alte Welt zurückzukehren war nicht leicht. Nicht jeder hatte Verständnis, der Makel des Fehltritts blieb an mir haften, selbst innerhalb meiner eigenen Familie hatte ich mit diesem Stigma zu kämpfen, teilweise verfolgt es mich heute noch. So war ich erst einmal gesellschaftlich disqualifiziert und mit einer kaum abbaubaren finanziellen und moralischen Hypothek belastet. Unter diesen Voraussetzungen eine neue, eigene Perspektive zu entwickeln schien oft unmöglich und ist bis heute schwer geblieben.

Im Prinzip kann man den Hubbard-Kult nur in den ersten Wochen wieder verlassen. Hat man erst einmal das harte Kommunikationstraining absolviert, hat man gelernt, in dieser neuen Sprache zu denken und zu fühlen, dann ist der Weg nach draußen so hart und beschwerlich, daß man lieber drinnen bleibt.

Als ich vor Jahren alle Brücken abbrach, da geschah dies unwiderruflich. Solche Prozesse sind nicht einfach wieder umkehrbar. Ohne den Aufstieg ins scientologische Management hätte ich die totalitäre Struktur dieses Konzerns nicht begriffen, nicht verstanden, wie systematisch das Individuum zerstört wird. Möglicherweise hätte ich als einfaches Mitglied den Ausstieg nicht geschafft. Nur äußerst schwer gelang mir die Ablösung von Scientology, zumal ich jeder äußeren Einflußnahme sehr skeptisch gegenüberstand.

Mögen die religiösen Elemente im Scientology-System auch von marginaler Bedeutung sein, meine eigene Religiosität war zunächst schon von Hubbards Vorstellungen vom «unsterblichen Thetan (Seele)» angesprochen worden. Doch was anfangs ganz gut in die scientologische Welt hineinzupassen schien, wurde später zur Quelle freiheitssuchender Überlebensenergien: Mein Glaube an eine übergeordnete Kraft half mir, nicht aufzugeben, als ich, von Selbstzweifeln aufgerieben, dem Wahnsinn nahe war. Diese Erfahrung hat keinen Frömmler aus mir gemacht, aber seit jener Zeit ist mein Glaube an Gott ein wesentlicher Bestandteil meines Lebens geworden. Der zweite wichtige Aspekt auf dem Weg in die Freiheit war die Erkenntnis, daß mir aus meiner Erfahrung eine Aufgabe entstanden war. Kaum jemand wußte, was in der Scientology-Organisation wirklich geschah. Zwar erkannte die kritische Öffentlichkeit die totalitären Strukturen, die Hauptlast der Auseinandersetzung wurde jedoch nicht ohne Grund auf dem Feld der Religion ausgetragen. So versuchte und versucht der Scientology-Konzern – wie auch andere Sekten und Kulte – sich auf die Religionsfreiheit zu berufen. In Wirklichkeit, so drängt sich mir der Eindruck auf, hat sich das Unternehmen Scientology bereits zu einem weltweit operierenden Multi entwickelt, der systematisch mit der Finanzkraft eines Megakonzerns an der Unterwanderung von Wirtschaft, Politik und Gesellschaft arbeitet und der die Organisationsstrukturen hat, um morgen eine diktatorische Weltregierung auszurufen.

Wenn die mir durch meinen Weg zugewachsene Aufgabe mir auch keine soziale Sicherheit bot, so fand ich doch eine Rolle, in der meine Erfahrungen für andere von Nutzen sein konnten. Mit der Bereitschaft, offen über Scientology zu sprechen, aufzuarbeiten, was dort geschehen war, kehrte mein Selbstbewußtsein zurück, und ich entkam, wenn auch unter schwersten Qualen, der Abhängigkeit von den Vorstellungen L. Ron Hubbards.

Angelika Rieger★

«ICH WOLLTE MICH NUR NOCH UMBRINGEN»

Erfahrungen einer ehemaligen Scientologin

Ein sonntäglicher Kaffeebesuch bei Verwandten im Sommer 1980 –
dort bekam ich erstmals das Dianetik-Buch von L. Ron Hubbard in
die Hände. Das Wort christlich und das Scientologen-Kreuz stimm-
ten mich zunächst skeptisch, aber meine Verwandten erzählten unbe-
fangen von ihren guten Erfahrungen mit den Scientologen, von der
menschlichen Unterstützung, die sie dort erlebt hatten, berichteten
von Einzelheiten aus dem gerade laufenden «Kommunikationskurs»
und daß es sich nicht um eine Kirche im herkömmlichen Sinne handele. Mein Mann und ich zeigten Interesse, und so fuhren wir zusammen mit Freunden zu einer Vortragsveranstaltung und vereinbarten
weitere Gesprächstermine. Da sich in unserer Ehe einige Probleme
anbahnten, ging ich bereitwillig auf das Angebot ein, zu einem er-
schwinglichen Preis an dem sogenannten Kommunikationskurs
teilzunehmen. Mein Mann zögerte. Mir half dieser einfache Kurs zunächst, unbefangener auf Menschen zuzugehen. Freunde und Kolleginnen bestätigten mir häufiger, daß ich mich positiv verändert
hätte. Ich sei ausgeglichener, fröhlicher, selbstbewußter geworden.
Ich erhielt die ersten «Auditing»-Stunden und gab persönliche Probleme und Details aus meiner Kindheit preis. Ich empfand es als
wohltuend, mich der warmherzigen und verständnisvollen Auditorin anzuvertrauen. Sie hörte mir aufmerksam zu, und es schien, als
könne sie meine schmerzlichen Erfahrungen nachempfinden. Ich
fühlte mich nach den Sitzungen sehr erleichtert, und sie nahm sich
alle Zeit der Welt, um mir aufmerksam zuzuhören.

Ich fühlte mich zunehmend selbstsicherer, was meinem Mann weniger gefiel. Es gab immer häufiger Auseinandersetzungen, die unser
Privatleben und auch meine – für seine Vorstellungen zu häufigen –
Besuche bei den Scientologen betrafen. Es folgten nicht nur eine,
sondern gleich mehrere Trennungen, die ich konsequent durchführte. Ich zog schließlich aus unserer gemeinsamen Wohnung aus,

★ (Name von der Redaktion geändert)

reichte die Scheidung ein und kündigte meinen Arbeitsvertrag. Ich entschloß mich, Mitarbeiterin in einer Scientology-Organisation zu werden, und unterschrieb einen Arbeitsvertrag. Das war im Herbst 1983, drei Jahre nach dem ersten Kontakt.

Eine andere Scientology-Organisation erfuhr offensichtlich davon und warb nun ihrerseits um mich. Ich wurde nicht mißtrauisch, als ich von Mitarbeitern dieser anderen Organisation mit nächtlichen Telefonanrufen bis um zwei Uhr morgens genötigt wurde. Die Anrufer waren mit meinem Privatleben bestens vertraut. Sie warben und boten mir eine angeblich bessere Vergangenheitsbewältigung an. Dabei sprachen sie mich gezielt auf ganz persönliche Probleme an: Sie wußten von meinen sexuellen Schwierigkeiten, von körperlichen Annäherungen meines Vaters und daß er sich nach drei Selbstmordversuchen das Leben genommen hatte. Offensichtlich waren Informationen aus den Auditings weitergeleitet worden. Ich erklärte, die Organisation nicht wechseln zu wollen, da ich schon eine vertragliche Verpflichtung eingegangen war, und verbat mir die nächtlichen Störungen.

Kurz vor meinem Umzug und Arbeitsantritt ließ ich mich von der Notwendigkeit eines Auditings überzeugen, das als «Lebensreparatur» firmierte. Ich erhielt fachmännische Tips zu Verhandlungen mit meiner Bank, die mir einen Kredit von fast 17 000 Mark bewilligte. Ich gab an, einen neuen Hausstand gründen zu wollen, und konnte als Einkommensnachweis die letzten Gehaltsabrechnungen der Firma vorlegen, bei der ich gekündigt hatte. Mir war in dieser Situation gar nicht klar, welche Konsequenzen dieser Kredit einmal nach sich ziehen würde. Ich hatte das Gefühl, einer starken Gruppe anzugehören, die mich beschützen würde, und das ehrliche Bedürfnis, mich für die Zukunft der Menschheit einzusetzen.

Da die interne Hierarchie der «Scientology Church» anders funktionierte als die herkömmlicher Firmen, eröffneten sich auch Chancen zu einer beruflichen Karriere. Und ich hatte den Wunsch nach Veränderungen. Es wurde mir seitens der Personalabteilung bestätigt, daß ich nach anfänglichen administrativen Aufgaben die Leitung des «kleinen» Kommunikationskurses übernehmen sollte, um später eine Ausbildung zum Auditor zu absolvieren. So begann ich meine Tätigkeit erst mal auf der untersten Hierarchiestufe als «HGC-Admin». Das bedeutete Organisation, Terminplanung und -einhaltung usw., im Grunde Aufgaben, die mir aus meiner früheren kaufmännischen Tätigkeit geläufig waren. Das Arbeitsklima war zunächst angenehm. Es fiel mir besonders die heitere Gelassenheit meiner neuen Kolleginnen und Kollegen auf. Es gab keine ernsten Gesichter, keinen Streß, keine Streitgespräche, keine lauten Diskussionen. Die lange Arbeitszeit störte anfangs auch nicht weiter. Ich war jedoch etwas ungehalten über das sehr geringe wöchentliche Entgelt. Schließlich bot meine Vorgesetzte mir an, mein Einkommen durch einen höheren Posten zu steigern. Es wurde mir bestätigt, daß ich eine angenehme Mitarbeiterin und meine Arbeit sehr gut sei.

Ich sollte zur Mitarbeiterin des «Director of Technical Service», kurz DTS, befördert werden und erhielt, um diese Position ausüben zu können, eine Ausbildung in Kopenhagen. Das Finanzielle wurde direkt mit Kopenhagen abgewickelt. Ich bekam Fahrkarten und Taschengeld und fuhr los. In Kopenhagen hatte ich etwas Mühe, das Scientologen-Hotel zu finden. Meine Unterbringung erfolgte in einem sehr einfachen und etwas schmuddeligen Zimmer mit acht Dreietagenbetten. Es fiel mir auf, daß die Organisation straffer, fast militärisch, geführt wurde. Fast alle Mitarbeiter trugen Uniformen, und jeder ging zielstrebig und eilig seiner Tätigkeit nach. Ein persönlicher Kontakt zu den Mitarbeitern oder Mitbewohnern meines Hotelzimmers blieb aus. Das An- und Abmelden in Kopenhagen vollzog sich nach einem festgelegten Check-up, bei dem man jede einzelne Abteilung aufsuchen mußte, um sich die Anwesenheit auf einer mitgeführten Liste schriftlich bestätigen zu lassen. Und überall, wo ich hinkam, wurde ich als Kundin oder als Mitarbeiterin umworben: Ich sollte in der Buchabteilung Bücher kaufen und gleichzeitig in einer anderen Abteilung einen Arbeitsvertrag über die nächsten Billionen Jahre unterschreiben. Mit großer Mühe hielt ich diesem Druck stand und beeilte mich, die Prozedur hinter mich zu bringen, um meine Ausbildung zu beginnen.

Zuerst erhielt ich einen Einblick in die straff organisierte «Technische Abteilung»: Mir wurden die Räumlichkeiten gezeigt und die organisatorischen Einzelheiten des Tagesablaufs erklärt. Diese Abteilung hatte dafür zu sorgen, daß alle verkauften Auditings auch «geliefert» wurden. Das war nicht ganz einfach, da es aufgrund der nicht einzuschätzenden Sitzungsdauer schwierig war, feste Termine zu vergeben, und die Kunden, genannt «Preclears», mit stundenlangen Wartezeiten rechnen mußten. Aber diese Zeit wurde oft genutzt, um den Wartenden weitere Serviceleistungen zu verkaufen.

Später kam dann der Theoriekurs für meine zukünftigen Aufgaben, bei dem einzelne Lerninhalte vom Kursleiter überprüft wurden. Ich spürte plötzlich den enormen Leistungsdruck, dem ich ausgesetzt war. Der Umgangston war zwar freundlich, aber sehr bestimmt geworden. Niemand wagte es, eine persönliche Schwäche zu zeigen, was eine unweigerliche Verzögerung des Aufenthaltes zur Folge gehabt hätte. Power war angesagt. Mir gefiel es nicht in Kopenhagen; ich wollte so schnell wie möglich wieder zurück. Es war üblich, daß der Abschluß einer Ausbildung, eines Kurses oder Auditing an einem «E-Meter» mit der «schwebenden Nadel» bestätigt wurde, und sie schwebte immer und bei jedem. Ich litt unter heftigen Magenschmerzen und hatte Angst, daß diese durch das «E-Meter» aufgespürt würden. Es gelang mir mit etwas Verzögerung, kurz zu entspannen und zu lächeln, und es wurde mir die «schwebende Nadel» bestätigt. Das hieß, daß ich bestanden hatte. Nun mußte ich mich einer langwierigen Abmeldeprozedur unterziehen. Ich hatte nur ein Ziel: nichts wie raus hier.

Als ich zurückkam, wurde ich von meiner Vorgesetzten gefragt, wie es mir gefallen habe, und ihr strahlendes Gesicht erwartete eine Erfolgsmeldung. Ich wollte schon eine negative Äußerung von mir geben, besann mich jedoch schnell auf ein lächelndes «sehr gut» und erhielt meine offizielle Beförderung. Es wurde dann immer schwieriger, einen reibungslosen organisatorischen Ablauf in Zusammenarbeit mit den verbundenen Abteilungen zu gewährleisten, was lange Wartezeiten, Störungen und Terminausfälle für die «Preclears» zur Folge hatte. Das lag jedoch nicht an meiner mangelnden Organisationsfähigkeit, sondern am Leistungsdruck und wohl auch an der persönlichen Problematik einzelner. Jeder hatte seine Vorgaben, und die Statistiken sollten von Woche zu Woche erhöht werden. Sogenannte «Zusammenbrüche» von Mitarbeitern wurden durch schnelles «Handhaben» beseitigt: Sie wurden umgehend von ihrem Arbeitsplatz entfernt und hatten laut Richtlinie Rechenschaft in der «Ethik-Abteilung» abzulegen. Als Scientologe war man schließlich ein sehr fähiger Mensch. Oberste Priorität war, eigene Probleme sofort unter Kontrolle zu bringen, um der Gruppe nicht zu schaden.

Es wurden nach der üblichen Arbeitszeit um 22 Uhr immer häufiger «freiwillige» Sondereinsätze in Form von Mailing-Aktionen gestartet, zu denen der Mitarbeiter in einem freundlich-bestimmten

Ton aufgerufen wurde. Ich lag oft erst gegen zwei Uhr nachts im Bett und konnte vor Übermüdung und Aufregung kaum einschlafen.

Der Vormittag blieb der regelmäßigen Ausbildung der Mitarbeiter vorbehalten. Neben dem Studium der Scientology-Ideologie und -Sprache absolvierte ich das «Reinigungs-Programm», eine Art «Entgiftung», bei der man Vitamine schlucken und in der Sauna schwitzen muß. Mein Tagesablauf sah so aus, daß ich mich bereits morgens um acht Uhr nach einem halbstündigen Dauerlauf in der Sauna einfand. Mittags um dreizehn Uhr hatte ich wieder auf meinem Posten zu sein, um bis nach Mitternacht zu arbeiten. Nach drei Wochen war ich fertig, fix und fertig! Ich sehnte mich wieder nach «draußen», nach einer normalen Welt. Die Anrufe meiner Freunde oder meiner Mutter wurden immer wieder geschickt gestört, so daß ich nie länger als eine Minute mit ihnen reden konnte. Ich verlor den Überblick über meine finanzielle Situation und erhielt Mahnschreiben von der Bank und von meinem Vermieter, deren Bedeutung ich jedoch nicht erfaßte. Für mich waren das nur leere Worte auf einem Stück Papier. Ich hatte auch keine Zeit, darüber nachzudenken. Meine Sorge galt meinem Überleben, da ich ständig hungrig und mittlerweile abgemagert war und kaum Geld für Eßbares besaß. Und ich hatte Angst, daß jemand mir mein kostbares Stück Brot oder meinen Käse stahl, denn diese Art Diebstähle war üblich und wurde schweigend toleriert. Während der Kurse am Vormittag sank mein Kopf vor Übermüdung und Erschöpfung immer wieder auf den Tisch. Ich war am Ende meiner Kraft und erhielt nun wieder Auditing.

Die Sitzungen sollten mich wieder in die Gegenwart zurückbringen. Irgendwann konnte ich nur noch hemmungslos heulen. Ich wurde zu Phantasien angeregt, die ich für wahr hielt. Die Auditorin ließ mich zu einer fiktiven Jahreszahl zurückgehen und führte mich behutsam zum Anfang der entstandenen Bilder. Ich sollte erzählen, was ich sah und was dort geschehen war. Sie ließ mich immer wieder aufs neue wiederholen, was mir in den Sinn kam. Es wurde eine Szene daraus, in der ich mich nackt sah, zusammengedrängt mit anderen Kindern und Frauen in einem großen, gekachelten Duschraum. Eine ältere Frau stand in meiner Nähe, und obwohl wir gedrängt aneinander standen, berührten wir uns nicht. Ich hätte mich gerne an sie gelehnt, aber ich spürte die Distanz zwischen uns. Ich schaute zu ihr auf, aber ihr Blick ging starr über mich hinweg. Aus den Duschköpfen über mir strömte weißer Dampf. Das Gas wurde aufgedreht, und ich wußte, daß ich jetzt sterben würde. Trotz der vielen Menschen war ich allein. Ich weinte sehr darüber, daß mein Leben nun zu Ende ging. Mein ganzer Körper tat mir weh. Dann sah ich ein Bild, auf dem ich von oben auf einen Holzkarren sah. Darauf lagen die nackten Leichen, meine war auch dabei. Sie wurden weggefahren. Die Sitzung war nach ungefähr zwei Stunden beendet. Es hatte mich so sehr beeindruckt, daß ich überzeugt war, schon einmal gelebt zu haben.

Kurzfristig fühlte ich mich wieder besser. Der Leistungsdruck wurde von lockeren Veranstaltungen mit Tanz, Musik und kleinen Geschenken unterbrochen. Bei den wöchentlichen Gruppenversammlungen bzw. «Celebration Days» wurden die Leistungen der Wochensieger verkündet und gelobt. Nicht erreichte Statistiken wurden schlichtweg ignoriert. L. Ron Hubbard wurde für sein Wunderwerk gepriesen, und neue Ziele wurden vorgegeben. Dieses Spiel sei notwendig, um die Welt zu reinigen, hieß es. Niemand sprach von Leistungsdruck oder Geldmacherei.

Ich vertraute mich einer Kollegin an und erzählte ihr, daß ich mich schlecht fühlte. Ich rechnete nicht damit, daß dieser «Verstoß gegen die Gruppe» laut Anweisung eine sofortige Meldung an die Personalabteilung zur Folge haben würde. Schon kurze Zeit später mußte ich der Personalabteilung Rede und Antwort stehen. Meine Klage, daß ich immer noch zuwenig Geld verdiente, wurde barsch abgewiesen. Das sei schließlich mein Problem. Statt dessen wurde ich zum Sondereinsatz eingeteilt. Ich mußte «bodyrouten», das heißt Leute auf der Straße ansprechen und in die «Org» holen. Das gab Punkte: Jedes Reinholen, jeder ausgefüllte Testbogen, jedes Weiterleiten an die Abteilung Öffentlichkeitsarbeit. Oder auch: Leute per Telefon reinholen. Jeder, der entweder Bücher, Kurse oder Auditings gekauft hatte – selbstverständlich standen Anschrift und Telefonnummer aus dem Archiv zur Verfügung – wurde mit nächtlichen Anrufen traktiert. Es galt, den «Ruin», den schwachen Punkt, aufzuspüren. Von der ursprünglich für mich vorgesehenen Aufgabe, der Leitung des Kommunikationskurses, war keine Rede mehr. Der Posten war bereits einer neuen Kandidatin versprochen worden. Scientologen sind eben sehr flexibel. Als Zeichen guten Willens durfte ich hin und wieder den Coach spielen. Ich arbeitete wie ein Pferd und erhielt dafür kläglliche hundertdreißig Mark in der Woche.

Am Ende meiner Kräfte, vertraute ich mich dem einzigen Scientologen-Arzt mit Doktortitel an. Der behandelte mich, als hätte ich die Pest am Leib, und schickte mich kommentarlos in die Ethik-Abteilung. Ich hätte es wohl immer noch nicht begriffen. Nun hieß es «Berichte» schreiben. Außerdem mußte ich ein schriftliches Schuldbekenntnis ablegen, in dem ich zugab, der Gruppe mit meinem unverantwortlichen Verhalten geschadet zu haben. Zur Wiedergutmachung mußte ich körperliche Arbeit verrichten. Der Durchbruch in ein angemietetes Nachbargebäude hatte es in sich – ich schleppte Steine, strich Wände und schrubbte Fußböden. Dabei wurde ich regelmäßig kontrolliert. Nach einer Woche ging es mir psychisch besser, so daß ich an meinen ursprünglichen Arbeitsplatz zurückbeordert wurde. Mir wurde übel, als man mir mit einem strahlenden Lächeln ins Gesicht sagte, daß Scientologen für körperliche Arbeiten keinen Lohn erhalten und ich froh sein könne, überhaupt hier arbeiten zu dürfen. Ich sollte mich glücklich schätzen, die ich noch nicht einmal die «Clear»-Stufe auf der scientologischen Leiter der Erlösung erklommen hatte, in einer solch erlauchten Sphäre tätig sein zu können. Jeder andere Arbeitgeber hätte für Unproduktivität ganz andere Maßnahmen zur Verfügung. Diese barschen Bemerkungen verletzten meinen beruflichen Stolz empfindlich. Endlich begann ich nachzudenken und wollte wissen, wie die anderen ihre Arbeit schafften. Was ging hier vor? Ich beobachtete, daß auch sie Schwierigkeiten hatten und leichenblaß aussahen, wenn sie ihre Statistik nicht erreicht hatten. Denn dann war eine Spezialbehandlung angesagt: Die Züchtigungsmaßnahmen reichten von körperlicher Strafarbeit bis zum Verfassen selbstquälerischer Berichte über das eigene Fehlverhalten. Kritik war verpönt. Es galt die Devise: Ein Scientologe hat erfolgreich und überfähig zu sein.

Aber viel Zeit zum Nachdenken hatte ich auch jetzt nicht. Eine weitere Auditing-Sitzung wurde angeordnet. Diesmal wurde ich von einem männlichen Auditor anhand einer Checkliste befragt, wann und warum ich einem Scientologen oder der Gruppe etwas vorenthalten hätte. Nach einer Stunde – ich konnte alle Fragen reinen Gewissens mit Nein beantworten – durfte ich meine Arbeit wiederaufnehmen. Ich war schweißgebadet. Ich fühlte mich schuldig, wenn ich auch nicht wußte warum.

Weihnachten stand vor der Tür. Es gab, je nach Einzelfall, maximal zwei bis drei Tage frei. Man war vorsichtig und bestrebt, Außenkontakte möglichst zu vermeiden. So wurden alle eingehenden Telefongespräche mit Namen, Zeit und Grund schriftlich notiert. Ich erhielt zwei Urlaubstage und sogar einen «Christmas-Bonus» von 216 Mark. Meine Eltern und Freunde erschienen mir fremd und weit entfernt. Einerseits hatte ich sie sehr vermißt, andererseits hatte ich Angst und das Gefühl, von den Scientologen gedanklich verfolgt zu werden. So blieb ich keine Minute länger als notwendig und fuhr auf dem schnellsten Wege wieder zurück.

Doch nach einer Woche wollte und konnte ich nicht mehr. Mein einziger Gedanke war: Du mußt hier raus! Hier stimmt etwas nicht. Du bist kein freier Mensch mehr, der frei denken, reden und handeln kann. Mir war klar, daß ich dem «Abmelde-Check» nicht mehr gewachsen war, und so floh ich einfach aus dem Gebäude. Meine Flucht wurde bemerkt, und ich wurde telefonisch wieder in die Organisation zitiert. Gehorsam ging ich wieder hin. Und wieder mußte ich in der Ethik-Abteilung einen Bericht über meine Vergehen schreiben. Ich war verzweifelt. Mir kam der Gedanke, daß ich hier ein schriftliches Schuldgeständnis über etwas ablegte, was ich gar nicht getan hatte. Ich floh wieder. Nach einigen Telefonanrufen kam eine Scientologin zu mir nach Hause. Sie beruhigte mich und erklärte, daß die Gruppe mir gegenüber Fehler begangen habe. In der Org würde sich alles klären. Ich log und versprach wiederzukommen, allerdings nicht mehr an jenem Abend. Zum erstenmal hatte ich die Kraft, mich zu widersetzen. Zum erstenmal nach insgesamt drei Jahren.

Ich suchte Hilfe bei Freunden. In Zusammenarbeit mit der *Aktion Psychokultgefahren* erklärte ich schriftlich meinen Austritt. Ich war erleichtert, diesem Tollhaus entronnen zu sein. Ich begann wieder zu denken, nachzudenken. Und das mußte ich auch. Denken und vor allem handeln. Ich hatte nicht gemerkt, daß die Bank mir den Kredit gekündigt hatte, weil ich ihn mir unter Vorspiegelung falscher Tatsachen erschlichen hatte. In meiner Post lagen die Kündigung der Wohnung wegen Mietrückstand und jede Menge unbezahlter Rechnungen. Ich brauchte Arbeit, ging zielstrebig zum Arbeitsamt und unterschrieb bei der ersten Vorstellung noch am gleichen Tag einen Arbeitsvertrag.

In der nun folgenden Zeit stellte ich mit Entsetzen fest, wie sehr ich mich verändert hatte. Anweisungen machten mir keine Schwierigkeiten, die war ich gewohnt, aber ich verstand die Sprache nicht mehr. Was war mit mir geschehen? Warum war ich auf einmal so unsicher und willenlos. Ich fühlte mich unendlich klein. Wie konnte ich mich Menschen gegenüber verständlich machen? Die Worte hatten durch Scientology einen anderen Sinn erhalten, so daß es immer wieder zu Mißverständnissen kam. Ich konnte nachts nicht schlafen und litt unter Verfolgungsängsten. Ich war nicht in der Lage, eine simple Kaufentscheidung zu treffen, und fühlte mich von allen Menschen bedroht. Ich bekam Depressionen und fühlte mich unendlich einsam. Ich war unfähig, für Stunden, Tage oder Wochen im voraus zu denken, geschweige denn zu handeln. Ein Zeitbegriff existierte für mich nicht mehr.

Irgendwann wollte ich mich nur noch umbringen. Selbstmord schien mir der einzig mögliche Ausweg zu sein. Ich dachte, ich sei wahnsinnig geworden. Verzweifelt rief ich verschiedene Therapeuten an. Ich bekam keinen Termin. Es schien niemand Zeit für mich zu haben. Nach etlichen Anrufen war ein Therapeut noch am gleichen Abend zu einem Gespräch bereit. Unter Tränen stammelte ich, daß ich aus der Scientology-Organisation ausgetreten sei und nun Selbstmordgedanken habe. Dieses Gespräch und die folgenden liefen sehr einseitig. Er redete unentwegt, ich hörte nur zu. Irgendwann schlüpfte ich ungewollt in die Rolle des Auditors und stellte ihm Fragen. Er erschrak, als ihm die mißliche Situation auffiel. Die Tranquilizer, die er mir verschrieben hatte, bewirkten, daß ich morgens nicht aus dem Bett kam. Doch meine Schulden und meine Existenzangst wurden stärker. Ich setzte die Tabletten wieder ab, und der Sog der Depressionen zog mich wieder nach unten.

Ich suchte einen anderen Therapeuten auf. Sein Behandlungszimmer war im Obergeschoß seines privaten Wohnhauses. Wenn ich kam, war die Haustür angelehnt, ich konnte direkt nach oben gehen und in einem kleinen Nebenzimmer Platz nehmen. Ich spürte das Gefühl von Geborgenheit und Wärme. Der kleine Sitzungsraum war anheimelnd, die zwei Tischlampen spendeten dezentes Licht. Vom Erdgeschoß drangen manchmal Stimmen oder heiteres Lachen herauf. Zwischendurch schlug kurz der Hund an. Immer wieder sog ich diese Atmosphäre auf wie ein Schwamm. Etwas in mir wollte einfach nur dasitzen und alles in diesem Haus wahrnehmen. Auch diesmal war ich kaum zu einem Gespräch fähig. Ich saß völlig verkrampft in dem bequemen Sessel und hatte Angst, Angst und nochmals Angst. Der Therapeut drängte mich nicht zum Reden. Ich nahm sein Einfühlungsvermögen wahr und verspürte den Wunsch, mich ihm anzuvertrauen. Leider verzog der Therapeut in eine nahegelegene Stadt. Er bot mir an, die Therapie dort fortzusetzen. Mir erschien jedoch die Entfernung unüberwindlich.

Meine Einsamkeit bedrückte mich sehr. Ich bildete mir die schlimmsten Krankheiten ein. Immer wieder suchte ich einsame Gegenden oder Plätze auf und nahm mir vor, mir die Pulsadern aufzuschneiden. Rasierklingen hatte ich immer dabei.

Nach einem halben Jahr beendete ich eine weitere Therapie, weil die Sitzungen mich zu sehr an die endlosen Auditings erinnerten, in denen ich verbal vergewaltigt worden war. In den Therapiestunden blieb ich überwiegend stumm und kämpfte gegen die Angst, wieder in ein Abhängigkeitsverhältnis zu geraten. Manchmal gelang es mir, gegen Ende der dreißigminütigen Sitzung zu reden. Der Therapeut machte jedoch pünktlich auf die Minute Schluß und verwies mich auf den nächsten Termin. Völlig aufgelöst, heulte ich danach stundenlang und konnte mich kaum beruhigen. Ich fühlte mich gedemütigt und zurückgewiesen. In diesen Momenten sehnte ich mich nach Scientology zurück. Doch ich hatte den Schritt nach draußen gewählt, in eine Welt, in der mich niemand verstand. War das der Preis, den ich nun zu zahlen hatte? Ich mußte mir eingestehen, daß auch ich Menschen verführt hatte und ihre Ängste und Schwächen benutzt hatte, um ihnen eine destruktive Ideologie zu verkaufen.

Erst nach Jahren und mit viel Geduld konnte ich mich allmählich vom Bann der Scientologen befreien. Heute geht es mir gut. Mein Schuldenberg ist überschaubar geworden, und in meinem Beruf habe ich meine ursprüngliche Leistungsfähigkeit wiedererlangt. Auch mein Sprachgebrauch ist wieder normal. Durch eine erfolgreiche Therapie, die ich vor eineinhalb Jahren begonnen habe, gewinne ich mehr und mehr an Lebensfreude.

Hugo Stamm

BRÜCKE IN DEN TOD

Die Geschichte des Reto T. ★

Reto T. war Scientologe. Mit 34 Jahren ließ er sich von Hubbards Kolonnen ködern. Von diesem Zeitpunkt an nahm sein Leben eine verhängnisvolle Wende. Reto lebt nicht mehr. Er hat die Psychotorturen der Pseudokirche nicht verkraftet. Mit dem Eintritt in die Scientology-Organisation führte sein Weg stetig abwärts, unterbrochen von euphorischen Momenten. Reto erlöste sich von seinen Leiden und sprang von einer Brücke in den Tod.

Mutter und Schwester beschreiben Reto als strebsamen, fleißigen Menschen, der stets fröhlich gewesen sei und oft vergnügt vor sich hin gepfiffen habe. Er wohnte im Kanton St. Gallen in der Schweiz, arbeitete halbtags als Textilmechaniker und führte nebenbei eine Autowerkstatt. Zu seinem Lebensglück schien ihm einzig eine kleine Portion Selbstvertrauen zu fehlen. Er war eine eher schüchterne Natur und hatte – obwohl er zweimal in der Woche ein Tanzlokal besuchte – leichte Hemmungen gegenüber Frauen.

Eines Tages stach ihm ein Zeitungsinserat in die Augen. «Sie nutzen nur 10 Prozent Ihres geistigen Potentials...» Er hatte keine Ahnung, daß das vermeintliche Einstein-Zitat für Scientology warb. Er hatte noch nie etwas von der Organisation gehört, die sich im Inserat als «Dianetik-Beratung» zu erkennen gab. Arglos bestellte er Hubbards Dianetik-Buch, ein Buch, dessen Inhalt er nur ansatzweise verstand. Nun hatten die Scientologen seine Adresse, und der Briefkasten füllte sich mit Prospekten.

Etwa einen Monat später rief ihn ein Scientology-Mitarbeiter aus Zürich an und lud ihn zu einem Beratungsgespräch in die «Org» (Organisation oder Kurzform für die Zentren) ein. Aufgrund der frustrierenden Buchlektüre verspürte er wenig Lust, ließ sich nach langem Hin und Her aber überreden. Das eigentliche Verhängnis begann mit dem Persönlichkeitstest, den Reto im Scientology-Zentrum St. Gallen ausfüllte. Das Ergebnis fiel niederschmetternd aus.

★ Name von der Redaktion geändert

Die Test-Kurve verlief fast durchweg im Minusbereich, in mehreren Abschnitten fiel sie auf minus 100, den Tiefstpunkt. Die Scientologin erklärte Reto, er sei instabil, deprimiert und nervös. Ihr Urteil: «Du bist ein Nichts, du bist überhaupt nichts wert.» Reto war am Boden zerstört: «Das war das Schlimmste, was sie mir sagen konnten; so tief unten war ich noch nie gewesen», schrieb er hinterher in sein Notizbuch.

Nun hatte die Scientologin leichtes Spiel, als sie Reto Hilfe anbot und ihm den «Kommunikationskurs» verschrieb. Noch am gleichen Tag begann er den Kurs und machte den ersten Schritt auf der von Hubbard gepriesenen Brücke zur Freiheit... Unzählige Male mußte er die immer gleichen, seltsamen Gehorsamsübungen absolvieren, die angeblich seinen Realitätssinn schärfen sollten. Er mußte aufstehen, eine Wand betrachten, darauf zugehen, sie berühren und sich wieder hinsetzen. Die Kursleiterin erteilte ihm für jeden Handlungsschritt einen gesonderten Befehl und quittierte die «fachgerechte» Erfüllung. Reto starrte außerdem seiner Leiterin stundenlang in die Augen. Diese Prozedur bezeichnete er in seinem Notizbuch als eine Art Hypnose.

Reto verbrachte viel Zeit im Scientology-Zentrum. Viermal pro Woche ging er zum Kurs. Seine Mutter realisierte schon bald erste Wesensveränderungen und fragte ihn nach seinen Weiterbildungskursen. Auf Anraten seiner Kursleiterin verschwieg er den Scientology-Kontakt. Als ihn später auch die Schwester ins Gebet nahm, rieten ihm die Scientologen, den Kontakt zu den Angehörigen abzubrechen.

Nach dem Kommunikationskurs überredeten ihn die Scientologen zum «Purification-Rundown». Da er oft mit Verdünnungsmitteln arbeite, könne er mit diesem Reinigungsprogramm den Körper entgiften. Als er den Preis hörte, schreckte er zurück: 3400 Franken zuzüglich Saunagebühren und verschiedenen Präparaten zum Einnehmen. Das Kostenargument ließen die Scientologen nicht gelten. Sie drängten ihn, Geld zu borgen. Unter dem Vorwand, für seine Werkstatt dringend 3000 Franken zu benötigen, lieh er den Betrag von seiner Mutter.

Die täglich drei- bis vierstündige Schwitzkur in der Sauna bekam Reto nicht gut. «Ich hatte solche Kopfschmerzen, daß ich glaubte, mein Schädel platze», schrieb er später. Ihm wurde schlecht, er mußte sich übergeben. Sofort rief er im Scientology-Zentrum an und

erhielt den Rat, weiterzumachen und einfach so lange zu schwitzen, wie er es aushalte. Nach jeweils zehn Minuten mußte er unter
stärksten Schmerzen die Sauna verlassen. Später wurde er mit dem
Argument beruhigt, das Kopfweh werde eines Tages schon verschwinden. «Es waren Qualen, die ich nicht beschreiben kann»,
meinte er nach der mehrwöchigen Roßkur.

Nachdem sich Reto vom Saunaschock erholt hatte, machten ihm
die Scientologen «Auditing» schmackhaft, eine verhörartige Befragung, in der die Klienten in frühere Leben zurückgeführt werden
sollen. Dabei kommt der sogenannte «Hubbard-Elektro-Meter» zur
Anwendung, ein einfaches Gerät zur Messung der Hautwiderstände,
das als eine Art Lügendetektor fungiert.

Für drei sogenannte Intensives, also 37,5 Stunden Auditing, wollten
die Scientologen Reto nach Abzug von 30 Prozent Mitgliederrabatt
14 700 Franken abknöpfen, also fast 400 Franken für eine Stunde. Er
war nicht gewohnt, in solchen Dimensionen zu denken, und wehrte
sich gegen den Plan. Er sah auch keine Möglichkeit, das Geld aufzutreiben. Die ihn bearbeitende Scientologin versuchte nun, ihn als Mitarbeiter für die Scientology Church zu gewinnen; dann bekomme er
die teuren Kurse gratis. Als er nicht darauf einging, schlug sie ihm vor,
einen Geschäftskredit von 50 000 Franken aufzunehmen. Sie füllte
einen wertlosen, von Scientology kreierten Scheck über den Kursbe-
trag aus, den Reto nach langem Drängen unterschrieb.

So fühlte er sich verpflichtet, das Geld zu beschaffen. «Nun hatten
sie mich so weit gebracht, daß ich die Lebensversicherungspolice bei
der Bank hinterlegte und das Geld bekam», notierte Reto dazu. Er
ließ sich 20 000 Franken gutschreiben, und die Scientologen konnten
ihren Scheck einlösen.

Die Auditing-Sitzungen beschrieb Reto als qualvolle Stunden.
Von den versprochenen Gewinnen spürte er wenig. Selbstzweifel
quälten ihn. Er fragte die andern Kursteilnehmer nach ihren Erfolgen
und erhielt begeisterte Berichte. Er las immer wieder die an die
Wände gehefteten Erfolgsberichte der anderen Kursabsolventen. Die
Befürchtung drohte immer mehr zur Gewißheit zu werden: Die anderen schaffen es, nur ich bin der Versager. Und er erinnerte sich stets
aufs neue an das katastrophale Resultat des Persönlichkeitstests. Wer
so weit unten ist, hat einen langen Weg bis hinauf zur Brücke ... Reto
ließ sich einen weiteren Kurs aufschwatzen, diesmal den HQS
(«Hubbard Qualified Scientologist»).

Das Verhängnis wurde nach wenigen Monaten erstmals spürbar. Es war an einem Sonnabend. Reto hatte sich wie üblich mit Freunden im Stammlokal verabredet. «Doch an diesem Abend war es anders. Es zog mich ins Dianetik-Zentrum nach St. Gallen», vertraute er seinem Tagebuch an. «Was habt ihr mit mir gemacht? Etwas stimmt nicht mehr mit mir, ich bin nicht mehr der gleiche Mensch», klagte er dem Scientology-Mitarbeiter. Der erwiderte: «Was hast du denn? Jetzt bist du der richtige Reto, du bist endlich aus dir herausgekommen.»

Später traf Reto seine Freunde doch noch, und er fuhr mit ihnen bei dichtem Nebel in ein Tanzlokal. Plötzlich überfielen ihn starke Angstgefühle, und er glaubte, sein Freund rase mit überhöhter Geschwindigkeit durch die Nebelwand. Retos Wahrnehmungen waren gestört.

Am Sonntagmorgen befielen ihn zu Hause schwere, für ihn bisher unbekannte Gedanken und Gefühle. «Was ich da erlebte, kann ich fast nicht beschreiben. Ich lag auf dem Bett und wollte mir ein Leid antun. Ich dachte an das Sturmgewehr, das neben dem Schrank stand, und die Munition im Militärrucksack. Ich mußte alle Kräfte sammeln, um mich beherrschen zu können», schrieb er. Er riß sich los, suchte seine Freunde im Tanzlokal auf und erlebte erneut eine euphorische Stimmung: «Es war wunderbar», schrieb er zwei Sätze nach den dem Tagebuch anvertrauten Selbstmordabsichten. In der Nacht überkamen ihn die Selbstmordgedanken wieder: «Ich lag im Bett und zitterte am ganzen Körper.»

Am Montagmittag rief ihn eine Scientology-Mitarbeiterin an. Er erzählte ihr von den Selbstmordgedanken. Solche Zustände seien keine Seltenheit, sie müßten aber rasch behoben werden, sagte sie und bestellte ihn für den gleichen Tag nach Zürich. Sie werde alles vorbereiten. «Nun wußte ich: Meine Zeit ist abgelaufen, ich muß gehen», schrieb Reto und fügte hinzu: «Nun war ich so weit programmiert, daß ich alle Bücher von Scientology auf den Tisch legte und das Testament schrieb.» Darin lobte er Scientology und Dianetik. Die Welt gehe im Jahr 2000 unter, es habe ohnehin keinen Sinn mehr. (In seinen Unterlagen wurde später ein apokalyptisches Zitat von Hubbard gefunden, in dem der Scientology-Gründer den Weltuntergang in minimal zwei und maximal fünf Jahren prophezeit.) Weiter vertraute er dem Testament an, er könne nun leider nicht zur Taufe seines Patenkindes kommen, weshalb er ihm sein Sparheft vermache.

Reto verpaßte den Termin bei der Scientologin. Sie rief ihn an und erkundigte sich nach seinem Verbleib. Er könne doch die Welt nicht so verlassen, erklärte er und versprach, etwas später zu erscheinen. Nun begann Reto, seine Wohnung aufzuräumen. Anschließend setzte er sich ins Auto und fuhr Richtung Zürich. Nach wenigen Kilometern überfielen ihn Ängste. «Doch ich dachte: Wenn ich einen Unfall mache, ist es eine Erlösung für mich», schrieb er später dazu. Er drehte trotzdem um und fuhr zu seiner Mutter. Er klagte bei ihr über starke Kopfschmerzen und legte sich aufs Sofa. «Plötzlich bekam er Krämpfe am ganzen Körper. Er krümmte und wälzte sich», berichtete seine Mutter. «Für mich ist es Zeit, ich muß gehen», sagte er zu ihr, verdrehte die Augen und fiel vom Sofa.

Der Notarzt konnte sich Retos Zustand nicht erklären und ließ einen Krankenwagen kommen. Reto wehrte sich. Es sei Zeit für ihn, er wolle nur noch einmal seine Schwester und sein Patenkind sehen. Im Krankenhaus sagte Reto dem behandelnden Arzt, daß er Scientology-Kurse besuche, worauf ihn dieser zur Beobachtung in die psychiatrische Klinik einwies. «Da kam der Schock bei mir», schrieb Reto später. «Das hatte seinen Grund. Im Dianetik-Zentrum haben sie mir gesagt, in der psychiatrischen Klinik würde ich Elektroschocks bekommen. Ich hätte mich eher umgebracht, als in diese Klinik zu gehen», ergänzte er. Der Arzt versicherte ihm, die Klinik habe keine Geräte für Schocktherapien. Nun ließ sich Reto von der Mutter und der Schwester einigermaßen beruhigen.

Er geriet jedoch erneut in Panik, als ihm ein Psychiatriepfleger eine Tablette geben wollte. (Scientologen wird eingehämmert, die von den Psychiatern verordneten Medikamente seien gefährliche Körpergifte und würden den Menschen zerstören.) Er wollte kaum glauben, daß es sich lediglich um eine Beruhigungstablette handelte. Die Klinikatmosphäre und die Gitter vor den Fenstern setzten ihm anfänglich zu, weil er von Scientologen gehört hatte, Psychiatriepatienten würden oft lebenslänglich interniert. Die anfänglichen Horrorvisionen verloren zunehmend an Dramatik. Reto erholte sich rasch und konnte die Klinik nach zwei Wochen verlassen. Bald begann er wieder zu arbeiten. Er lehnte sich nun heftig gegen Scientology auf und gab seinen Austritt bekannt. Bereits in der Klinik hatte er in sein Notizbuch geschrieben: «Wenn ihr glaubt, ihr könntet euch an meiner Mutter rächen, dann habt ihr euch getäuscht. Sie hat mir immer geholfen und wird es auch weiterhin tun. Uns könnt ihr nichts, aber auch gar nichts mehr antun ... Mich habt ihr nicht mehr in eurer Gewalt.»

Doch die Scientologen ließen ihn nicht in Ruhe. Sie riefen bei Reto an und schrieben ihm Briefe. Sie hatten sogar versucht, ihn in der Psychiatrie zu erreichen. Das Personal erhielt die Anweisung, keine Anrufe von Scientologen mehr entgegenzunehmen. In einer Zeitschrift las Reto einen kritischen Artikel über Scientology, notierte sich die Telefonnummer der dort aufgeführten Sektenberatungsstelle und bat um Hilfe.

Nach wenigen Wochen tauchten die schwarzen Gedanken wieder auf, seine Konzentration ließ nach. Reto ging freiwillig zurück in die Klinik, wo sich sein Zustand erneut rasch stabilisierte. Aus Angst vor weiteren Einbrüchen wehrte er sich gegen eine frühzeitige Entlassung, arbeitete aber bald doch wieder halbtags an seinem Arbeitsplatz in der Weberei. Nach dem zweiten Aufenthalt hielt sich Reto fast drei Monate lang über Wasser. Doch die alte Lebensfreude kehrte nicht mehr zurück. Allmählich fraß sich ein Verfolgungswahn in seine Seele. Er verschanzte sich in der Wohnung. «Ich gehe nicht hinaus, die Scientologen lauern mir auf», sagte er. In einem Einschreiben ließ er die Scientologen wissen: «Falls Sie nicht augenblicklich mit dem psychischen Druck aufhören, werde ich diese Angelegenheit dem Rechtsanwalt übergeben.» Trotzdem erhielt Reto weiterhin Post von den Scientologen. Eines Tages fischte er ein Horrorbild aus dem Briefkasten, das einen gefesselten Mann mit schmerzverzerrtem Gesicht zeigt, über den sich ein Heiler beugt. Die Bildlegende lautet: «Besessen? Einige Parapsychologen meinen, die bösen Geister seien wir selbst.» Das Foto ist mit dem handschriftlichen Vermerk versehen: «Wir holen Dich!» – «Er flüchtete in eine Scheinwelt und wirkte oft wie im Zustand der Trance», erzählte seine Mutter.

Es folgte die dritte Einweisung und nach drei Wochen die dritte Entlassung. Reto blieb unkonzentriert und fühlte sich dauernd müde. Er litt unter Schlafstörungen, Kopfweh plagte ihn. Stundenlang lag er auf dem Sofa und starrte zur Decke. Selbstmordgedanken begleiteten ihn ständig.

Eines Tages rief er seine Mutter an. Seine schwache Stimme sagte ihr, daß er von Angst erfüllt war. Sie riet ihm, sofort zu ihr zu kommen. Als er längere Zeit ausblieb, schaute sie draußen nach. Plötzlich sah sie ihn blutüberströmt aus dem Wald kommen. Reto war kaum ansprechbar und wußte nicht, was mit ihm geschehen war. Der Notarzt alarmierte den Rettungshelikopter, der ihn ins Krankenhaus flog. Die Polizei fand sein Auto völlig zertrümmert etwa einen Kilometer vom Wohnort der Mutter entfernt. Der Wagen war bis zur Unkenntlichkeit demoliert.

Obwohl Reto die Strecke genau kannte, war er mit überhöhter Geschwindigkeit in einer Kurve geradeaus in das Geländer einer Stützmauer gefahren. Die Polizei fand weder Brems- noch Schleuderspuren. Er war – entgegen seiner Gewohnheit – nicht angegurtet und wurde aus dem Auto geschleudert, was ihm das Leben rettete. Unter Schock lief er zum Elternhaus. Die Ärzte diagnostizierten ein gebrochenes Sprunggelenk, einen gebrochenen Ellenbogen, einen Muskelriß am Arm, drei gestauchte Lendenwirbel, mehrere offene Wunden im Gesicht. Außerdem hatte er zwei Zähne verloren.

Die Unfallversicherung stützte sich auf das Zeugnis von zwei Ärzten der psychiatrischen Klinik und erbrachte nach etlichem Zögern und weiteren Abklärungen die vollen Versicherungsleistungen. Die schizophrene Psychose sei durch den Druck einer religiösen Gemeinschaft ausgelöst worden, hieß es im Gutachten. Es stehe zweifelsfrei fest, daß die Zurechnungsfähigkeit Retos zum Zeitpunkt des Unfalls vollständig aufgehoben gewesen sei.

Reto verkroch sich vollends in seine innere Welt. Im Krankenhaus begann er eine Gesprächstherapie, doch er konnte sich nicht öffnen und über seine Probleme reden. Der Unfall drang nicht in sein Gedächtnis vor. Einem Klinikarzt verriet er später, er sei durch die Scientologen zum Unfall getrieben worden. Der Schwester gegenüber äußerte er, unter einem inneren Zwang gestanden zu haben. Er beschwor die Mutter, ihn mit nach Hause zu nehmen. Nach der Entlassung erzählte er, daß er im Spital höllische Schmerzen ausgestanden habe, was er den Ärzten verschwieg. «Er hatte wieder den starren Blick und war von einer großen Unruhe getrieben», sagte seine Mutter. «Die Scientologen haben mich, sie sind an mir dran», erzählte er.

Nach dem Krankenhausaufenthalt begab sich Reto freiwillig in die psychiatrische Klinik. Wieder suchten die Scientologen nach ihm. Sie fragten die Schwester nach dem Aufenthaltsort Retos. Als sie die Auskunft verweigerte, drohte ihr der Scientologe mit der Polizei.

Nach dem Klinikaufenthalt schaltete Reto einen Anwalt ein. Nun zahlte Scientology einen Großteil der schon seit Monaten in mehreren Briefen geforderten Kursgelder zurück. Doch damit war für Reto die Angelegenheit nicht aus der Welt. Er entschloß sich zu einer Klage wegen psychischer Schädigung und verlangte Schadenersatz und Genugtuung. Zur Vorbereitung des Prozesses gab der Rechtsanwalt bei Professor Hans Kind, ehemaliger Direktor der Psychiatrischen Poliklinik in Zürich und Spezialist für Kultfragen, ein Gutachten über Reto in Auftrag. Darin konstatiert der Psychiater: «Ein Knick in der Lebenslinie war aber früher nie zu beobachten. Zu einer ‹Entgleisung› kam es erst im letzten Herbst, als der Patient in die Fänge der Scientology Church geraten war.»

Kind diagnostizierte massive psychische Probleme (akute schizophrene Psychose, Depersonalisations- und Derealisationserlebnisse), die erstmalig nach dem Sektenkontakt aufgetreten seien und im engen zeitlichen und erlebnismäßigen Zusammenhang damit gesehen werden müßten. «Er fühlte sich von den Scientologen manipuliert, sie wüßten alles über ihn, hätten ihn nun in der Hand. Zudem sei seine Zeit abgelaufen, das Leben habe keinen Sinn mehr... In diesem Zusammenhang traten große Ängste und bedrängende Suizidgedanken auf. Er steigerte sich so weit in diese Todesangst hinein, daß es zu hyperventilationstetanischen Krämpfen kam, welche den Anlaß zur ersten Hospitalisierung gaben», schrieb der Psychiatrieprofessor.

Die schizophrenen Psychosen sind laut Kind immer auf mehrere Umstände zurückzuführen. «Auslösender Faktor war auf diesem Hintergrund aber offensichtlich die Angst und Verunsicherung durch den Kontakt mit dem Gedankengut und der Praxis von Scientology», heißt es im Gutachten. Kind erwähnt zudem, daß die zweite psychotische Episode begünstigt wurde, weil Reto die beruhigenden Medikamente nicht mehr eingenommen hatte. Die Angst davor wurde ihm in der Scientology Church vermittelt.

Kind erklärt weiter, die unqualifizierte Aussage der Scientologin bei Retos Testauswertung habe einen höchst ungünstigen Einfluß auf ihn gehabt, «indem seine Minderwertigkeitsgefühle bis zu Suizidabsichten verstärkt wurden... Die Mitteilung eines so niederschmetternden Befundes war psychologisch ein grober Fehler. Wenn schon ein maximal instabiler, deprimierter, nervöser Zustand im Testergebnis festgestellt wurde, hätte unter keinen Umständen dieser Zustand noch durch die brutale Aussage ‹Du bist ein Nichts, du bist nichts wert› verstärkt werden dürfen», schreibt Kind und fügt hinzu: «Nur ein völlig unbekümmerter Mensch, dem elementare Kenntnisse des menschlichen Seelenlebens abgehen, kann so reagieren, wie anscheinend jene Scientologin gegenüber Reto reagiert hat.» Vermutlich habe auch die Prophezeiung des Weltuntergangs, die

Reto auf einem Flugblatt der Scientologen gelesen hatte, zur Angst und Verunsicherung beigetragen.

Professor Kind verweist zum Schluß auf ein früheres Gutachten über die psychischen Auswirkungen der scientologischen Theorien und Praktiken: «Die Erfahrungen mit Reto bestätigen in jeder Hinsicht meine im Gutachten vom 3.3.89 geäußerte Ansicht, Behandlungen im Rahmen von Scientology würden für labile und selbstunsichere Menschen ein erhebliches Risiko bedeuten, weil sie zu Depressionen und psychotischen Zusammenbrüchen führen können.»

Das Gutachten enthielt keine hoffnungsvollen Aussagen. Nach einer Phase von mehreren Monaten, in der Reto gegen Scientology zu kämpfen bereit war, lähmte ihn die Depression zunehmend. Tatsächlich verengte sich Retos Lebensweg weiter. Die Schwester erinnert sich, daß sie ihn nach dem Unfall nie mehr hat lachen sehen. «Er hatte keine Lebensfreude mehr und vegetierte ohne Anteilnahme dahin», erzählt seine Mutter. Er mußte ein fünftes Mal in die psychiatrische Klinik. Es sollte das letzte Mal sein.

Seit dem ersten psychischen Zusammenbruch, der ersten Hospitalisierung und der Distanzierung von Scientology waren knapp eineinhalb Jahre vergangen. In diesen Monaten wuchs das schwarze Loch in seiner Seele kontinuierlich. Er wurde hin und her gerissen zwischen den phantastischen Heilsversprechungen der Scientology und der harten Realität, die ihn nach den psychotischen Zusammenbrüchen in der psychiatrischen Klinik einholte. Er war ein Wandler zwischen zwei Welten, und im unüberwindbaren Graben zwischen ihnen lauerte der Wahnsinn. Der Versuch, die Kluft zu überwinden, zerriß ihm die Seele.

Nach der Entlassung aus der Klinik wohnt er zumeist bei der Mutter. Er klagt über einen großen Druck im Kopf und sagt, er könne nicht mehr klar denken. An einem Sonntag liegt er fast den ganzen Tag auf dem Sofa und starrt zur Decke. Am Abend verläßt er das Haus mit dem Hinweis, er gehe in sein Stammlokal. Der Mutter fällt auf, daß er sich ohne Gruß entfernt. Sie erwacht um 2.30 Uhr und schaut in seinem Zimmer nach. Das Bett ist leer. Sie hofft, daß er in seiner Wohnung übernachtet. Am frühen Morgen versucht sie, Reto telefonisch zu erreichen. Er nimmt nicht ab. Sie schickt Retos Bruder in die Weberei, um ihn zu suchen. Ohne Erfolg. Sie ruft die Tochter an, sie soll in der Wohnung nach Reto schauen.

Auf dem Tisch findet sie eine Notiz. «Ich möchte hier noch einen kleinen Abschiedsbrief schreiben. Für mich hat das Leben keinen Sinn mehr. Ich falle den andern nur zur Last. Mein Kopfweh plagt mich dauernd, und niemand kann mir helfen. Ich danke der Mutter und den Geschwistern für die Mühe, die sie sich meinetwegen gemacht haben. Zur Zeit habe ich keine Schulden mehr. Bei der Arbeit geht es nicht mehr gut. Wahrscheinlich denken die Leute, ich sei ein Feigling, daß ich einfach Abschied nehme, aber ich will den andern nicht mehr zur Last fallen.»

Der Brief endet abrupt. Beim letzten Satz fehlt der Punkt. Reto setzt auch keine Unterschrift. Er steht in Gedanken vermutlich bereits auf der Brücke, die für ihn wohl auch Freiheit bedeuten sollte, jedoch nicht in scientologischem Sinn.

Retos Schwester wagt nicht, die Mutter anzurufen. Sie trifft sich mit ihrem Bruder und fährt die Strecke von der Wohnung bis zu Retos Stammlokal ab. Bei einer Brücke über ein tiefes Tal finden sie sein Auto. «Wir trauten uns nicht hinunterzuschauen und fuhren zur Polizei», erzählt sie. Die Zeit schleicht, das Warten auf dem Polizeirevier wird zur Qual. Nach langem Bangen kommt der Beamte zurück. Sein Gesichtsausdruck bestätigt die schreckliche Befürchtung: Reto ist in die Tiefe gesprungen.

Der Ausflug in die Scheinwelt der Thetanen führte Reto in die geistige Umnachtung. Für die psychischen Torturen einer totalitären Gruppe, die euphorisch durch die interplanetare Science-fiction-Welt und die Jahrmillionen rast, war er nicht geschaffen. Seine Sensibilität wurde ihm zum Verhängnis. Doch die Täter sind auch Opfer, wie Reto selbst. Opfer eines Nivellierungssystems namens Scientology. Opfer, die zu Tätern werden, und Täter, die Opfer sind. Opfer, die sich im Unterschied zu Reto in ihrer sektiererischen Verblendung an die vermeintliche Brücke zur Freiheit zu klammern vermögen.

Professor Kind sprach nach Retos Tod mit den Klinikärzten und ergänzte sein Gutachten: «Er fühlte sich von Scientologen durch halluzinierte Stimmen manipuliert, ja zum Suizid gedrängt.» In der Klinik äußerte Reto, die Stimmen würden ihm eingeben, von einer Brücke springen zu müssen. «Daß er tatsächlich auf diese Weise aus dem Leben geschieden ist, legt fast zwingend den Gedanken nahe, daß der Suizid unter dem Einfluß des psychotischen Erlebens geschah», meinte Kind. «Insofern besteht ein deutlicher Zusammenhang zwischen dem Kontakt mit Scientology, der Psychose und dem Suizid.»

Der Anwalt hatte nach Retos Rückfall die Klage aufgeschoben, weil er seinem Klienten aus Rücksicht auf dessen psychischen Zustand die Belastungen eines Gerichtsverfahrens ersparen wollte. Kurz vor seinem Selbstmord hatte Reto ihn angerufen und erklärt, er wolle den Prozeß nun doch in Angriff nehmen. Sie vereinbarten einen Termin, der nicht mehr stattfinden sollte. Die Angehörigen hätten an seiner Stelle den Prozeß führen können, doch Retos Mutter wollte dieses Kapitel abschließen und nichts mehr mit den Scientologen zu tun haben. Sie mochte sich in der Trauer nicht weiterer Auseinandersetzungen mit den Hubbard-Anhängern aussetzen.

Der Schmerz über den Verlust war groß, vor allem für die Mutter. Ein Tod, der keinen Sinn zu machen scheint. Ein Tod, der auch Wut erzeugt. Trotzdem ist sie überzeugt, daß der Tod für Reto eine Erlösung war: Er hatte keine Chance, sich aus dem Sektenlabyrinth zu befreien. Reto erlöste sich vom Leiden.

Volker Albers

VOM SCIENCE-FICTION-AUTOR ZUM SEKTENGURU

Die Lebensgeschichte des L. Ron Hubbard

Im Juli 1939 erscheint im Magazin *Unknown* eine Geschichte unter dem Titel *Slaves of Sleep*. Sie berichtet von einem Mann, der zwar reich ist, mit seinem Geld aber nichts anzufangen weiß: Tagein, tagaus wird er von seinen Mitmenschen schikaniert und gedemütigt. Nachts betritt er eine andere Welt, eine neue Dimension aus Traum und Phantasie, in der eiserner Wille und kühnste Vorstellung herrschen. Hier wird der tagsüber Gebeutelte zur strahlenden Lichtfigur, zum herkulesstarken Muskelmann, der vernichtet, was sich ihm Böses und Knechtendes in den Weg stellt: ein einsamer Kämpfer für das Schöne und Gute, ein Mann, der nicht Dummheit noch Dämonen fürchtet. Als dieser Perry Rhodan der Schattenwelt eines Tages entdeckt, daß jene Kräfte tatsächlich in ihm schlummern und nicht nur phantastisches Produkt seiner Träume sind, wird er auch im Alltag zu jenem unwiderstehlichen Glücksritter, der Macht, Geld und Liebe wie spielerisch an sich reißt.

Autor dieser unter dem Titel *Versklavte Seelen* 1978 auf deutsch erschienenen Erzählung ist Lafayette Ron Hubbard. 1939 ist er 28 Jahre alt und hat bereits schriftstellerische Erfolge im Genre der Science-fiction-Literatur vorzuweisen. Die Geschichte vom kleinen Mann, der eines Tages seine wahre Größe in sich entdeckt, sollte programmatisch werden für das Denken und Handeln Hubbards und zugleich ideologische Basis der Lehre von Scientology sein, jener Organisation, deren Gründer L. Ron Hubbard ist.

Die Lebensgeschichte des Lafayette Ron Hubbard gleicht einem Vexierbild. Verborgen in einem von Scientology gepflegten propagandistischen Gewebe, liegt sein wirkliches Leben: mal schimmern Fakten durch, mal bleibt die Wahrheit im dunkeln, voller Rätsel. Die Schwierigkeiten, Person und Charakter zu fixieren, beschreiben Bent Corydon und L. Ron Hubbard Jr. in ihrer kritischen Hubbard-Biographie: «Die Geschichte des L. Ron Hubbard gleicht einer Studie des Phantastischen. Je mehr wir über ihn wissen, desto stärker fühlen wir, daß er eigentlich unmöglich gewesen ist. Es konnte im

Grunde nicht sein. Aber da war er: ein kettenrauchendes rätselhaftes Bündel von Widersprüchen.»[1] Wie in der Welt der Science-fiction vermengen sich auch im Mikrokosmos der Hubbardschen Existenz Reales und Irreales, Schein und Wirklichkeit. Hinter dem Rätselhaften steckt Methode.

Lafayette Ron Hubbard wird am 13. März 1911 in der kleinen Ortschaft Tilden im US-Bundesstaat Nebraska geboren (wenngleich ein schriftlicher Geburtsnachweis dort nicht vorliegen soll). Hubbard wächst als einziges Kind von Harry Ross Hubbard und Ledora May Hubbard Waterbury de Wolfe auf. Sein Vater gehörte von 1904 bis 1908 der US-Navy an und tritt 1917 der US-Marine als Zahlmeister bei. Schon über diese ersten Jahre des jungen Hubbard häufen sich verwirrende Berichte aus Scientology-Kreisen. So soll er bereits im zarten Alter von dreieinhalb Jahren das Lesen und Schreiben erlernt und mit zwölf «eine große Zahl bekannter Klassiker der Erde» gelesen haben. Noch vor der Lektürezeit, als er nämlich noch bei seinem Großvater in Montana lebte, sei es zur ersten Begegnung mit einer fremden Kultur gekommen. «Er lebte mit ihnen (den Schwarzfuß-Indianern, d. A.), studierte und erforschte sie und wurde ihr Blutsbruder – eine besonders große Ehrerweisung durch den Stamm.»[2] Als ihm die Ehre der Blutsbrüderschaft widerfuhr, muß Hubbard also jünger als zwölf Jahre gewesen sein. Ein wahrlich frühreifer Junge.

Dem jungen Mann wird eine überaus rege Reisetätigkeit nachgesagt. So soll er bereits mit 14 Jahren gemeinsam mit seinem Vater nach China gereist sein, wo er mit «buddhistischen Priestern» und «mongolischen Nomaden» Bekanntschaft geschlossen haben soll. Einer anderen Scientology-Quelle zufolge unternahm er erst mit 16 Jahren seine erste große Reise Richtung Fernost, um die «Lebensweisen der verschiedenen östlichen Kulturen kennenzulernen». Einer dritten Scientology-Version nach ermöglichte die finanzielle Unterstützung des wohlhabenden Großvaters Hubbard die Lehr- und Wanderjahre im fernen Asien zwischen 1925 und 1929. Friedrich-Wilhelm Haack kommentiert diese frühen Weltreisen des L. Ron Hubbard: «Sie bauen mit am Bild des faszinierenden Allround-Mannes, des Menschheits-Großen und schließlich Retters des Planeten, der sich schon seit frühester Kindheit mit den wichtigsten Fragen des Lebens beschäftigt und endlich die richtigen Antworten gefunden habe. Doch diese Reisen dürften niemals stattgefunden

haben.»[3] Richtig sei dagegen, daß «L. Ron Hubbard nur zwei größere See-Reisen in seiner Jugend gemacht hat. Beide führen ihn nach
Guam, wo der Vater vom 5. April 1927 bis zum 21. August 1929 als
‹Zahlmeister im Rang eines Leutnants› (und keinesfalls als ‹Militär-
attaché›) stationiert ist.»

Das Bild von Hubbard als Forschungsreisendem wird in seinen aus
scientologischer Sicht erstellten Lebensläufen sorgfältig gehegt und
gepflegt. Die Legendenbildung nimmt geradezu bizarre, bisweilen
höchst unwahrscheinliche Formen an. So soll er etwa als gerade
18jähriger Schulabgänger eine Expedition nach Zentralafrika geleitet
haben, mit 20 Jahren zum «leitenden Direktor» der «Karibischen
Filmexpedition» und ein Jahr später zum «Leiter der Westindischen
Mineralienuntersuchung» auf Puerto Rico aufgestiegen sein. In den
vierziger Jahren habe er «über 20 verschiedene Menschenrassen» untersucht, darunter «die Flußbewohner des Kayan auf Borneo, die
philippinischen Pygmäen, die Tlingit-Indianer in Alaska und die
Chamorros auf Guam». Während einer Expedition im Mittelmeerraum sei es ihm gelungen, «Ruinen und Zivilisationsspuren» zu entdecken, deren Untersuchung «Licht in bisher unerforschte Bereiche
der Vergangenheit brachte».

Diese Aufzählung ließe sich nahezu beliebig verlängern. Die Lebensgeschichte des rastlos und unermüdlich Reisenden ist unendlich
fortsetzungsfähig – Hubbard durchstreift, ständig auf der Suche nach
dem Unbekannten, dem Neuen und dem letzten Sinn, Länder und
überquert Ozeane. Er kommt in den Scientology-Biographien nicht
zur Ruhe: Unablässig wird gefeilt an der Figur des Übermenschen,
die den Beweis dafür liefern soll, daß der starke Wille allein vermag,
eine neue und bessere Welt zu bauen.

Doch die offizielle Lebensgeschichte dieses Zarathustra aus Nebraska hinterläßt mehr offene Fragen als Antworten. So soll Hubbard sich auch auf den Theoriefeldern des universitären Wissen-
schaftsbetriebs erfolgreich geschlagen haben. «Mit 19 Jahren kehrt er
(Hubbard, d. A.) nach Amerika zurück, um in Washington D. C. an
der George Washington University zu studieren. Am Columbia
College graduierte er in Mathematik und in technischen Wissenschaften. Anschließend besuchte er Amerikas erstes Seminar über
Kernforschung. Außerdem studierte Hubbard an der Princeton University, und er promovierte an der Sequoia University zum Doktor
der Philosophie.»[4] Doch Hubbards Universitätskarriere scheint

keineswegs so glatt verlaufen zu sein, wie die offizielle Lesart glauben machen will. Vielmehr dürfte Hubbard seine akademische Laufbahn sehr schnell wieder abgebrochen haben. Laut Haack gibt es «keine Belege für ein echtes Universitätsdiplom oder irgendeinen richtigen Studienabschluß bei Lafayette Ronald Hubbard». Christopher Evans schreibt in *Kulte des Irrationalen* (deutsch 1979): «Was Hubbards Doktortitel betrifft, so wurde er ihm, wie zu erfahren ist, von der mit großen Worten gepriesenen ‹Sequoia University of California› verliehen – einem Institut, das man vergeblich auf der Standardliste der amerikanischen Universitäten suchen wird, das jedoch unter gewissen Scharlatanen an der Westküste als Titelfabrik bekannt war, bei der man gegen eine angemessene Summe ‹Eignungszeugnisse› erwerben konnte.» [5] Wie Hubbard also an seinen Titel gekommen ist, sei dahingestellt. Tatsache jedenfalls ist, daß er sich dieses «Doktortitels» am 8. März 1966 wieder entledigte. Mit dem ihm eigenen Sinn für wirksam eingesetzte Public Relations verlautbarte er diesen Verzicht in einer Anzeige der Londoner *Times*. In neueren Scientology-Veröffentlichungen ist der vermeintliche Doktorgrad des umtriebigen Organisationsgründers denn auch keiner Erwähnung mehr würdig.

Das Bild, das Scientology von L. Ron Hubbard zu vermitteln versucht, trägt Züge eines kosmopolitischen Bildungsideals: der Philosoph, der Kämpfer gegen Drogensucht, der Philanthrop, der Pädagoge, der Managementexperte, der Forscher, der Schriftsteller, der Künstler. Gleichwohl gibt es bislang anscheinend keine letztendlich gültige, von der Scientology-Organisation autorisierte Biographie. Es gibt – und das seit Jahren – nur immer wieder neue Biographie-Varianten, die nicht selten in Widerspruch zu älteren, von Scientology veröffentlichten Lebenslauf-Bruchstücken treten. Wer hinter diese Fassade der Legendenbildung schaut, entdeckt jedenfalls keinen großen Humanisten. Der Scientology-Kritiker Bent Corydon berichtet von einem Auftrag, den Scientology einem gewissen Omar Garrison 1979 erteilt haben soll: Garrison war ausersehen, die offizielle Hubbard-Biographie zu schreiben. Nachdem er 18 Monate recherchiert, Unterlagen studiert und Interviews geführt hatte, kam er jedoch zu der Erkenntnis, daß es ihm nicht möglich sei, die PR-Biographie zu schreiben. Statt dessen wollte er jetzt das wirkliche Leben Hubbards in Buchform bringen. 1984 nahm Garrison aber auch von dieser Bemühung Abstand – nachdem er von Scientology eine größere Geldsumme für sein Schweigen erhalten haben soll.

Schriftsteller ist Hubbard zweifelsohne gewesen, und zwar ein ungewöhnlich produktiver. Von 1934 an erscheinen regelmäßig Abenteuergeschichten und Wildwest-Stories von ihm, zum Teil unter dem Pseudonym Winchester Remington Colt, was wohl durchaus auf die eher bescheidene literarische Qualität dieser Texte schließen läßt. Die erste Science-fiction-Erzählung *The Dangerous Dimension* bringt das Magazin *Astounding Science Fiction* im Juli 1938 heraus. In dieser Geschichte wie auch in dem im selben Jahr erscheinenden Roman *The Tramp* geht es um Menschen, die sich übersinnliche Fähigkeiten und Kräfte zu eigen machen, um so entscheidend auf das einwirken zu können, was die Welt im Innersten zusammenhält. In den nächsten Jahren produziert Hubbard eine Vielzahl weiterer Geschichten. Es heißt, er habe sich für ein neues Buch zwei oder drei Tage eingeschlossen und sei mit druckfertigen Manuskripten wieder aufgetaucht. Sein Ruf als Science-fiction-Autor festigt sich. Hubbard denkt sich zu dieser Zeit Welten (und seien sie noch so obskur) aus und bannt diese phantastischen Lebensszenarien aufs Papier. Das tut er so lange, bis ihm die erdachten Welten nicht mehr genügen, ihm zu eng werden. Nun wird die reine Fiktion zur Realität. Er selbst mißt diesen phantastischen Konstrukten eminente Bedeutung zu: «Science-fiction entsteht nicht nach einer wissenschaftlichen Entdeckung oder Entwicklung. Sie ist der Vorreiter des Möglichen. Sie ist die dringende Bitte, daß jemand an der Zukunft arbeiten möge. Aber sie ist keine Prophezeiung. Sie ist der Traum, der der Dämmerung vorausgeht, wenn der Erfinder oder Wissenschaftler erwacht und zu seinen Büchern oder in sein Labor geht und sich sagt: ‹Ich frage mich, ob ich diesen Traum in der Welt der realen Wissenschaften wohl wahr werden lassen kann?›»[6] Wer dieser «jemand» ist, der «an der Zukunft arbeiten möge», steht außer Zweifel.

Den Schritt aus dem Labor in die Realität versucht Hubbard nach dem Ende des Zweiten Weltkriegs zu gehen – wie sein Held in *Versklavte Seelen* will er die Kräfte seines Traumes im wirklichen Leben walten lassen. Den Zweiten Weltkrieg übersteht Hubbard relativ unbeschadet, wenngleich scientologische Quellen eine ganz andere Sprache sprechen. So soll er «erblindet» und so «stark gelähmt» gewesen sein, daß man «die Hoffnung auf seine Genesung allgemein aufgegeben hatte». Infolge seiner «Verletzungen an der Hüfte und am Rücken» sei er «für den Rest seines Lebens zum Kriegsversehrten» geworden, und gleich «zweimal wurde er für tot erklärt». Nur «mit Hilfe seiner eigenen Entdeckungen» und «seiner Forschungen, die er während seines Krankenhausaufenthaltes über den menschlichen Sinn anstellte», sei es ihm gelungen, wieder völlig zu gesunden. Die übernatürlichen Selbstheilungskräfte schlummerten also in Hubbards Geist und Körper – ganz im Einklang mit der von ihm selbst entwickelten Science-fiction-Ideologie. Christopher Evans zufolge erhalte Hubbard zwar von der Veteran's Administration, einer Behörde, die sich um Kriegsteilnehmer kümmert, 160 Dollar monatlich «als Ausgleich für körperliche Schäden, die er sich während des Zweiten Weltkriegs zugezogen habe. Die Liste der Schäden indessen, die ihn zu ‹40 % arbeitsunfähig› machen, lautet: Geschwür am Zwölffingerdarm, Schleimbeutelentzündung (rechte Schulter), Arthritis, Bindehautentzündung.»[7] Kein Stoff also, aus dem sich Helden schnitzen lassen. Auf diese prosaischen Fakten stieß wohl auch Omar Garrison, als er Hubbards Heiligenbiographie schreiben sollte.

In der zweiten Hälfte der vierziger Jahre wendet sich Hubbard den Schattenseiten der Wirklichkeit zu. Er schließt sich der kalifornischen Gruppe des «Ordo Templi Orientis» (O. T. O.) an, einer zu Beginn des 20. Jahrhunderts von Dr. Karl Kellner, einem österreichischen Unternehmer, und dem deutschen Theosophen Dr. Franz Hartmann gegründeten Geheimgesellschaft, die sich okkulten Praktiken verschrieben hat. Das O. T. O.-Credo stammt von Aleister (Edward Alexander) Crowley, einem von deutschen Anhängern 1925 zum sogenannten Weltheiland ausgerufenen englischen Magier: «Tue was Du willst soll sein das ganze Gesetz.»[8] Die Nähe zum Gedankengut von Hubbards Science-fiction-Geschichten liegt auf der Hand: Wenn du die Kraft entdeckst, die in dir ruht, liegt dir die Welt zu Füßen. So überrascht es nicht, daß demjenigen, der in der O. T. O.-Hierarchie höhere Stufen erklommen hat, auch übersinnliche Fähigkeiten wie Hellsehen erwachsen. Auch die Ingredienzen, mit denen der O. T. O.-Kult seine magischen Rituale ausstattete, mögen Hubbard auf das höchste fasziniert haben: Schwerter, wehende Umhänge, farbige Lichter – gelebte Science-fiction, angereichert mit Magie, Dämonenglauben und der Gottwerdung des Menschen in einem «Neuen Zeitalter». Zudem bediente sich die Sekte gewisser «sexualmagischer» Praktiken. Bei einer dieser okkulten Versuchsreihen schickt sich der O. T. O.-Ordensmeister Jack Parsons an, mit einer jungen Kultanhängerin ein Kind zu zeugen, das zur Inkarnation der «großen Mutter-Göttin Nuit» werden soll. Hubbard assistiert während dieser abstrusen Prozedur als eine Art paranormaler Protokollführer – ob die Frucht dieser Nacht aufging, ist nicht bekannt.

Aleister Crowley, der sich in schwarzmagischer Euphorie den Anti-Christ-Namen «To Mega Therion 666» (Das Große Thier 666) verlieh, zeigte hingegen wenig Verständnis für die Experimentierfreudigkeit der Herren Parsons und Hubbard. Haack zitiert Crowley: «Ich könnte rasend werden, wenn ich über die Idiotie dieser Tölpel nachdenke.» [9] Und Crowleys Biograph John Symonds notierte, welchen Gewinn der Magielehrling L. Ron Hubbard aus den O. T. O.-Praktiken für seine eigenen Pläne zog: «Doch der ‹Tölpel› Hubbard erwarb in aller Stille durch Crowleys Schriften jene magischen Geheimnisse, die ihm wenige Jahre später halfen, seine berühmte Scientology-Kirche zu gründen.» [10] Ende der vierziger Jahre hat Hubbard also sein weltanschauliches Rüstzeug beisammen, aus dem sich etwas Neues schaffen läßt: Science-fiction und Okkultismus. Er mußte sein Wissen nur noch zu Papier bringen.

Daß L. Ron Hubbard in dieser Zeit kaum ein mit sich selbst in Einklang lebender Mensch gewesen sein dürfte, läßt ein Brief an die Veteran's Administration aus dem Jahr 1947 erahnen, in dem er geschrieben haben soll: «Nachdem ich zwei Jahre lang versucht habe, mein Gleichgewicht im bürgerlichen Leben zu finden, ist es mir absolut unmöglich, meine eigenen Fähigkeiten auch nur annähernd wiederherzustellen... Ich kann mir die langen Perioden von Morbidität und Selbstmordgedanken, unter denen ich leide, weder erklären noch mich davon befreien, und es ist mir jetzt klargeworden, daß ich sie besiegen muß, bevor ich hoffen kann, mit mir überhaupt wieder ins reine zu kommen.» [11] In diesem Brief, den die *St. Petersburg Times* veröffentlicht hat, äußerte er zudem den Wunsch, einen Psychiater konsultieren zu wollen, es sich aber nicht leisten zu können. Ob Hubbard jemals psychiatrische Behandlung in Anspruch nahm, ist nicht bekannt. Tatsache jedoch ist, daß Hubbard, der offensichtlich mit psychischen Problemen zu kämpfen hatte, sich später von einem geradezu unbändigen Haß auf Psychiater und Psychologen beseelt zeigte.

Vor diesem Hintergrund macht Hubbard sich daran, seine Ideen zu bündeln. 1950 kündigt der Herausgeber von *Astounding Science Fiction* eine Sensation an: «Die im nächsten Monat erscheinende Ausgabe wird, glaube ich, überall im Lande wie eine Bombe einschlagen. Sie wird einen Aufsatz von sechzehntausend Worten enthalten mit dem Titel ‹Dianoetik… Einführung in eine Neue Wissenschaft›, dessen Verfasser L. Ron Hubbard ist … Ich versichere Ihnen nachdrücklich und mit voller Überzeugung, daß es sich hier um einen der wichtigsten Aufsätze handelt, der jemals gedruckt worden ist. Darin berichtet Hubbard über seine eigenen steuerungstechnischen Forschungen zu dem Problemkreis ‹Wie funktioniert der menschliche Geist?›»[12] Daß Hubbard diesen grundlegenden Text in einem Science-fiction-Magazin veröffentlicht, dürfte nicht nur auf seine Freundschaft mit dessen Herausgeber zurückzuführen sein. Es war das geeignete Forum für seine Theorie.

Kurz zuvor, im April 1950, gründet Hubbard die erste «Hubbard Dianetic Research Foundation» in Elizabeth, New Jersey, wo auch die Redaktion von Campbells Magazin beheimatet war. Die Resonanz auf den Artikel ist tatsächlich derart groß, daß Hubbard seine Ideen in Form eines Buches erweitert: *Dianetics: The Modern Science of Mental Health* (Dianetik – Die moderne Wissenschaft der geistigen Gesundheit) wird in kürzester Zeit zu einem Bestseller. Und bereits Ende 1950 verfügt Hubbards «Dianetic Research Foundation» über Büros in New York, Washington, Chicago, Los Angeles, Honolulu und Kansas City. Der Andrang auf diese Einrichtung, eine Art Trainingscenter für Hubbards Methode der geistigen Gesundung, ist riesig. Die inflationäre Faszination der Dianetik beschreibt Christopher Evans: «Von nun an konnte jeder Psychotherapie betreiben, und zwar bei weitem kompetenter und erfolgreicher als die stümperhaften Psychologen, die in der Vergangenheit die Szene beherrscht hatten. Noch angenehmer war es, daß man es nicht mehr nötig hatte, sich jahrelang an Universitäten herumzudrücken, langweilige Vorlesungen anzuhören und staubige Wälzer durchzuackern.»[13] Hubbard war es gelungen, seinen Haß auf die herrschende Psychiatrie mit einer eigenen Methode der Seelenheilung zu kompensieren. Eine Methode zudem, die (gegen Zahlung eines entsprechenden Honorars, versteht sich) schnellstmögliche Erfolge versprach: Während einer «Auditing» genannten Sitzung versucht ein «Auditor», bei seinen Patienten sogenannte «Engramme» aufzuspüren, etwa frühkindliche negative Erlebnisse, die im «reaktiven Geist» (dessen Gegensatz der «analytische Geist» ist) verborgen sind. Erinnert sich der Patient dieser Engramme, verlieren sie ihre Macht über ihn, und er fühlt sich fortan wieder gesund. Eine schlichte Theorie, die in ihren Grundsätzen aber durchaus Berührungspunkte mit bestimmten Ansätzen der Freudschen Psychoanalyse aufweist. Wem es nun gelang, seine gesamten Engramme zu beseitigen, der war ein «Clear», ein von allem Bösen gereinigter Mensch, ein wahrhaft neues und (vor allem) sauberes Individuum. In einem therapiehungrigen Land wie den Vereinigten Staaten scheint der Erfolg der Dianetik geradezu zwingend zu sein.

Hubbard entwickelte seine Theorie weiter, und spätestens hier wird knallharte Science-fiction zur Weltanschauung mit missionarischem Anspruch. Hinter dem reaktiven und analytischen Geist, so entdeckt Hubbard und läßt es seine staunende Gemeinde wissen, steckt etwas, das sich «Thetan» nennt. Diese Thetanen sollen vor rund 35 Billionen Jahren von einem teuflischen Fürsten namens Xenn versklavt und in zweibillionenfacher Ausführung auf die Erde «gebeamt» worden sein. Thetanen sind zeit- und masselos, sie sind allmächtig und (man ahnt es schon) unsterblich. Nach dem Tod eines Menschen verlassen sie dessen Körper und wandern in einen anderen weiter. Besonders erstaunlich (und tragisch zugleich) ist, daß die Thetanen vergessen haben, was sie wirklich sind. Diese Wesen nun, die Millionen von Engrammen aus verstorbenen Körpern mit sich herumschleppen, gilt es zu befreien. Wem das gelungen ist, indem er den Berg von Engrammen Stück für Stück abgearbeitet hat, der darf sich «Operating Thetan», etwa Thetan in Aktion, nennen. Der Lohn, der solchen Personen winkt, sind übernatürliche Kräfte – ganz so, wie es auch der O. T. O.-Kult verspricht. Hubbard beschreibt die Welt des Thetan ausführlich in *History of Man* (Geschichte der Menschheit). Dieses Buch beginnt mit dem unbescheidenen und denkwürdigen Satz: «Dies ist ein kaltblütiger Tatsachenbericht über die vergangenen sechzig Billionen Jahre.» [14]

Hubbard, der Mitte der fünfziger Jahre nach England geht und sich zuerst in London, später in East Grinstead (Sussex) niederläßt, wo 1958 ein Scientology-Hauptquartier entsteht, hat mit seiner Thetan-Theorie den «amerikanischen Traum» magisch radikalisiert. Die Thetanisierung des Vom-Tellerwäscher-zum-Millionär-Mythos: Auch im kleinsten Herrchen wohnt ein Herkules, der die versklavte Seele zum Licht der Erkenntnis führt.

Nicht alle wollten von diesem Licht erhellt werden. Zu ihnen gehört Sara Northrup, Hubbards zweite Ehefrau (die erste war Margaret Louise Grubb, mit der er zwei Kinder hatte, L. Ron Hubbard Jr. und Katherine May). Hubbard und Sara Northrup heiraten 1947, vier Jahre später reicht sie die Scheidung ein. Dabei gibt sie an, von Hubbard mehrfach psychisch und physisch mißhandelt worden zu sein, und die von ihr befragten Mediziner empfehlen, Hubbard wegen «paranoider Schizophrenie» beobachten zu lassen. (Zu einem ähnlichen Ergebnis kommt 1965 übrigens auch der *Anderson-Bericht*, der im australischen Bundesstaat Victoria über Scientology erstellt worden ist.[15]) Zudem soll Hubbard versucht haben, die gemeinsame Tochter Alexis zu entführen. Kurze Zeit darauf, nach der Scheidung, widerruft Sara Northrup ihre Anschuldigungen gegen Hubbard und unterzeichnet ein (vermutlich von Scientology formuliertes) Dokument, in dem sie bestätigt, «daß L. Ron Hubbard ein feiner und brillanter Mann war». Bent Corydon antwortet sie auf die Frage, warum sie diese Unterschrift überhaupt geleistet habe: «Ich dachte, dann würde er mich und Alexis in Ruhe lassen. Es war schrecklich. Ich wollte nur frei von ihm sein!» Ein durchaus verständlicher Wunsch, denn Hubbards Verhältnis zu Frauen und zur Sexualität scheint nicht unproblematisch gewesen zu sein. So berichtet L. Ron Hubbard Jr., der 1959 der Scientology-Organisation den Rücken kehrte («Ich hatte die Lügen satt»), daß seine Mutter Margaret von Hubbard zweimal zu Abtreibungen gezwungen worden sei.[16]

Ehefrau Nr. 3 wurde Margret Sue, die die Leitung des «Guardian Office», des Geheimdienstes der Sekte, übernahm und dafür später einige Jahre ins Gefängnis wanderte.

Hubbard scheint zeit seines Lebens von Allmachtsphantasien getrieben worden zu sein. Am 11. Mai 1963 offenbarte Hubbard der Welt in einem *Bulletin*, daß er zwei Tage zuvor «abends um zehn Uhr und eine halbe Minute für 43 891 832 611 117 Jahre, 344 Tage, zehn Stunden, 20 Minuten und 40 Sekunden»[17] den Himmel besucht habe. Eine zweite Exkursion gen Himmelszelt will er kurze Zeit später unternommen haben. Hat der erste Besuch dort oben noch den Reiz des Neuen, so äußert sich Hubbard nach dem zweiten eher verhalten: «Die Stätte ist verfallen», resümiert er resigniert. Die Erde ist dem Science-fiction-Schreiber zu klein geworden, die unermeßliche Weite des Weltalls kommt ihm da gerade recht. Hubbard scheint sich (vorausgesetzt, er hielt das Ganze nicht für einen kosmischen Scherz!) in einem wirklichkeitsfernen, gleichwohl glückseligen Zustand narzißtischer Omnipotenz befunden zu haben. Derlei zügellose

Phantasien mögen als Schutz vor den prosaischen Unbilden des Erdenlebens dienen. «Die absolute Selbstsicherheit als Rettung vor der zweifelhaften Verlorenheit verlangt eine beständige Abwehr der Erfahrung der Brüchigkeit, der Versehrbarkeit, des Sterbenmüssens», schreibt Horst Eberhard Richter.[18] Hubbards panische Angst vor den Methoden der Psychiatrie (er spricht vom «medizinischen Imperialismus» und vom «psychiatrischen Sadismus») mag Indiz sein für eine neurotische Verleugnung alles Bedrohlichen. Schließlich sollte auch die neue Weltordnung, die er herbeischreiben wollte, heil und sauber sein, und vor allem «ohne Geisteskrankheiten».

Hubbards Omnipotenzphantasien äußerten sich im Alltag in einem strikten Gehorsam, den er von seinen Mitarbeitern (Untergebenen) forderte. Haack zitiert ehemalige Scientologen, die von Wutanfällen Hubbards berichten, wenn seinen Anordnungen einmal nicht Folge geleistet wurde. Zudem hätten sie klatschen müssen, wenn Hubbard den Raum betrat. Auch soll er ein «Sauberkeitsfanatiker» gewesen sein, den jedes Körnchen Staub im Zimmer zu Tobsuchtsanfällen getrieben hätte. Innerhalb der Scientology-Organisation hat es denn auch (wohl als Folge des Hubbardschen Reinlichkeitskults) eine «White Glove Action» gegeben, bei der ein ranghöherer «Staff Officer» sich einen weißen Glacéhandschuh überstreifen mußte und jeden Raum auf mögliche Staubpartikel abzusuchen hatte.[19] Die schöne neue Welt muß halt sauber sein. Ist sie gar steril, um so besser. Denn was schmutzig ist, ist auch böse. «Bei dieser Variante der leidensabwehrenden Projektion wird also die Moral zur Hygiene und die Hygiene zur Moral. Alles wird gut werden, wenn Bakterien, Viren, Schmutz, Gifte und Ungeziefer besiegt sein werden.»[20]

Im September 1966 beginnt der Rückzug Hubbards aus der Scientology-Organisation. Nach einer Reise ins damalige Rhodesien habe er seinen Verzicht auf alle Führungspositionen erklärt. Auch das Copyright auf den Namen «L. Ron Hubbard» soll er damals (gegen die Summe von 100000 Pfund Sterling, wie Evans anmerkt) veräußert haben. Die nächsten Jahre verbringt er auf See, oft apostrophiert als Forschungsreisen mit dem Ziel, «frühere Existenzen» im Mittelmeerraum aufzuspüren. Der letzte öffentliche Auftritt Hubbards wird auf Ende 1975 datiert: Hubbard ist zusammen mit drei Geistlichen Gast einer Hörfunksendung. 1978 wird er in Abwesenheit von einem französischen Gericht wegen Betrugs zu vier Jahren Gefängnis und einer Geldstrafe von 30000 Francs verurteilt.[21]

Ein Betrag, der bei Hubbard unter die Rubrik Taschengeld fallen dürfte, denn Scientology war von Beginn an ein finanziell einträgliches Unternehmen. So ist denn auch ein von Hubbard überlieferter Ausspruch nicht weiter erstaunlich: «Es wäre töricht, für einen Penny auch nur ein Wort zu schreiben. Wollte man wirklich eine Million Dollar verdienen, so wäre der beste Weg, seine eigene Religion zu gründen.»[22] Unabhängig davon, ob er dies wirklich gesagt hat, steht sein ausgeprägter Geschäftssinn außer Frage. Gegenüber einem «engen Vertrauten» soll er, «kurz bevor er England 1966 verließ», geäußert haben, über «fast 3 000 000 Pfund Sterling auf einem Geheimkonto in der Schweiz» zu verfügen.[23] Zwar wird dies von der Scientology-Organisation bestritten, doch weist die Aussage einer ehemaligen Mitarbeiterin in dieselbe Richtung: «Hubbard sprach niemals über etwas anderes als Geldmachen. Ich kann die Tatsache bestätigen, daß Scientology als geldmachendes Unternehmen betrieben wird.»[24] Hubbards Verhältnis zum Vereinigten Königreich krönte im übrigen ein unrühmliches Ende: 1968 erließen die britischen Behörden ein Einreiseverbot.

Das von der Scientology-Propaganda gepflegte Bild des uneigennützigen Philanthropen gerät also kräftig in die Schieflage: Die eigene Brieftasche, so scheint's, war ihm wohl beträchtlich näher als das Seelenheil der Menschen.

In den achtziger Jahren kehrt L. Ron Hubbard, nachdem er seine Theorie auf finanziell recht einträgliche Weise in der Praxis erprobt hat, wieder zu seinen Anfängen zurück, zur Science-fiction. Mit der ihm eigenen schreiberischen Rasanz produziert er das zehnbändige Werk *Mission Earth* und den immerhin auch 1100 Seiten starken Roman *Battlefield Earth*.[25] Dieses Zukunftsepos ist im Jahre 3000 angesiedelt und spielt rund tausend Jahre nachdem der Planet Erde von feindseligen Außerirdischen erobert worden ist, den sogenannten Psyclos (dem Namensklang nach eine Zusammenziehung aus Psychiatern und Zyklopen). Doch die Eindringlinge sehen sich eines Tages einer Erhebung ihrer Erdsklaven gegenüber, die zur finalen Schlacht um die Zukunft ihres Heimatplaneten rüsten – und sie (natürlich) auch für sich entscheiden. Am Ende ist die Erde wieder sauber und befreit von Schädlingen jeglicher Couleur, und einer gesunden Zukunft steht nichts Böses mehr im Wege. Hubbard bleibt sich treu: In der Science-fiction-Welt hat er sein Ziel erreicht. Nur der Zeitpunkt der großen Reinigung ist etwas weiter in die Zukunft verlegt, vielleicht, weil die Wirklichkeit doch nicht so wollte, wie er es sich erträumt hatte.

Anfang des Jahres 1992 liegt ein Flugblatt in vielen Hamburger Treppenhäusern, neben den neuesten Sonderangebotszetteln der Supermärkte und den kostenlosen Anzeigenblättern. Scientology wirbt mit der Schlagzeile «Steigern Sie Ihr Selbstvertrauen» für ein neues Buch. *Selbstanalyse* heißt es und wird angepriesen als «die Neuerscheinung von L. Ron Hubbard». Der jedoch verstarb bereits am 24. Januar 1986 auf seiner kalifornischen Ranch in San Luis Obispo County. Er verließ, so wurde es damals der Scientology-Gemeinde verkündet, «seine sterbliche Hülle». Am Bücherschreiben scheint ihn das jedenfalls nicht gehindert zu haben.

Anmerkungen

1 Bent Corydon, L. Ron Hubbard Jr., *L. Ron Hubbard – Messiah or Madman?* Lyle Stuart Inc., New Jersey 1987, S. 10. Deutsche Übersetzung vom Autor.

2 Scientology CSI, *L. Ron Hubbard – Der Autor und sein Werk.* Ohne Ort, 1990

3 Friedrich-W. Haack, *Scientology – Magie des 20. Jahrhunderts.* Claudius Verlag, München 1982, S. 23

4 Zitiert nach Haack, S. 22

5 Christopher Evans, *Kulte des Irrationalen – Sekten, Schwindler, Seelenfänger.* Rowohlt Verlag, Reinbek bei Hamburg 1979, S. 25

6 LRH – Der Autor und sein Werk, S. 36

7 Evans, S. 28

8 Haack, S. 36

9 Haack, S. 38

10 Haack, S. 39

11 Haack, S. 50

12 Evans, S. 37

13 Evans, S. 38

14 Evans, S. 49

15 Evans, S. 95

16 Corydon, S. 271

17 Haack, S. 40

18 Horst Eberhard Richter, *Der Gotteskomplex.* Rowohlt Verlag, Reinbek bei Hamburg ⁵1980, S. 129

19 Haack, S. 20 / 21

20 Richter, S. 154

21 *Die Scientology-Sekte und ihre Tarnorganisationen.* Hg. v. ABI – Aktion Bildungsinformation. Stuttgart o. J., S. 10

22 Ebd., S. 26
23 *Daily Mail* vom 3. August 1968, zitiert nach Evans, S. 124
24 Zitiert nach Haack, S. 152
25 *Bibliografisches Lexikon der utopischen und fantastischen Literatur.* Hg. v. Joachim
    Körber 1984 / 1990

Werner Thiede

DIE GEISTESFALLE

Der Hubbardsche Heilsweg

Hubbard und der Geist der Moderne

1934, zwanzig Jahre vor der Gründung der Scientology-Organisation in Kalifornien, erscheint in München ein Buch mit dem Titel «Scientologie». Darin spekuliert ein gewisser Anastasius Nordenholz[1]: «Bewußtsein und damit seine Welt ist der Vervollkommnung fähig, durch Enthüllung ihres Kerns. Weltenlauf ist Emanzipationskampf des Absoluten.» Trotz der Ähnlichkeit dieser und anderer Thesen mit Hubbardschem Gedankengut behauptet Lafayette Ron Hubbard, von dem Buch des Deutschargentiniers nie etwas gewußt zu haben. Die zahlreichen Parallelen und Anklänge, die Hubbards «religiöse Philosophie» im Vergleich mit dem Nordenholzschen Werk über den Namen hinaus aufweist, wären demnach rein zufällig. Schon die mathematische Wahrscheinlichkeit – und Hubbard hielt viel von mathematischer Berechenbarkeit – spricht jedoch gegen diese Annahme. Gewiß hat der Science-fiction-Autor mit seiner «Kunstreligion» (F.-W. Haack) eine wirklich eigene Kreation hervorgebracht; doch philosophisch voraussetzungslos ist er dabei wohl nicht an die Arbeit gegangen. Seine Ideologie wurzelt, wenn man ihm die Kenntnis der «Scientologie» von 1934 unterstellen darf, wenigstens zum Teil im Gedankengut des Idealismus und damit der neuzeitlichen Subjektphilosophie.

Hubbards Phänomenologie des Geistes hat sich deshalb aber auch recht gut mit ostasiatischem Denken vertragen. Dessen Ähnlichkeit mit (neu-)platonischem Idealismus war schon hellenistischen Philosophen bewußt. Auch finden sich bei Hubbard Strukturanalogien zur Mythologie der spätantiken Gnosis.[2] Buddhismus, Hinduismus und Gnosis werden mithin nicht ganz unberechtigt als wichtige Bezugspunkte in scientologischen Broschüren aufgeführt. Aber man muß keineswegs in die geographische oder historische Ferne schweifen, um Wurzeln des Hubbardschen Gedankengebäudes auszumachen. Abendländische Philosophien wie die Arthur Schopenhauers,

Friedrich Nietzsches und Henri Bergsons haben Hubbard neben Nordenholz mit größter Wahrscheinlichkeit als Steinbruch gedient. Der Scientology-Gründer steht also nicht nur hinsichtlich seiner Technologie- und Psychologiebegeisterung auf dem Boden der Moderne.

Namentlich das scientologische Konzept des Geistes, den Hubbard in Anlehnung an den achten Buchstaben des griechischen Alphabets Theta als «Thetan» bezeichnet, erweist sich als typisch neuzeitlich-westlich: Der Begriff «Thetan» versteht das geistige Wesen schließlich als unsterbliche Person. An eine mystische Auflösung des Personkerns denkt Hubbard nicht, vielmehr an dessen Ewigkeit, welche «gut zu machen» er mit messianischer Geste angetreten ist. Die Ewigkeit wird damit zum Objekt neuzeitlichen Machbarkeitswahns. Technologisch muß nicht nur in bestimmten Bereichen gedacht werden: Mit der richtigen Technologie ist nach Hubbards Meinung überhaupt alles in den Griff zu bekommen. «Clear» heißt darum nicht allein das individuelle Ziel auf dem Erlösungspfad der Hubbardschen Dianetik; vielmehr sind ganze Länder, ja der Planet und am Ende das Universum zu «clearen»! Originalton Hubbard: «Wir sind die erste Gruppe auf der Erde, die weiß, wovon sie redet. Also schön, halten Sie Einzug. Die Welt gehört uns. Übernehmen Sie sie.»

Nordenholz hat derlei Gedanken metaphysisch mit vorbereitet: Die Psyche und die Welt, in der sie sich bewegt, seien der Vervollkommnung fähig – durch Enthüllung ihres Kerns. Rein materialistische oder rein idealistische Deutungen dieses Kerns, dieses philosophisch Letzten, sind dabei nicht die einzigen Varianten modernen Denkens. Die «Dialektik der Aufklärung» hat der Neuzeit schon immer Verknüpfungen von materialistischen und spiritualistischen Systemen etwa in Form okkultistischer bzw. theosophischer Weltanschauungen beschert. Insofern ist das Thema «Magie und Moderne»[3] nicht erst seit der Konjunktur der New-Age-Gläubigkeit relevant.

Daß der Science-fiction-Autor seine Ideologie schnell mit sichtlichem Erfolg verkaufen konnte, beruhte sicherlich auch auf geschickter Anknüpfung an den utopischen Geist der Moderne, dessen Fixiertheit auf unendlichen Fortschritt von der immanenten Gewißheit zeugt, vom Elan des Absoluten getrieben zu sein. Wo dieser Geist am eigenen Materialismus zu ersticken droht, verschafft er sich durch Besinnung auf seine spiritualistischen Anteile wieder Luft zum Atmen. Ein Beispiel für dieses Entwicklungsmuster ist die Transformation des naturwissenschaftlichen Evolutionskonzepts in geistige Dimensionen. Als Hubbard mit seiner eher materialistisch ausgerichteten Dianetik von 1950 nach wenigen Jahren in eine tiefe Krise geriet, hatte er bereits genau diese Transformation vollzogen – und Scientology geschaffen.

Der Geist als Computer

Der Dianetik-Entwurf Hubbards beruft sich unter anderem auf das naturwissenschaftliche Evolutionskonzept. Ihm entlehnt Hubbard bereits gegen Ende der dreißiger Jahre das sozialdarwinistische Prinzip des «Überlebens». Weiterhin macht er sich das Axiom zu eigen, daß die Evolution im Laufe der Zeit mit dem Gehirn des Menschen so etwas wie einen vollkommenen Computer zuwege gebracht habe. Eigentlich müsse diese «optimale» Maschine mit ihren analytischen Fähigkeiten der raschen Wahrnehmung und Berechnung praktisch jedes denkbare Problem im Universum lösen und damit jedenfalls dem Überlebensprinzip dienen können. Entsprechend lautet Hubbards Botschaft zur Jahrhundertmitte: «Das ist das Gehirn, das Ihnen potentiell gehört.» Darauf zielt im Grunde auch die bekannte Scientology-Werbung mit dem angeblichen Zitat von Albert Einstein: «Wir nutzen nur 10 % unseres geistigen Potentials.»

Indes – weder naturwissenschaftlich noch philosophisch ist ausgemacht, daß die Evolution zu einem vollkommenen Gehirn geführt hat. Hubbard bewegt sich mit einer solchen Annahme auf populärwissenschaftlichen Bahnen der ersten Jahrhunderthälfte. Der Bewußtseinsforscher K. R. Pelletier betont 1978, Hubbard hat seine Dianetik-Theorie gerade zur New-Era-Dianetik (NED) umgearbeitet: «In den neuen Konzeptionen der Funktionsweise des Gehirns wird dieses nicht mehr mit einer Maschine, auch nicht mehr mit einem hochentwickelten Computer verglichen.» [4] Und ein Jahrzehnt später bestätigt der Mediziner und Biologe F. Varela, neuester Gehirnforschung zufolge sei es «unangemessen, das Gehirn als Computer mit zielgerichtetem, durch einzelne neuronale Aktivitäten in Gang gesetzten Fluß aufeinanderfolgender Informationen zu beschreiben» [5]. Vielmehr stellen sich die Neuronen als Elemente großer «Ensembles» dar, die durch kooperative Interaktionen immer wieder zerfallen und neu entstehen.

Philosophisch ließe sich einwenden, daß die Evolution weitergehe und schon von daher die Rede von erreichter Vollkommenheit unsinnig sei. Theologisch wäre zudem in Zweifel zu ziehen, ob der Mensch überhaupt so etwas wie Vollkommenheit erreichen kann. Im Christentum jedenfalls kann davon keine Rede sein. Nach christlichem Verständnis ist niemand vollkommen außer Gott. Hubbard dagegen – gut neuzeitlich – schreibt dem Menschen göttliche Eigenschaften und Möglichkeiten der Selbstbefreiung zu. Oder soll man besser sagen: Er mutet sie ihm zu? Denn vermutlich gilt ja doch: Nobody is perfect. Ganz zu schweigen von der christlichen Lehre von der Sündhaftigkeit und Erlösungsbedürftigkeit des Menschen. Scientology kennt demgegenüber lediglich eine Befreiungsbedürftigkeit des im Kern guten, ja potentiell vollkommenen Menschen.

Damit wird ein Anspruch in den Raum gestellt, der der scientologischen Verheißung totaler Freiheit korrespondiert. Solange er nicht wenigstens exemplarisch eingelöst wird, solange kein wirklich Erlöster vor uns steht, trägt solch ein Versprechen von Freiheit und Vollkommenheit deutliche Züge einer erdrückenden Last, eines Kriteriums, dem keiner je gerecht werden kann. Doch die Scientologen wissen es trotz allem an den Mann zu bringen: Geschickt appellieren sie an das menschliche Gewissen als Ort kritischer Selbstwahrnehmung – um aus der Feststellung einer mehr oder weniger großen Unvollkommenheit Profit zu ziehen, indem sie die Möglichkeit der Vervollkommnung für bare Münze verkaufen.

Neben der Einstein-Werbung setzt an diesem Punkt auch der sogenannte «Persönlichkeitstest» der Scientologen an. Abgesehen davon, daß diese 200 Fragen umfassende «Oxford-Persönlichkeits-Analyse» keineswegs zu den wissenschaftlich anerkannten Tests zählt, ist sie mittlerweile nur zu bekannt dafür, daß ihre Resultate so gut wie immer die Verbesserungsbedürftigkeit des Kandidaten signalisieren. So bemerkte der *Spiegel* (29/1991) zum Plan eines «Prominententests» im Fernsehen, daß «das Ergebnis so vorhersehbar sein dürfte wie bei einem Test der Scientology Church: Der Kandidat bedarf dringend der Behandlung.» Karl H. Schneider hat festgehalten, dieser «Test» sei «ein malignes Lockvogelangebot, mit dem ‹ahnungslose› Mitbürger in ein ihnen unbekanntes Ideologiekonstrukt eingeschirrt werden sollen». Ähnlich urteilt der Testforscher R. Kühn: «Der Test soll anscheinend Menschen ihre vermeintlich defekte Persönlichkeit (ihre ‹kaputte Seele›) vor Augen führen, um sie auf diese Weise für eine ‹Behandlung› durch diese Sekte gewinnen zu können.»[6] In der Praxis ziehen Scientologen alle Register der Überredungskunst, wenn es darum geht, Bücher und Kurse zu verkaufen.

Wen in unserer Leistungsgesellschaft mit ihrem Fortschrittsdenken irgendwelche Zweifel an seinem Selbst plagen – und wer wollte sich von vornherein zu den rundum Perfekten, restlos Glücklichen zählen? –, auf den mag das Angebot eines solchen «Tests» verlockend wirken: Kostenlose Selbstbespiegelung mit im Hintergrund winkenden Verbesserungsmöglichkeiten! Wem sollte im übrigen eine spürbare Selbstverbesserung nicht die Preisgabe privater, ja intimer Informationen – und am Ende auch größerer Geldsummen – wert sein? Hier wird das Selbstwertgefühl angesprochen: Was bin ich mir wert? Was lasse ich mir mein Seelenheil kosten? Über die immer teureren Kurse steigt man schließlich «auf zur Ewigkeit»!

Solchen Illusionen machbarer bzw. käuflicher Befreiungs- und Vervollkommnungsprozesse erliegt nur, wer an die Möglichkeit der eigenen Vollkommenheit in Selbstproduktion glaubt. «Dianetik» pocht auf diesen Glauben – bedeutet doch dieses aus griechischen Partikeln gebildete Kunstwort soviel wie «durch den Geist»! Der Geist macht es möglich: die «Wiederherstellung» der «Grundnatur» bzw. des «Grundgehirns» im Menschen. Der Dianetik-Erfinder will diese verborgenen Tiefen durch Hypnose-Experimente entdeckt haben. Angeblich ist er auf den «analytischen Mind» (deutsch etwa: Verstand) gestoßen, womit ebenjener fehlerlos arbeitende «Computer» in uns gemeint ist. Alles würde nach Hubbards Theorie optimal funktionieren, wäre im menschlichen Geist nicht auch noch der «reaktive Mind» wirksam, jener entscheidende Störfaktor, der Sündenbock der Dianetik.

Das Notaggregrat des Geistes

«Wenn es je einen Teufel gegeben hat, so erfand er den reaktiven Mind.» Mit diesem Satz hat der Dianetik-Autor in seinem Buch Nr. 1 unmißverständlich deutlich gemacht, woher seiner Meinung nach das Übel in der Welt kommt. Es rührt her vom Einbau falscher Daten in den menschlichen Geist durch den reaktiven Mind. «Soll ein Computer rationale Antworten geben, so kann er nur nach dem Prinzip der Selbstbestimmung gebaut werden. Drückt man bei einer

Rechenmaschine ständig die Sieben herunter, so gibt sie falsche Antworten. Der Einbau von starren und nicht in Frage zu stellenden Antworten in einen Menschen wird ihn dazu bringen, falsche Antworten zu liefern. Das Überleben hängt von richtigen Antworten ab. Engramme dringen aus der Außenwelt in die verborgenen Nischen unterhalb des rationalen Denkens ein und verhindern vernünftige Antworten.» Hubbard meint mit Engrammen vollständige, filmähnliche Aufzeichnungen physisch oder emotional schmerzhafter Wahrnehmungen, die während einer teilweisen oder vollständigen Bewußtlosigkeit gemacht wurden. Sie befinden sich in einer «Datenbank», eben der Bank des reaktiven Mind, und sind in sich – im Unterschied zur Standard-Bank des analytischen Mind – nicht rationale, sondern «verrückt» wirkende Suggestivelemente, die in simplen Gleichsetzungen denken. Ihre Gefährlichkeit liegt darin, daß sie stark genug sind, die analytische Maschinerie ganz oder teilweise auszuschalten. Der reaktive, nach dem schlichten Muster von Reiz und Reaktion funktionierende Mind aktiviert die Engramme in bestimmten Situationen und verursacht dadurch psychische und psychosomatische Krankheiten. Und zwar kommt der reaktive Mind immer dann zum Zuge, wenn der analytische Mind aufgrund von Überlastung ausgeschaltet ist. «Der Analysator läßt wie jede gute Maschine seine Sicherungen durchbrennen, wenn sein empfindlicher Mechanismus in Gefahr ist, durch Überbelastung zerstört zu werden.» [7] In einer solchen Situation übernimmt die reaktive Bank, die man sich nach Hubbards Worten «mit rotem Signallicht» ausgestattet vorzustellen hat, das Kommando: Sie ist eine «Notfall-Bank», deren Einspringen eigentlich dem Überleben dienen soll. Bemüht, den Organismus zu retten, speist sie vor allem Daten über körperlichen Schmerz ins Nervensystem ein, und zwar namentlich dann, wenn der Organismus gegen ihre Kommandos handelt.

Nur in Phasen körperlichen Schmerzes werden überhaupt Engramme geschaffen. Da sie bereits vorgeburtlich und natürlich auch während der Geburt entstehen, ist kein Mensch frei von ihnen. Nachdem sie einmal gespeichert worden sind, schlummern sie als latente Störquellen in der Datenbank des reaktiven Mind. «Eine auf der bewußten Ebene liegende Erfahrung, die nur entfernt ähnlich zu sein braucht, ist notwendig, um dieses Engramm wachzurütteln. Dieser Augenblick der Einrastung ordnet das Engramm offensichtlich innerhalb der Rotlicht-Banken neu ein und ermöglicht ihm, zu deutlicher Wirkung zu kommen. Die Wörter des Engramms erhalten eine Bedeutung. Die Wahrnehmungen aus dem Engramm werden an die Sinnesorgane angeschlossen. Das Engramm hat jetzt seinen Platz eingenommen. Danach kann es sehr leicht restimuliert werden.» Engramme ordnen sich nach Ähnlichkeiten an. Für die Therapie ist es Hubbard zufolge wichtig, daß jeweils das erste Glied solcher Ketten gefunden und aufgelöst bzw. entladen wird. Das früheste Glied im Leben eines «Preclear» erhält die Bezeichnung «Basic-Basic».

Jeder Mensch, der nicht in seinem Zentralnervensystem geschädigt ist, kann dank Hubbards Entdeckungen von seinen Engrammen befreit werden. Wenn das vollständig gelungen ist, hat man es mit einem Geklärten, sprich «Clear», zu tun. Ein derart gereinigter Geist besteht nur noch aus dem rational und fehlerfrei arbeitenden «Computer». Der Clear hat «geistige Heilung» erlangt: «Sein Unbewußtes ist weg, und er ist voll da und fähig», erläutert 1966 der Scientology-Chef in einem Interview, das die Organisation als Videokassette vertreibt.

Es kommt demnach nur darauf an, die reaktive Bank, diesen Speicher des Bösen, zu entleeren. Das geschieht mit Hilfe einer Prozedur, die Hubbard in Anlehnung an das lateinische Wort audire (zu-/hören) «Auditing» genannt hat. Der «Preclear» (Noch-nicht-Clear) soll dabei ähnlich wie in einem psychotherapeutischen Verfahren die «Engramme» auf der Zeitspur seines Lebens aufspüren, wieder durchleben und dadurch verarbeiten. Er braucht, wie Hubbard in seinem Dianetik-Buch erklärt, nichts vom Verfahren der Dianetik zu verstehen: Es genüge, in einigen Punkten Bescheid zu wissen, etwa «daß das gesamte Therapieverfahren aus dem vollständigen Rückruf seines Lebens sowie der kompletten Umspeicherung der Engramme (Augenblicke tatsächlicher ‹Bewußtlosigkeit›) als Erfahrung und Erinnerung besteht». Konnte Sigmund Freud sagen: Wo Es war, soll Ich werden, so wäre dianetisch zu formulieren: Wo reaktiver Mind war, soll analytischer werden.

Allerdings versteht Hubbard den Gesamtvorgang nicht geistig als integrierende Leistung der Seele, sondern ziemlich materialistisch. In der Scientology habe man «entdeckt, daß geistige Energie lediglich eine feinere physikalische Energie auf höherem Niveau ist»[8]. Abgesehen davon, daß diese These bereits etliche Jahrzehnte vorher von der Theosophie[9] propagiert worden ist, liefert Hubbard einen geradezu erheiternden «Beweis» seiner Auffassung: Der Thetan könne das Körpergewicht durch das Schaffen geistiger Eindrucksbilder steigern bzw. durch ihr Wegnehmen reduzieren. Kontrollen auf einer Waage hätten Unterschiede bis zu dreißig Pfund ergeben. Der Kern des reaktiven Verstandes habe Masse und Gewicht und fülle einen Raum etwa fünfzehn Fuß vor dem Kopf des Preclear aus. Die Frage nach dem Sitz des Verstandes hat der Scientology-Philosoph also in Angriff genommen – ohne zu realisieren, wie närrisch seine Antwort anmutet.

Tatsächlich denkt er sich die Entleerung des reaktiven Geistes als elektrisch-energetische Entladung. Vor diesem Hintergrund ist der Einsatz jenes «E-Meter» genannten, einem Lügendetektor ähnlichen «Elektropsychometers» im scientologischen Auditing-Verfahren zu sehen. Scientologen sprechen von einem «seelsorgerlichen Hilfsmittel»[10]. Seiner Anwendung liegt folgende Vorstellung zugrunde: Die Bilder im Mind haben nach Hubbards Überzeugung Masse und elektrische Ladung. Wenn der Preclear ein Geschehnis erneut durchlebt oder einen Teil des reaktiven Mind verlagert, hat das Masse- und Spannungsveränderungen zur Folge. Scientologen glauben allen Ernstes, daß derlei Veränderungen im Gehirn des Probanden von ihrem E-Meter, dessen Elektroden er während der Auditing-Sitzung in Händen hält, registriert werden. Geist ist nach scientologischer Vorstellung mithin unmittelbar meßbar und kontrollierbar. Hubbards Befreiungsprogramm erweist sich als das eines Ingenieurs: «Die Grundbehauptung war, daß der menschliche Sinn ein technisches Problem sei und daß alles Wissen einem technischen Ansatz nachgeben würde.» Nicht von ungefähr versteht sich Scientology als «Technologie»!

Dementsprechend sieht das Menschenbild der dianetischen Anfänge aus. Das menschliche Ich erhält den technischen Namen «Monitor» und gilt lediglich als ein Teil des analytischen Mind. Die zu befreiende «Grundpersönlichkeit» wird dementsprechend auch als «Computerteil» aufgefaßt. Diese Sicht war auf die Dauer offenbar doch unbefriedigend. Und Hubbard hatte jedenfalls über die sich säkular-wissenschaftlich gebende Dianetik hinaus schon bald noch weitere Erleuchtungen parat. Zum einen war er eigenen Angaben zufolge als junger Mann bereits zweimal für klinisch tot erklärt worden und hatte dabei anscheinend jene typischen Todesnäheerlebnisse durchgemacht, die mit ihren Ausleibigkeitserfahrungen und Jenseitsvisionen breitenwirksam erst seit den siebziger Jahren unseres Jahrhunderts durch die Bestseller von Raymond A. Moody, Elisabeth Kübler-Ross und anderen bekanntgeworden sind.[11] Diese Grenzerfahrungen seien, so erklärte er später, wichtige Voraussetzungen seiner «Forschungen» geworden. Zum anderen hatte er sich zeitweise intensiv mit okkult-magischen Praktiken befaßt. Die Konsequenzen dieser Beschäftigung hinsichtlich seines dianetisch-scientologischen Menschenbilds gibt er in seinen frühen Publikationen nur ganz am Rande zu erkennen. Etwa, wenn er von «Dämonen»-Schaltkreisen redet oder übersinnliche Dimensionen mit den Hinweisen andeutet, das absolute Ziel des Überlebens sei Unsterblichkeit und das früheste zu entdeckende Engramm sei «kurz vor der Empfängnis» anzusiedeln. Als dann nach einigen Monaten offizieller dianetischer Praxis bei der Aufarbeitung vorgeburtlicher Engramme auf einmal angeblich auch solche aus früheren Leben auftauchten, sah Hubbard keinerlei Anlaß, dieser scheinbar neuen Dimension zu wehren. Er verlor einen Teil seiner auf Seriosität bedachten Mitarbeiter und ging mit einem erweiterten Konzept namens «Scientology» nun weltanschaulich in die vollen.

Der göttliche Geist des Menschen

Die seit 1952 entstehende Scientology-Lehre Hubbards versteht sich zwar einerseits weiterhin als «Technologie», gibt sich aber andererseits ab 1954 zunehmend auch als «Religion». Diesen umstrittenen[12] Anspruch gründet Hubbard im wesentlichen auf die Göttlichkeit des menschlichen Geistes, von der er unter Berufung auf seine «Forschungen» und auf mancherlei religiöse Traditionen der Menschheit nunmehr erklärtermaßen ausgeht. Präexistenz, Reinkarnation und Unsterblichkeit der Seele gelten im Rahmen seiner Weltanschauung jetzt ebenso als erwiesen wie die magisch-wunderbaren Fähigkeiten dieser befreiten «Grundnatur». Das Ich des Menschen wird nicht mehr nur als «Monitor» innerhalb des analytischen Verstandes angesehen, sondern als der eigentliche Geisteskern, den Hubbard bekanntlich «Thetan» nennt und als «die Person selbst» auffaßt. Diese «des Bewußtseins bewußte Einheit» agiert von Urzeiten her im Interesse ihrer Selbstverwirklichung, auf welche die scientologische Werbung dann mit Begriffen wie «Fähigkeitsverbesserung», «Glücklichsein» und «Befreiung» bis hin zur «völligen Freiheit» anspielt.

Der Begriff der Selbstverwirklichung hat seine philosophisch-metaphysischen Wurzeln nicht zufällig im theologischen Nachdenken über die Natur Gottes und seine Selbstursächlichkeit.[13] Im Blick auf den Menschen macht der moderne Ausdruck Selbstverwirklichung vor allem in jenen neuzeitlichen spiritualistischen Weltanschauungen Sinn, die von einer Präexistenz der Seele und damit im Grunde von einem göttlich-ewigen Wesenskern des Menschen ausgehen. Hierzu zählen nicht zuletzt die von theosophischem Gedankengut befruchteten Organisationen wie etwa Rudolf Steiners «Anthroposophische Gesellschaft», die ihr nahestehende «Christengemeinschaft», das «Universelle Leben» und eben die «Scientology Church». Für sie alle ist der Mensch im Kern göttlicher Natur.

«Ihr werdet sein wie Götter» – mit dieser diabolischen Verheißung lockt die Schlange Eva und Adam in der biblischen Paradiesgeschichte. Das Versprechen verführt Eva, von der verbotenen Frucht am Baum der Erkenntnis zu essen. Bekanntlich resultierten daraus Sündenfall und Vertreibung aus dem Paradies. Zu sein wie Gott ist eben gerade nicht möglich. Christliche Theologie teilt darum auch die Ansicht von einer göttlichen Grundnatur des Menschen, die nur entfaltet werden müsse, nicht: Sie behält den Begriff «Selbstverwirklichung» in erster Linie der göttlichen Selbstverwirklichung in ihrem trinitarischen Selbst- und Schöpfungsbezug vor und kann ihn im Blick auf den Menschen nur als von Gott eröffnete Möglichkeit verstehen.

Im Horizont neuzeitlichen Autonomiestrebens hat sich der Begriff verselbständigt und eine säkulare Bedeutung angenommen: Dem allgemeinen Sprachgebrauch nach bringt der Begriff Selbstverwirklichung eine gleichsam indirekte Göttlichkeit des Menschen zum Ausdruck – im Sinne von Selbstproduktion, Selbstentfaltung, Selbstursächlichkeit. In narzißtischer Selbstherrlichkeit attestiert sich der neuzeitliche Mensch die Fähigkeit, durch seine Eigenleistung etwas Namhaftes aus sich zu machen. Die gesellschaftlichen Verhältnisse entsprechen diesem Selbstbild: Der moderne, technikbetonte Mensch lebt in einer Leistungsgesellschaft. Deren Gesetz lautet: Nur wer etwas leistet, kann sich selber etwas leisten. Mit anderen Worten: Leistung schafft – umgesetzt über Kapital – Freiheit. Ohne Fleiß kein

Preis – ohne Leistung wenig Möglichkeit zur Selbstverwirklichung! Da das sich solchermaßen verwirklichende Selbst sich als Produkt seiner Eigenleistung versteht, vermag es die ursprüngliche Leere, die ausgefüllt werden sollte, letztlich doch nicht zu überwinden. Die erarbeitete Füllung gibt dem Selbst allenfalls einen abgeleiteten Sinn, nicht aber jenen religiösen, mit dem es als Geschöpf entweder schon gnadenhaft begabt oder als gefallener Gottesfunke naturhaft ausgestattet ist. Dem existentiellen Dilemma des säkularen Selbstverständnisses entspringt jene Sinnkrise der modernen Gesellschaft, die Viktor Frankl als Massenneurose diagnostiziert hat. Es ist dies nicht zufällig dieselbe Gesellschaft, die seit dem Emporkommen der kulturbestimmenden Technik den Tod systematisch tabuisiert[14] – steht doch mit ihm eine harte Grenze für den menschlichen Machbarkeitswahn im Raum!

Die neureligiösen und esoterischen Aufbrüche der zweiten Hälfte des 20. Jahrhunderts reagieren auf das langfristig unerträgliche Selbstverständnis des modernen Menschen. Ihre spiritualistische Welt- und Menschensicht knüpft dabei jedoch mehr oder weniger konsequent an die Voraussetzungen der Moderne an. Das narzißtisch aufgeblähte Subjekt mit seinem annähernd oder total göttlichen Selbstverständnis bleibt im Mittelpunkt des Interesses. Um seine wie auch immer im einzelnen ausgedeutete Selbstverwirklichung geht es zentral. Bei Scientology, die gerade im Zusammenhang mit diesem Interesse die Wissenschafts- und Technikbegeisterung des modernen Menschen zu integrieren versucht, ist das besonders deutlich.

Die Selbstfindung des Thetans stellt sich daher als Selbsterlösung dar, die es unter enormem Aufwand zu erarbeiten gilt. Der ehemalige Hubbard-Anhänger Heinrich P. Steiden berichtet: «Scientology fordert Leistung, Erfolg, Disziplin und Gehorsam innerhalb einer Hierarchie sowie die Einhaltung vorgegebener Normen und beansprucht absolute Anerkennung einer irrationalen, willkürlich geschaffenen Ideologie.»[15] Im krassen Unterschied etwa zum Erlösungsverständnis der christlichen Religion, das von Gottes Gnade ausgeht, setzt das von Hubbard entwickelte Leistungssystem voll und ganz beim Menschen und seinem – gerade auch finanziellen – Vermögen an. Was in der Folge dann mitunter ausbeuterische Züge annimmt, beruht letztlich auf der Annahme einer göttlichen Grundnatur im Menschen und der in ihr schlummernden Möglichkeit, Daseinszustände «oberhalb der Ebene, auf der sich der Mensch befindet» zu erlangen. Wenn manche Scientologen an solcher Hybris zerbrechen, so ist das weder psychologisch noch theologisch verwunderlich.

Der Geist als Falle

Ursprünglich existiert der Geist nach Hubbard als «Statik»: Damit ist ein qualitatives Nichts gemeint bzw. ein «Etwas ohne Masse, ohne Wellenlänge, ohne Position im Raum und ohne Bezug zur Zeit – jedoch mit der Fähigkeit begabt, Masse oder Energie zu erschaffen oder zu zerstören, eine Position für sich selbst zu bestimmen sowie Raum zu erschaffen und Zeit neu in Bezug zu setzen». Dieses mit göttlichen Fähigkeiten ausgestattete «Nichts» kreiert – offensichtlich in Gemeinschaftsproduktion mit seinesgleichen – Universen, in die sich wiederum als Thetanen operierende «Nichtse» hineinbegeben. Um das kosmische Drama noch spannender zu machen, beschließen die Thetanen irgendwann, sich selbst eine Falle zu stellen. «Man gerät nur dann in eine Falle, wenn man es vorher beschlossen hat», versichert Hubbard. Alle Fallen und «Aberrationen» sind deshalb im Grunde nichts anderes als Spiele thetanischen Geistes. Daher kann Hubbard formulieren: «Ein Thetan ist seine eigene Falle...» [16]

Aus dieser Geistesfalle herauszufinden und die ursprüngliche Freiheit wiederherzustellen ist das Hauptanliegen des Thetans. Hubbards Entdeckungen sollen ihm dabei helfen. Billionen Jahre des Irrens können dank scientologischer Erkenntnis in vergleichsweise kurzer Zeit ein Ende finden, manchmal gar in einem Augenblick. So verkündet Hubbard 1955: «Schon lange verfügen wir über ein Verfahren, das bei 50% der Menschen als ‹Clear auf einen Schlag› funktioniert. Die Anweisung lautet einfach: ‹Sei einen Meter hinter deinem Kopf.› Wenn die Person sich dort befindet, dann orientiert sie sich, weiß, daß sie nicht ihr Körper ist und daß sie nicht mit ihrem reaktiven Mind konfrontiert zu sein braucht, und ist somit aus der Falle herausgeholt worden.» [17]

Die Zahl von 50 Prozent darf freilich mit mildem Zweifel quittiert werden. Bekanntlich ist der Weg über die sogenannten «Release-Grade» bis zum Erreichen des Clear mit einem erheblichen Aufwand an Mühen und vor allem Kosten verbunden. Beispiel: Claudia

Kauer, die Pressesprecherin der «Scientology-Kirche in Deutschland». Sie bekennt, daß sie der Clear-Zustand etwa 30000 Mark gekostet habe. Mittlerweile hat sie oberhalb des Clear-Zustandes die siebte Stufe auf der Leiter zum «Operierenden Thetan» (im Jargon auch OT) erklommen, die vorletzte der derzeit von der Scientology-Führung freigegebenen acht Erlösungsstufen. Wer den Clear-Zustand erreicht hat, gilt allerdings bis einschließlich OT VII noch als «Pre-OT»: Die eigentliche OT-Dimension beginnt erst mit der OT-VIII-Stufe. Dieser unterste der eigentlichen OT-Grade heißt geheimnisvoll «Wahrheit enthüllt» und «erschafft die wichtigste Voraussetzung für vollkommene Freiheit: den Hauptgrund für Vergessen auf der Gesamtzeitspur».

Lange Zeit hatte OT VIII – freigegeben zwei Jahre nach Hubbards Tod – als oberste OT-Stufe gegolten. Heute weist die sogenannte «Brücke zur völligen Freiheit» nicht weniger als 15 OT-Stufen auf. Natürlich sind sie samt und sonders ebenso «vertraulich» wie teuer: Wer von den Oberen der «Kirchen»hierarchie zu den betreffenden Kursen eingeladen wird und willens ist, der totalen Freiheit näherzukommen, wird zu kräftigen Vorab«spenden» veranlaßt, Stufe um Stufe je nach Stundenaufwand festgelegt. Insofern war es auch finanziell einträglich, das Hubbardsche Befreiungsprogramm immer weiter auszubauen. Was ursprünglich einmal Clear hieß, sind mittlerweile die oberen OT-Stufen, während der heutige Clear sich nur auf die Befreiung von den Engrammen bzw. «Faksimiles» des jetzigen Lebens bezieht.[18] Da gilt es dann im Blick auf die «früheren Leben», die sich Billionen Jahre über die «Zeitspur» des Geistes erstrecken, meist noch eine Menge zu entladen!

Welche Perspektiven sich in diesen schwindelnden Höhen eröffnen, ist zumindest im Blick auf den OT-III-Grad durch Verrat bekanntgeworden. Diese Stufe mit dem Namen «Die Feuerwand» vermittelt scientologischer Werbung zufolge den «Stoff, aus dem die Träume sind: die Wiederkehr der vollständigen Selbstbestimmung und die vollkommene Freiheit von Überwältigung». Es komme zur Enthüllung einer Katastrophe, die bis zum heutigen Tage noch eine tiefe Wirkung auf unsere Gesellschaft und auf die geistige Natur der Wesen ausübe. Tatsächlich sieht die Enthüllung in etwa folgendermaßen aus: «Vor 35 Billionen Jahren löste ein böser Fürst namens Xenn das Problem der Überbevölkerung auf einem anderen Planeten, indem er 2 Billionen Thetanen zur Erde brachte, die zu jener Zeit als Teageack bekannt war – er stopfte sie in Wasserstoffbomben, die er in einem Vulkankrater explodieren ließ...» usw.[19] Wer sich übrigens durch diese «Feuerwand» durchgearbeitet hat, auf den kommt mit dem «Neuen OT V» eine «Zweite Feuerwand» zu. In der Tat verheißt ja die Werbung für die «Brücke zur totalen Freiheit» eine «leuchtende Zukunft».

Die Leere des thetanischen Geistes

Der Thetan kann als die «des Bewußtseins bewußte Einheit» nach Hubbards Meinung die Fähigkeit erreichen, die gesamte Umgebung zu kontrollieren oder zu dirigieren. Er erlangt also seine geistesmagische Befreiung auf Kosten von Freiheit in seiner Umgebung. Seine Macht, sein Einfluß steigt mit den OT-Stufen – konkret allenfalls in der Organisation – an. Seine Kontrollfähigkeit bezieht sich dabei selbstverständlich auch auf das eigene Bewußtsein: Er kann etwa «einen analytischen Mind oder einen reaktiven Mind handhaben und kontrollieren, auslöschen oder neu erschaffen»[20]. Ein gut trainierter Scientologe ist sogar imstande, «das gesamte Universum» verschwinden zu lassen – «jedoch nur für ihn selbst», wie Hubbard einschränkt.[21] Angesichts solcher Formulierungen drängt sich die Frage auf, inwieweit das scientologische Befreiungsprogramm am Ende als Bewußtseinsmanipulation angesehen werden muß. Kritiker und Betroffene haben das Auditing-Verfahren in Verbindung mit den eigenwilligen Definitionen und Umprägungen von Sprache in der Organisation als «Gehirnwäsche» bezeichnet. Das ist ein Begriff, über den man sicherlich streiten kann. Weniger strittig dürfte sein, daß diese Prozesse mit hypnoseartigen Techniken einhergehen.[22] Hubbard, der selbst ein durchaus erfahrener Hypnotiseur war, und seine Anhänger stellen dies in auffallend undifferenzierter Weise in Abrede. Zwar gesteht der Scientology-Gründer ein, daß der Preclear durchaus das deutliche Gefühl, sich in Hypnose zu befinden, haben könne. Das sei jedoch nur deswegen möglich, weil beim Auditieren Hypnose abfließe: Es würden doch in Wahrheit Menschen durch sein Verfahren enthypnotisiert![23] Wer's glaubt, steht wohl bereits unter suggestivem Einfluß. Tatsächlich halten Hubbards diesbezügliche Anweisungen und Behauptungen einem Blick in psychologische bzw. ärztliche Hypnose-Literatur in keiner Weise stand.

Von diesem zentralen Punkt aus lassen sich viele subjektive wie objektive Vorgänge im Kontext von Scientology erklären. Nur auf einen Aspekt des Problems sei hier besonders aufmerksam gemacht: auf den besorgniserregenden und durch Einzelfälle begründeten Verdacht, daß scientologische Techniken als wissenschaftlich nicht bewährte Praktiken bei labilen Menschen zu psychischen Störungen und Erkrankungen führen können. Im Mai 1992 hat die Konferenz der bundesdeutschen Justizminister ihre Besorgnis darüber zum Ausdruck gebracht, so daß über politische Schutzmaßnahmen nachgedacht wird. Wie auch immer – es gilt die Gefahr der Ideologie Hubbards für Persönlichkeitsentwicklung und psychische Gesundheit wahrzunehmen. Eine Aussteigerin erklärt: «Ich habe erkannt, daß die Scientology-Kirche eine Sekte ist, die ihren Anhängern nicht gestattet, eine eigene Persönlichkeit und Ideen zu entwickeln, sondern diese im Gegenteil zerstört und zurechtbiegt.» Das scientologische Dilemma besteht darin, daß heile Identität und Freiheit in Aussicht gestellt werden, in Wahrheit aber mit leeren Hülsen gearbeitet wird. Dieses Urteil läßt sich mit Hubbard-Zitaten unschwer begründen.

Nicht nur, daß die für die höchsten OT-Stufen versprochenen Fähigkeiten keinerlei Bezug zu irgendwelchen Realitätserfahrungen haben. Nicht nur, daß Hubbard den Realitätsbezug unterminiert, wenn er lehrt: «Das physikalische Universum ist eine Art hypnotische Trance, in welcher das Individuum glaubt, von verschiedenen Punkten aus schauen zu können.» Als Ziel gilt die Wiedergewinnung jener ursprünglichen Statik-Qualität, die der Scientology-Gründer als ein – wie auch immer zu interpretierendes – «Nichts» ausgibt! Dieser Tatsache entspricht die die personale Definition des «geistigen Wesens» konterkarierende totale Nivellierung aller nur denkbaren Faktoren, die Personsein konkret ausmachen: Namen, Personen-, Leib- und Weltbezug gelten nichts. Außerdem hat Hubbard durchaus gewußt: «Nur einfältige Phantasten faseln von unendlicher Freiheit!» Zieht die Scientology-Lehre nicht solch einfältige Phantasten heran, wenn sie «totale Freiheit» als höchstes Glück in Aussicht stellt, während ihr Erfinder gleichzeitig zu Protokoll gab, «totale Freiheit» sei «ein unglücklicher Zustand des absoluten Nichts»[24]? Die bildlichen Darstellungen der scientologischen «Brücke zur völligen Freiheit» verschwimmen nicht zufällig im Offenen bzw. Leeren: Sind doch laut Hubbard «Absoluta» im Sinne totaler Werte definitiv «unerreichbar»![25]

Angesichts solcher Konstruktionen braucht man sich über den latenten Nihilismus mancher Scientologen nicht zu wundern. Mit oder ohne psychischen Krankheits- oder Leistungsdruck kann eine solch nihilistische Einstellung zum Nährboden von Selbstmordgedanken werden.[26] Das Suizid-Beispiel des Reto T. am Eingang des vorliegenden Buches ist leider kein Einzelfall. Hubbards Befreiungsprogramm ist für einige Menschen zur geistigen Falle geworden, aus der es kein Entrinnen mehr gab. Von solchen traurigen Konsequenzen totaler Unfreiheit hat man gehört, von offenkundigen Fällen totaler Freiheit noch nicht.

Relative Befreiungserfahrungen werden – auch von ehemaligen Scientologen – mitunter berichtet. Es gibt mancherlei Problemlagen, ja Fallen im Leben, aus denen mit mancherlei Mitteln herausgeholfen werden kann. Hubbards Programm versteht sich im Unterschied zu anderen Mitteln als das einzig wahre und beansprucht «eine Religion der Religionen» zu sein. Es muß sich an diesen Ansprüchen messen lassen. Sie sind im übrigen bereits im Namen «Scientology» enthalten: Er bedeutet sinngemäß «Wissenschaft der Wissenschaft». Wie wissenschaftlich die Erkenntnisse dieser und anderer Superwissenschaften in Wirklichkeit sind, kann eine Maxime des Biologen Erwin Chargaff beurteilen helfen: «Wahres Wissen ist herrlich, es erweitert den Geist; leeres Wissen ist tödlich, es erstickt den Geist.»[27]

Anmerkungen

1 A. Nordenholz, *Scientology. Wissenschaft von der Beschaffenheit und der Tauglichkeit des Wissens*, München 1934, S. 10⁴

2 Dazu näherhin W. Thiede, *Scientology – Religion oder Geistesmagie?* (Reihe Apologetische Themen 1), Konstanz 1992

3 Vgl. A. Zingerle, C. Mongardini (Hg.), *Magie und Moderne*, Berlin 1987; W. Thiede, *Der neuzeitliche Okkultismus*, in: Kerygma und Dogma 4/1987, S. 279–302

4 K. R. Pelletier, *Unser Wissen vom Bewußtsein*, München 1982, S. 148

5 F. Varela, *Über die Natur und die Natur des Erkennens*, in: H.-P. Dürr, W. C. Zimmerli (Hg.), *Geist und Natur*, München 1989, S. 90–109, hier 96

6 R. Kühn, *Gutachten zum Scientology-Persönlichkeitstest*, in: Journal Frankfurt 23/1991, S. 35. Vgl. auch Thiede, *Scientology*, Kap. III. 3

7 L. R. Hubbard, *Dianetics. Die Entwicklung einer Wissenschaft*, Kopenhagen 1974, S. 79. Nächstes Zitat: S. 97 f

8 L. R. Hubbard, *Scientology. Die Grundlagen des Denkens*, ⁴1979, S. 73

9 Vgl. H.-J. Ruppert, *Theosophie – unterwegs zum okkulten Übermenschen* (R. A. T. 2), Konstanz (im Druck)

10 Dazu näher z. B. C. Evans, *Kulte des Irrationalen*, Reinbek 1979; W. Thiede, *Scientology*, a. a. O., Kap. III

11 R. A. Moody, *Leben nach dem Tod*, Reinbek 1977; ders., *Nachdenken über das Leben nach dem Tod*, 1978; ders., *Licht von drüben*, 1989; E. Kübler-Ross, *Über den Tod und das Leben danach*, Melsbach 1985. – Vgl. Hubbard, *Haben Sie vor diesem Leben gelebt?* Kopenhagen 1979, S. 45 f

12 Dazu mein oben (Anm. 2) genanntes Buch, bes. Kap. IV und V

13 Vgl. Plotins Rede von Gott als der *causa sui* in seinen *Enneaden* (VI. 8, 13 ff)

14 Vgl. A. Nassehi, G. Weber: *Tod, Modernität und Gesellschaft*, Opladen 1989; W. Thiede, *Auferstehung der Toten – Hoffnung ohne Attraktivität?* Göttingen 1991, S. 135 ff

15 H. P. Steiden, C. Hamernik, *Einsteins falsche Erben. Die unheimliche Macht und Magie von Dianetik und Scientology*, Wien 1992, S. 90

16 Zitiert nach *Advance!* Nr. 111, 1992, S. 10. Vgl. auch Hubbard, *Grundlagen*, a. a. O., S. 88 f

17 Hubbard, *Dianetik 55!*, Kopenhagen 1983, S. 225 (vgl. auch 243)

18 Hierzu ausführlicher R. Stark und I. Bainbridge, *The Future of Religion*, London 1985, S. 263–283

19 Nach R. Kaufman, *Übermenschen unter uns*, Frankfurt 1972, S. 166. Kaufman erfuhr beim Auditieren: «In Rons Welt... droht der Wahnsinn» (167)

20 *Dianetik 55!*, S. 36

21 *Grundlagen*, S. 118

22 Dazu bes. J. Lee, *Sectarian Healers and Hypotherapy*, Toronto 1970, S. 57–88; Thiede, *Scientology*, Kap. II

23 *Dianetik 55!*, S. 194

24 *Grundlagen*, S. 54

25 Hubbard, *Scientology 0–8*, Kopenhagen 1989, S. 53

26 Grundsätzlich G. Siegmund, *Sein oder Nichtsein*, Trier [2]1970. Im Blick auf Scientology: H. P. Steiden, C. Hamernik, a. a. O., S. 50–53

27 E. Chargaff, *Fragmente über das nichtgewußte Wissen*, in: *Scheidewege* 21, 1991/92, S. 1–25, Zitat: S. 25

SCIENTOLOGY IN AMERIKA

Freitagabend, 31. Januar 1992: Zur besten Sendezeit interviewt die Journalistin Barbara Walters, wie jede Woche auf Kanal 6, Prominente in ihrer häuslichen Umgebung. Der Star an diesem Abend ist Kirstie Alley. Rotgelockt sitzt die eloquente, lebhafte Schauspielerin in ihrem Schlafzimmer und plaudert aus ihrem Leben. Die 37jährige ist ein amerikanischer Publikumsliebling. Bekannt wurde sie durch ihre Kinorollen in *Star Treck II* und *Kuck mal, wer da spricht*, vor allem aber durch die Endlosserie *Cheers*, die seit über vier Jahren das amerikanische Fernsehvolk beglückt. Nach ein paar Anekdötchen aus dem Leben eines Stars nimmt das Gespräch eine erstaunliche Wendung. Da ist von Heil und Erlösung die Rede, von Lebenssinn und Weltrettung. Das alles gruppiert sich um das Stichwort Scientology. Scientology habe ihr das Leben gerettet, strahlt Kirstie Alley in die Kamera, und ihre Karriere erst möglich gemacht. Überhaupt verdanke sie der Organisation alles, was sie sei und habe.

Als Kokainabhängige kam sie 1979 in Kontakt mit «Narconon», dem Drogenentzugsprogramm von Scientology. Nach erfolgreicher Therapie begann ihre schauspielerische Laufbahn. Noch immer der Organisation verbunden, die ihr Leben so entscheidend verändert hat, spendet sie einen beträchtlichen Teil ihrer Einnahmen an die Hubbard-Jünger. Außerdem fungiert sie als internationale Sprecherin eines Drogen- und Alkohol-Therapiezentrums von Narconon in Oklahoma. «Ich habe Hilfe erfahren und ich möchte, daß andere in gleicher Lage diese positive Erfahrung machen können.» Die selbstbewußt wirkende Frau läßt sich durch kritische Nachfragen der Journalistin nicht aus ihrer fröhlichen Stimmung bringen: «Natürlich kenne ich die Kritik an Scientology. Aber wissen Sie, es passiert ja häufig, daß Leute, die einmal von einer Sache überzeugt waren und sich dann, aus welchen Gründen auch immer, von ihr abwenden, sehr polemisch und ungerecht gegen ihre alte Überzeugung werden können.» Themenwechsel.

Zweifellos können die Öffentlichkeitsarbeiter von Scientology diesen Abend mit einem dicken Plus in Sachen positive Imagepflege verbuchen. Wie John Travolta, Tom Cruise, Jazzpianist Chick Chorea, Priscilla Presley und ihre Tochter Marie, Opernstar Julia Migenes und andere gehört Kirstie Alley zu jenen Mitgliedern der Organisation, die breitenwirksam die Scientology-Botschaft unters Volk bringen. Für die Prominenz aus Film- und Musikgeschäft hat die «Kirche» ein prächtiges, schloßartiges Gebäude in Hollywood eingerichtet, das sogenannte «Celebrity Center International». Diese exklusive Behandlung ist wohl nicht ganz selbstlos, denn die Organisation hat Auftritte wie den von Kirstie Alley durchaus nötig. Scientology genießt in der amerikanischen Öffentlichkeit nicht den besten Ruf.

Als im Mai 1950 Hubbards Buch *Dianetik – Die moderne Wissenschaft der geistigen Gesundheit* erschien, ist von einer neuen «Kirche» namens Scientology noch nicht die Rede. Dianetik, von Spöttern bald als «die Psychotherapie des armen Mannes» bezeichnet, schien zunächst nicht mehr als ein Vorbote der «Psychowelle» zu sein, die sich in den sechziger und siebziger Jahren über die Vereinigten Staaten ergoß. Die therapeutischen Selbsthilfephantasien des Science-fiction-Autors Hubbard erfreuten sich regen Interesses. Das Buch wurde zum Bestseller, Hubbard über Nacht zur Berühmtheit. Ein gutes Jahr später hatte sich der Boom allerdings gelegt; die mit Hilfe des Ölmillionärs Don Purcell gegründete «Dianetic Research Foundation» (Stiftung für Dianetik-Forschung) war bald darauf pleite. Hubbard erweiterte daraufhin sein Therapiekonzept um spirituelle Komponenten. Ging es ihm bis dahin vor allem um die Befreiung von Komplexen und psychosomatischen Krankheiten, befaßt er sich nun mit der «Wiedererlangung des Seins als geistiges Sein». Auch ein neuer Name soll die Publikumsgunst wieder beleben: aus Dianetics wird Scientology, aus dem dianetischen Therapieversprechen eine pseudowissenschaftliche Heilslehre mit religiösem Anstrich. Und schon zwei Jahre später, 1954, erklärt Hubbard seine Organisation, mit Hinweis auf deren religiösen Charakter, zur «Kirche». Aus Schülern werden Gemeindemitglieder, aus Zweigstellen Missionen, aus Hubbards Büchern heilige Schriften, das Scientology-Kreuz wird zum Kirchensymbol.

Der Verdacht, daß diese Verkirchlichung vor allem handfeste finanzielle Gründe hatte, liegt nahe. Jede Gruppe, mag sie auch noch so unkonventionell sein, kann sich in den Vereinigten Staaten «Kirche» nennen. Die Verfassung der USA verbürgt Religionsfreiheit und schreibt die strikte Trennung von Kirche und Staat vor. Weder Parlament noch Regierung dürfen deshalb in irgendeiner Weise über die Lehrinhalte einer Kirche urteilen. Es gibt keine Kirchensteuer und keinen Religionsunterricht an den Schulen. Es gibt kein Theologiestudium an Universitäten und kein Arbeitsverbot am Sonntag. Trotz dieser Trennung genießen, von einigen Verfassungsexperten kritisiert, Kirchen faktisch eine Reihe von Privilegien. Das wichtigste ist die Steuerbefreiung, die zwar nicht gesetzlich garantiert, aber zum Gewohnheitsrecht geworden ist. Um den Mißbrauch zu beschränken, hat das US-Finanzamt Kriterien aufgestellt, die eine Kirche erfüllen muß, um als solche auch steuerrechtlich zu gelten. Nach diesen Richtlinien darf eine Kirche unter anderem nicht vorwiegend Geschäftszwecken dienen, keine Verbrechen begehen und keine Einzelpersonen bereichern. Sie muß eine formale Lehre haben, ordinierte Geistliche beschäftigen und regelmäßig religiöse Versammlungen abhalten.

Der gerichtliche Streit, ob, wann und in welchem Umfang diese Kriterien von Scientology und den angegliederten Organisationen erfüllt sind oder nicht, begann 1967. Damals entzog das Finanzamt – mit Hinweis auf den Geschäftscharakter der Organisation und die persönliche Bereicherung Hubbards – dem kalifornischen Scientology-Zweig den steuerbefreiten Status. In der Folge ließ sich eine zweite Verkirchlichungswelle beobachten. Seit Ende der sechziger Jahre tragen manche Funktionäre schwarze Anzüge mit weißen Kragen und an einer Halskette das silberne Scientology-Kreuz. Kapellen wurden eingerichtet und sonntägliche Andachten eingeführt.

Hubbard selbst hatte schon 1955 die Vereinigten Staaten gen England verlassen. Er richtete dort ein «Weltkommunikationszentrum» als spirituelle Trainingsstätte für führende Scientologen ein. Unermüdlich entwickelte er seine Lehre weiter und erfand immer neue Kurse. 1968 verhängte das britische Unterhaus allerdings ein Einreiseverbot für Hubbard und alle nichtbritischen Scientologen. Hubbard fuhr daraufhin mit seinem Missionsschiff «Apollo» von Hafen zu Hafen, bis immer mehr europäische Länder Hubbard und seinen Anhängern die Anlegeerlaubnis verweigerten. In dieser Lage beschloß die Scientology-Führung, einen sicheren Platz für ein neues spirituelles Zentrum der Organisation zu suchen. Die Wahl fiel auf die Vereinigten Staaten, auf die Stadt Clearwater in Florida am Golf von Mexico. Für 2,3 Millionen Dollar kauften Scientologen 1975 unter dem Decknamen «United Churches of Florida Inc.» einen Hotelkomplex. Bis 1988 hatte die Church neun weitere Gebäude und einige Grundstücke erworben. Clearwater dient seither als Schulungsort für fortgeschrittene Scientologen. Mit mehreren hundert Mitarbeitern gehört Scientology heute vermutlich zu den zehn größten Arbeitgebern der Stadt.[1] Die internationale Geschäftszentrale der Organisation blieb unterdessen weiterhin in Los Angeles, so daß sich seit Mitte der siebziger Jahre die geistige und die finanzielle Zentrale des Imperiums in den USA befindet.

Hubbard kehrte 1976 in die USA zurück. Drei Jahre später erreichten die Negativschlagzeilen in Sachen Scientology zum erstenmal ein für die Organisation äußerst unerfreuliches Ausmaß. Am 26. Oktober 1979 verurteilte ein US-Gericht nach einem aufsehenerregenden Prozeß elf führende Scientologen wegen Einbruchs und Verschwörung gegen die Regierung. Die Hauptschuldige, Mary Sue Hubbard, die dritte Frau des Scientology-Gründers, erhielt fünf Jahre Freiheitsstrafe.

Die Verurteilung stand am Ende einer geheimdienstähnlichen Aktion des in Los Angeles ansässigen «Guardian Office». Unter dem Decknamen «Schneewittchen» versuchten Mitarbeiter dieses «Sicherheitsdienstes» zwischen 1973 und 1976 belastendes Material, das US-Behörden über Hubbard und Scientology gesammelt hatten, «unschädlich zu machen». Zu diesem Zweck wurden Scientologen in die Washingtoner Büros des US-Finanzamtes und des Justizministeriums eingeschleust. Sie kopierten Akten und stahlen Dokumente, fälschten Ausweise und installierten Abhöranlagen in Konferenzräumen. Andere Agenten brachen in die Büros von Richtern und Staatsanwälten ein, um Untersuchungsakten beiseite zu schaffen. Ein wegen einer Ausweisfälschung verhafteter Scientologe, den wohl Zweifel am Stil der Aktion überkamen, erzählte dem FBI schließlich alles, was er von «Schneewittchen» wußte. Ausgestattet mit Motorsägen, Brecheisen und Bolzenschneidern, stürmten daraufhin 134 FBI-Agenten in einer der größten Razzien der US-Geschichte drei Scientology-Niederlassungen in Los Angeles und Washington. Neben Abhöranlagen und Einbruchswerkzeug beschlagnahmte das FBI 48000 Seiten Papier, auf denen mehr als 130 Aktionen von Scientology gegen Behörden und Einzelpersonen dokumentiert waren. Scientology nannte die Razzia «faschistisch» und strengte eine Schadensersatzklage an. Die liberale Presse war entsetzt über ein derartiges polizeistaatliches Vorgehen gegen eine als religiöse Gemeinschaft auftretende Gruppe. Die Kritik wurde leiser, als der Prozeß voranschritt. «Das Verbrechen dieser Angeklagten», so die Stellungnahme der Staatsanwälte, «ist in seiner Bandbreite und Reichweite ohne Vorbild. Kein Gebäude, kein Büro, kein Schreibtisch, keine Akte war vor ihrem Schnüffeln und Stöbern sicher. Keine Person oder Organisation war von ihrem abscheulichen Verschwörungsdenken frei.»[2]

L. Ron Hubbard konnte, nach dem Schuldgeständnis aller Angeklagten, keine direkte Beteiligung an «Schneewittchen» nachgewiesen werden. Nach einer kurzen Besinnungsphase entschloß sich die Scientology-Führung, den Skandal als unglücklichen Ausrutscher einzelner übereifriger Funktionäre zu bedauern und Besserung zu geloben. Zu spät. Das in vielen Medien verbreitete Bild einer Organisation, die mit unseriösen, ja kriminellen Methoden arbeitet, wurde Scientology seither nicht mehr recht los.

Kurz nach dem Schneewittchenprozeß zog sich L. Ron Hubbard mit drei Getreuen auf eine einsame Farm in Kalifornien zurück. Bis zu seinem Tod 1986 trat er nicht mehr in der Öffentlichkeit auf. Zum einzigen Mittelsmann zwischen Hubbard und Scientology wurde in diesen sechs Jahren ein gewisser David Miscavige. Schon als 14jähriger war der Sohn zweier Scientologen in den Dienst Hubbards getreten, der ihm im Laufe der Jahre immer neue Aufgaben übertrug, bis er, allem Anschein nach, eine exklusive Vertrauensstellung besaß. Miscavige hat keine abgeschlossene Schulbildung und wird als rastloser, humorloser und zur Gewalt neigender Mensch beschrieben. Nach den vermutlich heftigen internen Machtkämpfen, die dem Tod des Gründers folgten, konnte sich der heute 32jährige an der Machtspitze der Organisation behaupten.[3] In seiner Eigenschaft als Chef des «Religious Technology Center» (Zentrum für religiöse Techniken) hält er alle Scientology-Fäden in Händen. Die Organisation besitzt unter anderem das Copyright für die Namen Dianetics und Scientology und damit die Macht, Lizenzen an die verschiedenen Scientology-Unterorganisationen zu vergeben und bei Mißliebigkeit zu entziehen. Gegenüber der Öffentlichkeit, auf Pressekonferenzen und in Talkshows vertritt Reverend Heber Jentzsch, Präsident der «Church of Scientology International» die Interessen der Pseudokirche. Offiziell ist er der Leiter des Imperiums, doch dürfte es zutreffender sein, ihn als obersten PR-Beauftragten zu bezeichnen.

Wie groß die von Miscavige geleitete Organisation in den USA ist, läßt sich nur erahnen. Schon bei der mutmaßlichen Mitgliederzahl gehen die Angaben weit auseinander. Während Scientology selbst von mehreren Millionen Anhängern spricht, schätzt das in Chicago ansässige «Cult Awareness Network» (Netzwerk für Kultaufklärung) die Zahl der aktiven Mitglieder auf 12000. Andere Quellen sprechen von mehreren hunderttausend Anhängern.

Noch konfuser ist die Informationslage in ökonomischer Hinsicht. Die Organisation legt verständlicherweise keinen Wert auf die Veröffentlichung ihrer Umsatzzahlen und bemüht sich, das Ausmaß der geschäftlichen Aktivitäten zu verschleiern. Die Strategie hat eine ausgeklügelte Methode. Denn nachdem sich das Finanzamt von der Verkirchlichung nicht beeindrucken ließ und weiterhin den Finger auf die wunden Punkte legte, begann Scientology, sich in ein labyrinthisches Netz von Neben-, Unter- und Überorganisationen zu verzweigen. Das so entstandene Geflecht aus Tarnorganisationen hat wohl niemand außer David Miscavige und seinen Mitarbeitern voll im Blick. Es ist deshalb nicht verwunderlich, daß gerade die Mutmaßungen über die Finanzkraft der Gesamtorganisation spekulativ bleiben.

Das Manager- und Geldmagazin !Forbes wagte 1986 eine Schätzung, nach der sich das Gesamtvermögen von Scientology auf 400 Millionen Dollar beläuft.[4] Nach Angaben der Los Angeles Times soll die «Church of Spiritual Technology» (Kirche spiritueller Techniken), ein Scientology angegliedertes Unternehmen, im Jahr 1987 Einnahmen von 503 Millionen Dollar verbucht haben.[5]

Dieses Unternehmen ist unter anderem mit der Konservierung von Hubbards Schriften und auf Tonband aufgenommenen Vorlesungen befaßt. Die 500000 Seiten, auf denen der Gründer seine Gedanken ausführte, liegen, in Stahl geätzt, in einem 200 Meter langen, atomsicheren Bunker in New Mexico.[6]

Eine andere Zahl besagt, daß allein der Clearwater-Zweig von Scientology jährlich 26 Millionen Dollar Fixkosten hat und weitere zehn Millionen Dollar an die Zentrale in Los Angeles überweist.[7] Ein Gesamtbild läßt sich aus solchen bruchstückhaften Informationen nicht konstruieren.

Über jede Spekulation erhaben ist hingegen die Tatsache, daß die von Scientology angebotenen Kurse sündhaft teuer sind. Ist man für ein 12½-Stunden-Auditing, je nach Lage des Dianetik-Zentrums, noch mit 1500 bis 12000 Dollar dabei, wird der Teilnehmer am OT-V-Kurs um 25000 Dollar ärmer. 200000 bis 400000 Dollar kostet der Gang über die «Brücke» zur geistigen Gesundheit insgesamt.

Cynthia Kisser, die Geschäftsführerin des gemeinnützigen Netzwerkes für Kultaufklärung, vermutet trotz der dürftigen Informationslage, daß Scientology die lukrativste Sekte sei, die in den USA je agiert habe. Zwei weitere Superlative machen Scientology in ihren Augen zu einer besonderen Organisation: Die Gruppe sei prozeßsüchtig und rücksichtslos.[8] Dieses Urteil basiert auf der Tatsache, daß Scientology in den USA in den letzten 20 Jahren vor allem durch eine nicht abreißende Kette von Gerichtsverhandlungen und Skandalen von sich reden macht.

Ein Prozeßdauerbrenner ist die schon erwähnte Auseinandersetzung zwischen Scientology und dem US-Finanzamt, die nun ins 26. Jahr geht. Das Finanzamt hat sich bis heute nicht davon überzeugen lassen, daß Scientology als Kirche im Sinne der Behördendefinition gelten kann. Nach dem Entzug des steuerbefreiten Status galt der kalifornische Scientology-Zweig jahrelang als Steuerverweigerer. Durch alle Instanzen stritten die Hubbard-Jünger gegen die Entscheidung des Fiskus an. 1984 urteilte das US-Steuergericht, daß der kalifornische Scientology-Zweig «ein Geschäft aus dem Verkauf von Religion gemacht hat» und Millionen an Hubbard und seine Familie geflossen seien.[9] Vier Jahre später bestätigte das Verfassungsgericht der USA dieses Urteil. Scientology Kalifornien mußte daraufhin 1,3 Millionen Dollar Steuernachzahlungen für die Jahre 1970 bis 1972 leisten.[10] Das Verfassungsgericht hat 1988 außerdem in drei Musterfällen entschieden, daß als Spenden deklarierte Zahlungen für Scientology-Kurse nicht steuerabzugsfähig sind.[11]

Die regionalen Scientology-Zweige und sämtliche Ableger gehören zu den Dauerobjekten der amerikanischen Steuerfahndung. Seit dem Schneewittchenprozeß ist deutlich, daß sich Scientology von dieser Aufmerksamkeit bedroht fühlt. Die Beweislage ist allerdings kompliziert, was sich in der Länge der Ermittlungen und Prozesse niederschlägt. Mitarbeiter von Steuerfahndung und FBI klagen über fehlendes Personal und mangelnde Unterstützung aus dem Justizministerium.[12] An Prozessen mangelt es freilich nicht: 71 Verfahren zwischen Finanzamt und Scientology bzw. einzelnen Mitgliedern oder Tarnorganisationen waren 1990 anhängig. Der damit verbundene Verwaltungsaufwand ist immens. So umfassen zum Beispiel

allein die Ermittlungsakten gegen Scientology-Boß David Miscavige sage und schreibe 52 000 Seiten.

Schätzungen besagen, daß Scientology jährlich etwa 20 Millionen
Dollar für mehr als 100 Rechtsanwälte ausgibt.[13] Sie führen nicht nur
den Steuerkrieg mit den Finanzämtern, sondern vertreten die Organisation auch gegenüber den vielen Klagen ehemaliger Mitglieder
und überziehen ihrerseits Kritiker mit Gerichtsverhandlungen. Seit
den siebziger Jahren häufen sich auch Vorwürfe, daß Scientology die
Auseinandersetzungen mit dem «Feind» nicht auf den Gerichtssaal
beschränkt. Nächtlicher Telefonterror, Bespitzelungen, Verleum-
dungskampagnen bis hin zum Rufmord, Einbrüche, Diebstähle und
Morddrohungen, kurz Einschüchterungsversuche aller Art, gehören, laut Medienberichten und Gerichtsurteilen, zum Markenzeichen
scientologischer Politik.

Als eine der ersten machte die New Yorker Autorin Paulette Cooper mit dieser Form der Vorwärtsverteidigung unangenehme Bekanntschaft. Anfang der siebziger Jahre schrieb sie *Der Skandal Scientology*, ein Buch, das sich kritisch mit den Praktiken der Organisation
auseinandersetzt. Nach der Veröffentlichung brachen Agenten des
scientologischen Geheimdienstes in ihr Büro ein. Sie stahlen Brief-
papier mit Paulette Coopers Fingerabdrücken, das sie, mit folgendem Text versehen, an Scientology-Zentren schickten: «Ihr seid wie
die Nazis oder Araber. Ich werde Euch in die Luft jagen. Ich werde
Euch töten. Paulette Cooper.» Das FBI ermittelte, und die Autorin
wurde wegen Bombendrohung und Falschaussage unter Eid – sie
hatte ihre Unschuld beteuert – verurteilt. Nachdem sie 20 000 Dollar
für Gerichtskosten und weitere 6000 Dollar für eine psychiatrische
Behandlung ausgegeben hatte, wurde Jahre später ihre Unschuld im
Zuge des Schneewittchenprozesses bewiesen.[14]

Kein Einzelfall. Nachdem sich ein sehr aktiver Scientology-Förde-
rer von der Kirche im Streit getrennt hatte, sah er sich Verfolgungen
ausgesetzt, die ihn an den Rand des finanziellen und psychischen Zu-
sammenbruchs trieben. Er zog 1986 gegen Scientology vor Gericht.
Sein Anwalt Charles O'Reilly erstritt 30 Millionen Dollar Schmerzensgeld, eine selbst für amerikanische Verhältnisse beachtliche
Summe. Daraufhin beschloß ein Leitungsgremium der Organisation, wie ein damals anwesendes Mitglied berichtet, die Krankenakte
des siegreichen Anwalts O'Reilly aus einer Drogenklinik in Palm
Springs zu stehlen. Die vertraulichen Unterlagen sollten O'Reilly im

Austausch gegen eine geringere Forderung in der Berufungsver-
handlung angeboten werden. Der Fortgang des geplanten Tauschge-
schäfts blieb unaufgeklärt. Tatsache ist, daß die Berufungsinstanz das
Schmerzensgeld auf 2,5 Millionen Dollar reduzierte.[15]

Zeitungen, die über solche und ähnliche Fälle berichten oder ehemalige Mitglieder zu Wort kommen lassen, die von materieller Ausbeutung und psychischer Unterdrückung berichten, machen sich bei
Scientology unbeliebt. Nachdem das *Time Magazine* im Mai 1991
seine Titelgeschichte dem Treiben der Hubbard-Anhänger gewid-
met hatte, schaltete Scientology für drei Millionen Dollar Anzeigen
in einer der größten überregionalen Zeitungen der USA. Dort wird
dem *Time Magazine* unter anderem unterstellt, Hitler und die Natio-
nalsozialisten unterstützt zu haben.[16] Ein Reporter der *Los Angeles
Times*, der an einer mehrteiligen Serie über Scientology mitarbeitete,
fand nach der Veröffentlichung mehrmals Werbung eines Beerdi-
gungsinstitutes vor seiner Haustür: «Planen Sie jetzt Ihre Bestattung,
Ihre Angehörigen werden es Ihnen danken.» Das Institut versicherte
glaubhaft, nie ungefragt Werbematerial vor Haustüren zu legen.[17]

Um die Anzahl solcher und ähnlicher Berichte zu reduzieren, soll
Scientology allein 1986 etwa fünf Millionen Dollar investiert haben.
Mit dieser Summe sollen 20 Verfahren mit ehemaligen Mitgliedern
außergerichtlich geschlichtet worden sein. Die Kritiker erhielten dabei angeblich bis zu 500 000 Dollar «Schmerzens- und Schweige-
geld», nachdem sie sich schriftlich verpflichtet hätten, sich künftig
jeglicher Scientology-Kritik zu enthalten.[18]

Von anderen vergleichbaren Gruppen hebt sich Scientology in den
USA nicht nur durch den aggressiven Umgang mit Kritikern und die
Menge der Gerichtsverfahren ab. Auch die Mutation und Auffäche-
rung in ein weitverzweigtes und undurchsichtiges Geflecht von Ein-
zelorganisationen ist beispiellos. Die Vielfalt der Subunternehmun-
gen hat Scientology in den vergangenen Jahren geschickt zu nutzen
gewußt, um in verschiedenen Gesellschaftsbereichen Einfluß zu gewinnen. Obwohl verläßliche Angaben über Größe und Struktur des
gesamten Imperiums kaum möglich sind, lassen sich doch zwei Or-
ganisationstypen der Einzelunternehmen unterscheiden: Auf der
einen Seite stehen – meist gemeinnützige – Stiftungen, Vereine, Institute, die Hubbards «wissenschaftliche» Erkenntnisse in den Medien
und in Fachkreisen verbreiten sollen. Auf der anderen Seite arbeiten
Firmen und Gesellschaften, die als gewinnbringende Unternehmen

registriert sind. Es ist zu vermuten, daß ein Gutteil der Einnahmen der Gesamtorganisation aus diesen Firmen stammt. Obwohl erstere mehr mit der ideellen Stärkung, letztere mehr mit der finanziellen Sicherung des Gesamtunternehmens beschäftigt sind, haben beide Wesentliches gemein: Die meisten Tarnorganisationen legen ihre Verbindungen zu Scientology nicht offen oder bestreiten sie sogar vehement. Das gemeinsame Arbeitsziel des offen kommerziellen wie des sich ideell gebenden Arms von Scientology ist, möglichst viele Menschen an scientologische Ideen heranzuführen – möglichst ohne die Karten offen auf den Tisch zu legen – und zahlungskräftige Mitglieder zu werben, um diese dann von der Notwendigkeit immer neuer Kurse zu überzeugen. Die Methoden, dieses Ziel zu erreichen, sind so vielfältig wie die Organisationen zahlreich.

Wie die Arbeit einer nichtkommerziellen Organisation aussehen kann, wird am Beispiel der «Concerned Businessmen's Association of America» (Vereinigung der besorgten Geschäftsleute Amerikas) deutlich. In den vergangenen Jahren lag diesen besorgten Geschäftsleuten – die jede Verbindung mit Scientology bestreiten – vor allem das moralische Gedeihen der amerikanischen Jugend am Herzen. So verteilten sie an 4500 Schulen über dreieinhalb Millionen Kopien eines kleinen Taschenbuchs, das in einfacher Sprache weitverbreitete moralische Grundwerte propagiert. Das Buch heißt *Der Weg zum Glück*, sein Autor L. Ron Hubbard. Parallel zur Verteilung dieses erbaulichen Büchleins schreiben die besorgten Geschäftsleute regelmäßig einen mit 5000 Dollar dotierten nationalen Wettbewerb aus, der unter dem Motto «Sei ein gutes Beispiel» Schüler belohnt, die, dem *Weg zum Glück* folgend, eine Anti-Drogen-Aktion an ihrer Schule organisieren. Unter reger Anteilnahme der lokalen Medien wird dann neben dem Scheck auch Hubbards Moralbuch im Ledereinband an die vorbildlichen Schülerinnen und Schüler überreicht und findet in den Lobreden gebührend Erwähnung. Nachdem der Leiter eines Schulbezirks in Kalifornien entdeckte, daß die Vereinigung der besorgten Geschäftsleute die gleiche Telefonnummer wie das örtliche Dianetik-Zentrum angab, kamen ihm Bedenken. Er fragte an, ob der Wettbewerb nicht auch ohne vorherige Buchverteilung möglich wäre, weil die Verbreitung religiöser Schriften an öffentlichen Schulen die Trennung von Kirche und Staat verletze. Die Vereinigung antwortete, es handle sich um eine der nichtreligiösen Schriften Hubbards und ansonsten: ohne Buch kein Wettbewerb.[19]

Es dauert oft lange, bis Behörden vor Ort die Verbindungen dieser und ähnlicher Aktionen zur Scientology-Organisation erkennen und entsprechend reagieren. Vielen ist weder Scientology noch der Name Hubbard ein Begriff. So erklärte im Frühjahr 1991 der Gouverneur von Illinois, Jim Edgar, den 13. März zum «L.-Ron-Hubbard-Tag», um Hubbard für seine Verdienste um die geistige Gesundheit der Menschheit zu ehren. Nachdem Edgar unterrichtet wurde, wer Hubbard sei, wurde der Beschluß Ende März zurückgenommen.[20]

Eine andere Scientology-Organisation, die «Citizens Commission on Human Rights» (Bürgerkommission für Menschenrechte) widmet sich, ganz im Sinne Hubbards, dem Kampf gegen die Psychiatrie im allgemeinen und der Propaganda gegen einzelne Psychopharmaka im besonderen. Damit beackert die «Kommission» ein sensibles Feld, denn der weitverbreitete Psychopharmakakonsum in den USA ist ein emotionsgeladenes Thema. In der Grauzone zwischen berechtigter Psychiatriekritik und verantwortungsloser Panikmache bewegt sich eine großangelegte Kampagne der «Bürgerkommission». Von vielen Zeitungen und Zeitschriften aufgegriffen, richtete sie sich gegen das meistverkaufte Antidepressivum in den USA, *Prozac*[21] (Jahresumsatz 1990: 777 Millionen Dollar). Die als gemeinnützig anerkannte Organisation, deren Mitglieder überwiegend Scientologen sind, verbreitete die Auffassung, daß die «Killerdroge» *Prozac* Menschen depressiv mache, ja in Kriminalität und Selbstmord treibe. Obwohl solche Behauptungen nach Aussagen von Experten in dieser Form unhaltbar sind, hat die Kampagne Patienten, Angehörige und Ärzte merklich verunsichert. Patienten klagten gegen die Herstellerfirma *Eli Lilly Inc.* auf Schmerzensgeld in Millionenhöhe, der Marktanteil des Medikaments sank 1990 von 25 auf 21 Prozent.

Eine ähnliche Kampagne war gegen das Medikament *Ritalin*[22], ein Produkt aus dem Hause *Ciba-Geigy*, gerichtet, das hyperaktiven Kindern verordnet wird. Unter dem Motto «Psychiater, hört auf, unsere Kinder unter Drogen zu setzen!» behauptete die 1969 gegründete «Kommission», auch *Ritalin* führe zu Kriminalität, Gewalt und Selbstmord. Auf dem Höhepunkt der Kampagne 1988 forderten zwölf Kongreßabgeordnete Aufklärung von der Behörde für Nahrungs- und Heilmittel. Diese erklärte, das Medikament sei sicher und wirksam, wenn es nach Anweisung eingenommen werde. In einer Publikation von Scientology wird diese Kampagne als sehr erfolgreich eingestuft. Sie habe ein großes öffentliches Echo gefunden und die Bürgerkommission sowie Scientology als Organisationen bekanntgemacht, die sich tatkräftig für Psychiatrieopfer einsetzen.[23]

Im Grenzbereich zwischen Missionsarbeit und Kommerz arbeitet eine Kette von Scientology-Kliniken unter dem Namen «Health Med», in denen mit Hilfe von Saunabesuchen, Gymnastik und Vitamingaben Vergiftungen aller Art behandelt werden. Die Methode wird von Kritikern als Quacksalberei und unter bestimmten Umständen als gefährlich eingestuft.[24] Schon 1971 urteilte ein Richter in einem von der Gesundheitsbehörde angestrengten Prozeß, daß Hubbard irreführende medizinische Ansprüche erhebe und damit versuche, «Scientology in vielen verschiedenen, oft unstimmigen Verpackungen attraktiv zu machen». Aber, so das Urteil, da die Versprechungen in einem rein spirituellen Kontext gemacht würden, stünden sie unter dem Schutz der verfassungsmäßig garantierten Religionsfreiheit. Damit sei ihre Beurteilung außerhalb der Regierungszuständigkeit.[25]

Um die Anerkennung von Hubbards Entgiftungstheorien in der Fachwelt bemüht sich die «Foundation for Advancements in Science and Education» (Stiftung für Fortschritt in Wissenschaft und Erziehung). Die Organisation vergibt Forschungsgelder, veröffentlicht Forschungsberichte und spart in ihren Publikationen nicht an Lob für die von Hubbard entwickelten Heilmethoden. Nicht nur für Entgiftungen nach Chemieunfällen böten sich Hubbards Erkenntnisse an, auch bei der Behandlung Drogenabhängiger seien sie wirkungsvoll. Unter dem Namen «Narconon» betreibt Scientology mit der «wissenschaftlichen» Rückendeckung der Stiftung 33 Alkohol- und Drogen-Therapiezentren, einige davon unter dem Namen «Criminon» in Gefängnissen. Die Stiftung bestreitet jede Verbindung zu Scientology. Doch Bill Franks, der sie im Jahre 1981 gegründet hatte, bezeichnet sie heute – nach seinem Ausstieg – als eine der Tarnorganisationen, deren alleiniges Ziel es sei, Hubbards Methoden in der Fachwelt zu etablieren.[26]

In der Geschäftswelt ist die «Kirche» durch die ihr verbundenen Unternehmen seit Jahren aktiv. Neben der Verwicklung von Scientologen in dubiose Börsengeschäfte geraten vor allem die zwielichtigen Praktiken verschiedener Unternehmensberatungen immer wieder in die Schlagzeilen. Diese Firmen arbeiten zwar offiziell unabhängig voneinander und von Scientology, aber offensichtlich mit gleichem

Ziel und ähnlichen Methoden. Sie bieten verschiedenen, gut verdienenden Berufsgruppen Managementkurse an, die den Geschäfts- oder Praxisumsatz märchenhaft zu steigern versprechen. Das Unterrichtsmaterial trägt das Copyright Hubbards und wird vom «World Institute of Scientology Enterprises» (Weltinstitut der Scientology-Unternehmen) herausgegeben, einer Einrichtung, die sich u. a. der Verbreitung von Hubbards Zeit-Management-Methoden verschrieben hat. Am Ende des 10000-Dollar-Kurses erstellt ein Berater ein Persönlichkeitsbild des Teilnehmers. Dem zufolge – so berichten ehemalige Kunden der erfolgreichsten dieser Firmen, «Sterling Management Systems» – wurzele das eigentliche Geschäftsproblem im Privatleben des Klienten. Als Lösung werden Kurse bei Scientology empfohlen. Die Firma sagt, sie wende nur die nichtreligiösen Management-Theorien Hubbards an, mit der «Kirche» habe sie nichts zu tun. Ein Anwalt aus Pennsylvania, der ehemalige Management-Kursteilnehmer vertritt, sieht das mit vielen Kritikern anders: «Die Kirche hat ein faules Produkt, also verpackt sie es als etwas anderes. Es ist einfach eine Art Köder.»[27]

Scientology versucht L. Ron Hubbard nicht nur als innovatives Universalgenie zu verkaufen. Auch an seinem Image als einem der erfolgreichsten Buchautoren unseres Jahrhunderts wird fleißig poliert. Mit Erfolg. In den letzten sieben Jahren schaffte mehr als ein Dutzend von Hubbards Büchern den Sprung auf die Bestsellerliste der *New York Times*. 1988 verlieh das Buchhandelsblatt *Publisher's Weekly* Hubbard posthum eine Auszeichnung, weil *Dianetics* in 100 aufeinanderfolgenden Wochen auf der Bestsellerliste stand. Die traumhaften Verkaufszahlen, die Hubbards Kurzgeschichten, Science-fiction-Romane, Western und Sachbücher in immer neuen Auflagen erreichen, ist Kritikern suspekt. Der scientologische Verlag Bridge Publications Inc., der Hubbards Werk vermarktet, wird verdächtigt, dem Verkauf mit fragwürdigen Methoden nachzuhelfen. Verlagsangestellte und Scientology-Mitglieder sollen stapelweise Hubbard-Bücher in Buchhandlungen aufgekauft haben, deren Umsätze für die *New-York-Times*-Bestsellerliste relevant sind. Der ehemalige Geschäftsführer einer dieser Buchläden weiß zu berichten, daß Kartons mit Hubbard-Büchern vom Verlag schon mit den Preisschildern des Buchladens angeliefert wurden. «Buch-Recycling» nennen das Kritiker. Allen Unkenrufen zum Trotz wirbt das Verlagshaus mit Millionenaufwand in Fernseh- und Radiospots, auf Reklametafeln, in Bussen und U-Bahnen für Hubbards Elaborate. Unter dem sonnengebräunten Gesicht des Scientology-Gründers steht: «Schon 20 nationale Bestseller – und es kommen noch mehr.»[28]

Wohl keine andere Gruppe mit religiös-therapeutischem Anspruch in den USA ist derart massiv ins Kreuzfeuer der Kritik geraten wie die Scientology-Organisation. In der Schlagzeilenproduktion kann keiner der neueren Sinnanbieter mit den Hubbard-Jüngern Schritt halten. Und dabei sind sie nun wahrlich nicht die einzige umstrittene Gruppe in den Vereinigten Staaten. In der sogenannten Anti-Kult-Szene zählt man zwischen 2500 und 5000 Sekten oder Kulte. Das «Netzwerk für Kultaufklärung» stuft 200 dieser Kulte als erwiesenermaßen destruktiv ein, d. h. als Organisationen, die – nach Erkenntnissen des Netzwerks – ihre Mitglieder systematisch psychisch so unter Druck setzen, daß diese die Kontrolle über ihre Gefühle und ihr Handeln verlieren. Scientology gilt als Musterbeispiel solch entmündigender Psychotechnik.

Um das Phänomen Scientology im gesellschaftlichen Kontext der USA angemessen einordnen zu können, muß man berücksichtigen, daß es neben der Unzahl neuerer Sinnanbieter Hunderte verschiedener etablierter Kirchen, Synagogen, Moscheen und Tempel gibt. Das vorwiegend friedliche Nebeneinander so verschiedener Glaubensrichtungen ist nur in einer Gesellschaft möglich, die Religionsfreiheit und religiöse Toleranz ganz groß schreibt. Selbst Teile der etablierten Kirchen lehnen jede Diskriminierung und Bekämpfung von unkonventionellen bis fragwürdigen religiösen Bewegungen strikt ab. Sie begründen diese Haltung mit den Erfahrungen aus der eigenen Geschichte. Für viele Glaubensgemeinschaften bot die bedingungslose religiöse Toleranz der Neuen Welt die lebensrettende Alternative zur Verfolgung in Europa. Der Grundsatz, daß sich der Staat aus religiösen Angelegenheiten herauszuhalten habe, ist aus solcher Erfahrung geboren. Er wird nach wie vor von führenden Verfassungsrechtlern, Kirchenjuristen und Wissenschaftlern vertreten. So spricht der renommierte Religionswissenschaftler William Shephard für viele, wenn er sagt: «Menschen haben in unserer Gesellschaft das verfassungsmäßig garantierte Recht, intolerant und dogmatisch zu sein und an geistiges und spirituelles Gift zu glauben und damit hausieren zu gehen. Wenn wir gegen das fundamentale Recht anderer vorgehen, ihren eigenen Glauben zu wählen und zu bestimmen, untergraben wir gleichzeitig unsere eigenen Rechte und die fundamentale Vorstellung von menschlicher Gleichheit und Würde, die in unserer Verfassung festgeschrieben ist und seit 200 Jahren in unserer besten Rechtsprechung ausgearbeitet wurde.» [29]

Als in den sechziger und siebziger Jahren neue spirituelle Bewegungen wie Pilze aus dem Boden schossen, war die Verunsicherung anfangs groß. Doch im Laufe der Jahre ist man zur religiösen Tagesordnung übergegangen. Die große Mehrzahl der damals entstandenen Gruppen ist weitgehend akzeptierter Bestandteil des amerikanischen Götterhimmels geworden. Es ist für einen Amerikaner in der Regel kein ungewöhnliches oder gar beunruhigendes Phänomen, wenn Freunde, Verwandte oder Bekannte von einer Kirche in eine andere, von einer religiösen Gruppe zur nächsten wechseln. Religiösweltanschauliche Mobilität ist Privatsache und wird als persönliche Lebensentscheidung respektiert. Gerät jemand auf seiner Sinnsuche in die Fänge einer ausbeuterischen, autoritären oder Mißbrauch treibenden Gruppe, wird das in der Regel als individuelles psychisches Problem des Betroffenen verstanden. Abhilfe wird dann eher in einer Therapie als im politischen Kampf gegen die Organisation gesehen.

Vor diesem Hintergrund haben es die Sektenkritiker nicht leicht, ihr Anliegen durchzusetzen. Drei Gruppen tragen im wesentlichen den Kampf gegen destruktive Kulte. Zum einen gibt es viele über das Land verstreute Selbsthilfegruppen. Sie setzen sich meist aus besorgten Eltern von Mitgliedern und ehemaligen Mitgliedern einer bestimmten Gruppe zusammen. Sie arbeiten überwiegend lokal, sind finanziell und personell instabil und haben in der Regel wenig Kontakt zu anderen Gruppen. Auch ehemalige Scientologen haben solche Selbsthilfegruppen in mehreren Städten der USA gegründet. Ausstiegswillige oder ehemalige Mitglieder können sich an diese Gruppen wenden, wenn sie rechtliche oder psychologische Beratung suchen. In seltenen Ausnahmefällen organisieren sich diese Gruppen auf nationaler Ebene und versuchen Druck auf Behörden, Gerichte und Abgeordnete auszuüben. Nur den Gegnern der Mun-Organisation ist es Ende der siebziger Jahre einmal gelungen, ein Kongreßhearing durchzusetzen.

Aus diesen Gruppen sind einige Organisationen erwachsen, die, wie das Netzwerk für Kultaufklärung, auf nationaler Ebene Informationen sammeln, auswerten und an Interessierte und Hilfesuchende weitergeben. Es gibt einen nationalen Kult-Notruf und zwei Therapiezentren – das eine in New York, das andere in Los Angeles –, die sich ausschließlich um ehemalige Sektenanhänger und deren Familien kümmern. Die zweite Gruppe, die sich im Kampf gegen Kulte engagiert, bilden die sogenannten Deprogrammierer. Sie versuchen – zumeist im Auftrag der Familie und oft leider ohne adäquate Ausbildung – Kultmitglieder von der Schädlichkeit ihrer Mitgliedschaft zu überzeugen. Die angewandten Methoden sind Gegenstand heftigster Kritik, da die «Behandlung» oft gegen den Willen des Mitglieds mit Gewalt durchgeführt wird. Der Erfolg solcher Zwangsmaßnahmen ist zweifelhaft. Die dritte Gruppe besteht aus Interessengemeinschaften meist evangelikal und fundamentalistisch orientierter Kirchen und verschiedener jüdischer Gemeinden. Sie beschränken sich in ihrer Arbeit in der Regel auf Veröffentlichung von Literatur und Organisation von Vortrags- und Diskussionsveranstaltungen.

Nach dem Urteil von Kennern der Szene sind die Erfolge der Anti-Kult-Bewegung – legt man ihren Einfluß auf Gesetzgebung und Rechtsprechung zugrunde – seit Jahren sehr bescheiden. Doch ist es der Öffentlichkeitsarbeit dieser buntgemischten Bewegung zuzuschreiben, daß die Scientology-Organisation und einige andere Gruppen erhebliche Imageprobleme haben. Das erschwert nicht nur die Mitgliederwerbung, es kostet die angegriffenen Gruppen auch viel Zeit, Geld und Energie, immer wieder in die Gegenoffensive zu gehen.

Das finanzstarke Scientology-Imperium wird den Angriffen der Anti-Kult-Bewegung vermutlich noch eine ganze Weile standhalten. Sicher ist jedoch: Hubbards Weissagungen werden sich nicht bewahrheiten, Scientology wird kaum als «*die* Religion des 20. Jahrhunderts» in die Religionsgeschichte der Vereinigten Staaten eingehen.

Anmerkungen

1 *St. Petersburg Times*, 23. Dezember 1988
2 Vgl. *Los Angeles Times*, 24.6.1990, A 39 und Hauth, Ruediger, *Jugendsekten und Psychogruppen von A–Z*, Gütersloh 1981, S. 52
3 *Los Angeles Times*, 24.6.1990, A 41
4 *Forbes*, 27.10.1986, S. 315
5 *Los Angeles Times*, 24.6.1990, A 40, vgl. *Time Magazine*, 6.5.1991, S. 53
6 *Los Angeles Times*, 24.6.1990, A 40
7 *St. Petersburg Times*, 4.2.1990

8 *Time Magazine*, 6. 5. 1991, S. 53

9 *Los Angeles Times*, 25. 6. 1990, A 19

10 *Daily Herald*, 23. 7. 1988

11 *The Chronicle of Philanthrophy*, 13. Juni 1989

12 *Time Magazine*, 6. Mai 1991, S. 58

13 *Time Magazine*, 6. Mai 1991, S. 58

14 *Los Angeles Times*, 24. 6. 1990, A 39

15 *Los Angeles Times*, 29. Juni 1990, A 50

16 *The Quill*, Nov. / Dez. 1991, S. 37

17 *The Quill*, Nov. / Dez. 1991, S. 36

18 *Time Magazine*, 6. Mai 1991, S. 52 und *Los Angeles Times*, 24. 6. 1990, A 36

19 *Los Angeles Times*, 27. 6. 1990, A 18

20 *Time Magazine*, 6. 5. 1991, S. 56

21 Medizinischer Name: Fluoxetine Hydrochloride

22 Medizinischer Name: Methylphenidate Hydrochloride

23 Vgl. *The Wall Street Journal*, 19. 4. 1991, S. 1 f und *Los Angeles Times*, 29. 6. 1990, A 48

24 *Time Magazine*, 6. 5. 1991, S. 56, vgl. *Los Angeles Times*, 27. 6. 1990 A 19 / 20

25 *Los Angeles Times*, 25. 6. 1990, A 18

26 *Los Angeles Times*, 27. 6. 1990, A 19

27 *Time Magazine*, 6. 5. 1991, S. 54

28 *Washington City Paper*, 8. 3. 1991, S. 15, *Los Angeles Times*, 28. 6. 1991, A 21 / 22, *Time Magazine*, 6. 5. 1991, S. 57

29 T. Robbins, W. Shephard, J. Mc Bride (Ed.), *Legal Protection for Freedom of Religion*, in: *Cult and Culture, and the Law*, Chico California 1985, S. 99

Karl Hermann

FILIALE BUNDESREPUBLIK

Wie der Scientology-Konzern die westdeutsche
Wirtschaft unterwandert

Es passierte in einer Hamburger Mailbox mit dem Namen «Front».
Jurastudent J. Sch. suchte gerade die elektronischen Brieffächer nach
Neuigkeiten ab, da flackerte eine Stellenanzeige über den Bild-
schirm: «Hallo! Wir suchen immer wieder Leute, die Lust haben, bei
uns mitzuarbeiten. *Cosmos Computer GmbH und Co. KG.* Bitte Mail an
mich. Steven King.»

Als J. Sch., Username «Akira», um genauere Informationen bat,
schickte Steven ihm eine geheimnisvolle Message: Man sei «ein
Team von jungen Leuten – ganz anders als die anderen Computerfir-
men» – und dabei, «durch Verkaufen ganz groß abzusahnen». Was
an der Firma «anders» war und worauf sich das «Absahnen» bezog,
sollte J. Sch. erst einige Wochen später erfahren. Da hatte er schon bei
Steven angeheuert – zum versprochenen Stundenlohn von 20 Mark.

An dem *Cosmos*-Büro am Steindamm faszinierte den Computer-
Freak nicht nur die selbstgebastelte Telefonanlage. «An den Wänden
der Geschäftsräume hingen abgefahrene Bilder», erinnert er sich,
«Szenen aus Sciene-fiction-Filmen, die im Weltraum oder gar in der
Zukunft spielten.» *Cosmos*-Geschäftsführer war ein gewisser Stephan König, ein junger Typ im Nikipullover mit einer kraftvollen
Ausstrahlung. Auch die anderen Mitarbeiter wirkten freundlich und
kompetent. Es herrschte ein angenehmes Betriebsklima. Doch sehr
bald merkte J. Sch., daß mit der Firma etwas nicht stimmte.

«Da waren so hypermoderne Organisationsstrukturen», weiß er
noch. An der Wand hing ein «Org-Board», das für jeden Mitarbeiter
einen festen Platz vorsah. Die weitverzweigte Hierarchie reichte vom
«Treasury Department» bis zum «Sales Officer», was angesichts der
drei Mitarbeiter etwas übertrieben wirkte. Die Firmenziele («Hoch-
wertige Dienstleistungen und Produkte») wurden als sogenannte
«Policies» (Pläne) fixiert und waren so übersichtlich angebracht wie
die Badeordnung in einer Schwimmhalle.

Überhaupt die Sprache: Geschäftsvorgänge wurden als «Zyklen»
bezeichnet, die interne Kommunikation als «Com». Dazu gab es ein

«ComCenter», das seine Existenz einer Ansammlung von Com-Körbchen verdankte, in die legte nun jeder seine persönlichen «Zyklen» ab. J. Sch. erfuhr, daß ein guter «Zyklus» nur unter genauester Beachtung des sogenannten «ARC-Dreiecks» (Affinität, Realität und – was wohl – Communication) zustande käme und daß sich dies wiederum positiv auf die «Com-Linie» auswirke. Und immer wieder fiel der Name eines Mannes, der die Quelle dieser babylonischen Sprachverwirrung zu sein schien: L. Ron Hubbard. Da dämmerte es Akira, daß er einer Sekte in die Hände gefallen war.

Steven King, wie sich König in Anlehnung an den Meister des Monströsen, mit v statt mit ph, nennt, ist innerhalb der Scientology-Organisation kein Unbekannter. «Patron of the Association» heißt er in einer internen Mitgliederbroschüre. Mindestens 40 000 Dollar hat er in die sogenannte «Kriegskasse» eingezahlt, dem Schnüffel- und Propagandafonds der Scientologen, aus dem die Einschüchterungskampagnen gegen echte und vermeintliche Gegner finanziert werden.

Auch ansonsten ist König nicht gerade mittellos: ihm gehören Immobilien in Hamburg und Bremerhaven, darunter das Kur- und Fitnesszentrum Hanstedt. Neben seiner Einzelfirma *König KG* ist er an weiteren Firmen beteiligt: an der schon erwähnten Computerfirma *Cosmos*, an einer Vertriebsfirma für Heizkessel aus Schweden *HAUS* sowie an einer dubiosen Im- und Exportfirma für ein Haarwuchsmittel aus Mexiko *TOME*. Das Netz der Verflechtung von Scientology-Unternehmungen im Umfeld von Stefan König reicht von der *BLITO-P 3*-Werbeagentur (Geschäftsführerin: Luise Berrang) über die Lübecker Firma für Außenwerbung *HANSE* bis hin zur Schwaaner Niederlassung der Scientology-Firma *Heilig-Werbeideen*. Und nebenbei findet König auch noch Zeit, sich als Vereinsgründer zu betätigen: Der «Verein gegen Haarlosigkeit» verdankt sein gemeinnütziges Wirken einer Initiative des *Cosmos*-Geschäftsführers. Glatzen und Computer? Falsch gedacht: der Verein dient als flankierende PR-Maßnahme für die Kosmetik-Firma *TOME*.

König, seit Mitte 1989 bei Scientology und mit 25 schon in der Führungscrew, ist ein Muster-Scientologe wie aus dem Hubbard-Handbuch. Dessen Credo ließ sich zeitlebens auf einen Satz reduzieren: «Mach Geld, mach mehr Geld, mach, daß andere Leute Geld machen.» Und wirklich: keine andere Sekte predigt so unverdrossen ein phantasieloses Profitstreben wie der unbestrittene Bestseller des ehemaligen Science-fiction-Autors. Während die «Kirche» (geschätzte Jahreseinnahmen: weltweit über 1 Milliarde Mark) ihr Fußvolk nach Kräften schröpft, betreiben die Führungskader das Geschäft mit dem Nachlaß des 1986 verstorbenen Hubbard: Die wirren Ideen des pathologischen Dauerredners werden als sogenannte «L. R. H. Admin Tech» in Form von Lizenzen rund um den Globus weiterverkauft.

Oberster Lizenzgeber, eine Art Sekten-Holding, ist das «World Institute of Scientology Enterprises» (WISE) mit Sitz in Clearwater/Florida. Ziele von WISE sind laut eines internen Stufenplans («Admin Scale») unter anderem «eine neue Zivilisation freier Wesen», «Ethik und Vernunft in der Geschäftswelt» sowie die «Verbreitung der Hubbard Management Technology auf der ganzen Erde». Im Briefkopf führt das Institut eine Löwin, die ihre Jungen schützt.

Der kämpferische Anspruch ist ernst zu nehmen. Das beweist auch das Protokoll einer geheimen WISE-Sonderveranstaltung am 4. Mai 1991 auf Schloß Philippseich bei Frankfurt. An einem schönen Frühlingstag rollen mehrere teure Limousinen über den Kiesweg, der zu dem Schulungszentrum des Management-Trainers und Scientologen Reinhold Stricker führt. Neben 20 führenden WISE-Mitgliedern sind auch so hochkarätige Sektenführer wie der deutsche Scientology-Präsident Helmut Blöhbaum, Claudia Kauer vom sekteninternen Geheimdienst OSA («Organisation für spezielle Aufgaben») und die Führungskader der «International Association of Scientologists» (IAS), Achim und Susanne Bendig, anwesend. Der Grund des Treffens: kritische Berichte in den Medien, die sich mit WISE-Firmen beschäftigen.

In aggressiven Tönen warnt Stricker vor dem Fernsehjournalisten Egmont Koch, der «durch's Land ziehe und versuche Scientologen zu interviewen». Als Gegenrezept empfiehlt Stricker, die Kritiker «lautstark zu untersuchen», getreu der Hubbard-Devise: «Angriff ist besser als Verteidigung.» Claudia Kauer entwirft einen Verhaltenskatalog im Umgang mit Journalisten: «Man sollte niemals Effekt sein zu den Fragen der Journalisten, sondern grundsätzlich selbst Fragen stellen und ihn in die Effektposition bringen.» Achim Bendig stellt als Sprecher der IAS für eine Gegenkampagne 3,3 Millionen Dollar aus der «Kriegskasse» in Aussicht. Am Ende verabschieden sich die «WISE-Members», nicht ohne der Hoffnung Ausdruck zu verleihen, daß dies die «letzte Schlacht in Deutschland» sei, «denn danach wird es für die SPs («Suppressive Persons», unterdrückerische Personen, d. A.) sehr schwierig werden.»

In der Tat: 1991 war für die scientologischen Wirtschaftsbosse ein hartes Jahr. Berichte in *Spiegel, Zeit, Wirtschaftswoche* und der *Hamburger Morgenpost* deckten die engen Verflechtungen von Scientology-Firmen mit großen Wirtschaftsunternehmen auf oder wiesen gar, wie im Fall des Hamburger Immobilienspekulanten Götz Brase, Geschäftskontakte mit FDP-Politikern nach. Der Fraktionsvorsitzende der Liberalen in der Hamburger Bürgerschaft, Frank-Michael Wiegand, vermittelte dem Scientologen und FDP-Mitglied Brase über seine Firma Jendrusch & Partner eine Wohnanlage im Wert von 4,5 Millionen Mark und kassierte dafür eine Courtage von einer Viertelmillion. Der starke Mann des rechten Flügels der Hamburger FDP, der millionenschwere Großkaufmann Kai Wünsche (Jahresumsatz: 1,2 Milliarden DM), half seinem Parteifreund sogar mit einem Darlehen von einer halben Million Mark aus und erhielt dafür als Sicherheit die Eintragung einer Grundschuld u. a. auf das Eppendorfer Dianetik-Zentrum. Als FDP-Vorsitzender Lambsdorff von den Verstrickungen seiner Schützlinge erfuhr, schäumte er vor Wut. Seinem Statthalter in Hamburg, Robert Vogel, legte er nahe, «den Schweinestall auszuräumen», sprich die FDP-Mitglieder Brase und Marlies Seyfi, Präsidentin des (Scientology-)«Verbandes verantwortungsbewußter Geschäftsleute» (VVG) aus der Partei zu werfen. Eine Entscheidung, die übrigens im Fall Brase noch aussteht.

Ein Jahr zuvor hatte die Berliner Stadtillustrierte *Prinz* ein anderes Scientology-Unternehmen mit besten Kontakten zur Berliner Geschäftswelt enttarnt: die Personalberatungsfirma *U-Man*, die mit Persönlichkeitstests aus der Gruselkammer des Psychokults (Frage 104: «Müßten Sie sich eindeutig anstrengen, um an Selbstmord zu denken?») um Kunden wirbt. Neben Versicherungsagenturen und Immobilienfirmen gingen auch die Deutsche Krankenversicherung und die Berliner Volksbank dem *U-Man*-Geschäftsführer Farhad Raschidi auf den Leim. Bei der kapitalschweren Rundfunkkette Radio Wegert gelang der Sekte sogar ein Coup: Mit Karl-Erich Heilig, der erst im letzten Jahr eine Viertelmillion Mark in die «Kriegskasse» der Scientologen einzahlte und sich damit zum «Patron Meritorious» mauserte, konnte sie einen hochkarätigen Scientologen als Assistenten der Geschäftsleitung einschleusen. Heilig triezte die Mitarbeiter bis zu seiner Vertragsauflösung, die «im gegenseitigen Einvernehmen» erfolgte, wie Michael Wegert betont, mit regelmäßigen Drillübungen, sogenannten «Trainings-Routinen» (TRs), bei denen sich die Anwesenden stundenlang anschreien müssen.

Vor allem auf eine Klientel haben es die WISE-Firmen immer wieder abgesehen: auf das erfolgshungrige Führungspersonal der deutschen Wirtschaft. In bemerkenswerter Offenheit macht dies der *U-Man*-Lizenznehmer Deutschland, der Hamburger Immobilienkaufmann Thomas Ganz, in einem Schreiben an potentielle Franchisenehmer (Franchise-Gebühr: 70 000 Mark) deutlich. Darin heißt es: «Der Vorteil von *U-Man* ist, daß *U-Man* in den meisten Fällen Meinungsführer anspricht... sich auf die VIPs ausdehnt und somit Personen die Brücke (das Dianetik-Programm, d. A.) hochgehen, die wissen, was sie wollen.» Ganz, der sich seiner Kontakte zu Edeka, Karstadt, VW und Air France rühmt, erwähnt auch ein Beispiel: «Die Gruppe *U-Man* in Schweden hat es fertiggebracht, in einer Woche sechs Leute auf der Brücke starten zu können.» Im Klartext: Der normale Geschäftskontakt dient nur als Vorwand, um kapitalkräftige Kunden in den Dunstkreis der Sekte zu ziehen.

Kein Wunder also, daß die meisten WISE-Firmen im lukrativen Geschäft der Managementberatung aktiv sind, auch wenn dabei die Fähigkeiten nur selten dem Anspruch genügen. Da ist etwa der passionierte Flieger Axel Fehling mit seiner Unternehmensberatung *On Top*. Die schlichte Devise des angeblich «erfolgreichsten Effizienz-Trainers Deutschlands» lautet: «Man muß die Treppe von oben nach unten kehren.» Also setzt Fehling bei den «Topmanagern» an. Zu seinem Kundenkreis zählen nach eigener Auskunft Unternehmen wie Henkel, Siemens, Daimler Benz, Philipp Morris und Kodak.

Doch was er den Herren aus den Führungsetagen nun verkauft, darüber hüllt sich das Genie in Schweigen. Fehling in einem Buch seines Sektenkollegen Ha. A. Mehler *(Selfmademen und Millionäre)*: «Das ist ein heikler Punkt, denn das Verblüffende an dieser Trainingstechnologie ist ihre Einfachheit.» Nach weiteren bohrenden Fragen des Interviewers, «ihm wenigstens einen Zipfel des Geheimnisses zu offenbaren», gibt Fehling zu Protokoll: «Theoretisch ganz einfach: Man nimmt eine Sache in die Hand und erledigt sie sofort.» Eine Einschränkung läßt er immerhin gelten: «Das Handicap in der Praxis liegt leider oft darin, daß eben ein großer Teil der anfallenden Arbeiten praktisch nicht sofort erledigt werden kann.»

Was hier im Gewand der Business-Beratung als höherer Blödsinn daherkommt, findet offensichtlich Abnehmer. Als seinen «größten geschäftlichen Erfolg» erwähnt Fehling fünf Vorträge, «die je eineinhalb Stunden dauerten und jeweils mit DM 1100,– + Spesen + MwSt honoriert wurden». Auf 600 000 Mark beziffert die Auskunftei Schimmelpfeng den Jahresumsatz von *On Top* für 1988. Fehling selbst gibt für den gleichen Zeitraum eine etwas großzügigere Summe mit vage «über eine Million DM» an.

Neben Fehling versuchen weitere selbsternannte Unternehmensberater einen Fuß in die Türen der Führungsetagen zu bekommen: der Hamburger Diplomingenieur Andreas Gross, die Herausgeber der Sachbuchreihe zum Thema Geld und Management, Ha. A. Mehler und Klaus Kempe, der schon erwähnte Inhaber des Instituts für *Coordination, Communication und Innovation (CCI)* auf Schloß Philippseich, Reinhold Stricker, das Ärztehepaar Gottfried und Karin (Zielko-)Lange mit seiner Firma *Gotho Berlin* («High Power Training Systems»), der Unternehmensberater Detlef Eich, der Inhaber der Beratungsfirma *Ursache Management*, Christian Leber, der Diplomingenieur und Dianetik-«Clear» von *KRG-Management-Systeme*, Carsten Peters, die *Business School Hamburg* an den Colonnaden 13 mit ihrem Trainingskonzept «Erfolg und Profit durch Erfahrung», die Personalberatungsfirma *Choice International*, der Finanzberater und Inhaber des schwarzen Gürtels (Taekwon-Do), Ernst Haible, der Rechtsanwalt und höhere OT-Grad Hanns-Ulrich Bühler, der Inhaber der Vertretung von *New Ages Management Services AG*, USA, Alejandro Alvarez, der ehemalige Scientologe Jörg Stallmann, der unter der Bezeichnung *Management-Service* immer noch Scientology-Kurse anbietet, das Motivationstraining *Coaching Jahn* aus München, die Firma *Dr. Gach + Partner*, die *Akademie für Führung und Kooperation* aus Hamburg, bei der die ehemalige Leiterin der Akademie des Handwerks, die Scientologin Christine Kischke-Wolbrandt, Mitgesellschafterin ist, die *Akademie für Management und Kommunikation* aus Wiesloch, die trotz entsprechenden Schulungsmaterials einen direkten Draht zu Scientology bestreitet, sowie das Trainer-Trio Wolfgang Zabel, Dieter Schmitt nebst Ehefrau Jeanette aus Stuttgart.

Sie alle arbeiten mehr oder weniger nach der Hubbard-Methode der Management Technology – in einer Mischung aus Naivität und Verbohrtheit, die selbst bei gutwilligen Beobachtern mitleidiges

Kopfschütteln hervorruft. Jeanette Schmitt von Zabel & Schmitt: «Mit NED für OTs können wir alles handhaben, jeden Teil des Universums, jedes Problem, das sie haben, und sogar Dinge, von denen sie nicht wußten, daß sie es haben.» Gerade letzteres dürfte sich dabei für die Mitarbeiter der entsprechend «gehandhabten» Unternehmen als eine eher unangenehme Überraschung herausstellen.

Klaus-Peter Spiel war bis zu seinem Kontakt mit der «Kirche» ein beliebter Chef. Der Handel mit gebrauchten Computern florierte. Spiel zahlte gut. Die 40 Mitarbeiter – unter ihnen viele Ausländer – fühlten sich bei *DCS* so wohl, als wäre es ihre eigene Firma. Doch dann trat eine merkwürdige Veränderung ein. Spiel, der nach Aussagen ehemaliger Mitarbeiter jedesmal darunter litt, wenn er einen Angestellten entlassen mußte, entwickelte eine kaltschnäuzige «Hire and Fire»-Politik. Zudem trat eine Personalberatungsfirma auf den Plan: *Choice International*. Sie rekrutierte neues Personal mit Hilfe von Persönlichkeitstests und mischte sich in die Firmenpolitik ein. Täglich riefen Leute an, sogenannte Case Supervisors, die verlangten, den Firmeninhaber zu sprechen, selbst wenn dieser eigentlich nicht zu sprechen war. Meistens ging es um Kurse, die er belegen sollte, oder um Bücher und Broschüren. Als die scheinheiligen Personalberater auch noch ganz offen in der Firma zu missionieren begannen, platzte vielen der Kragen. Sie kündigten.

Inzwischen – der Chef verschwindet immer wieder zu Kursen und sogenannten «WISE Charter Committees», während seine Frau, die amerikanische Sängerin Lee Spiel, sich auf Hochglanzprospekten als «Celebrity» vermarkten läßt – ist die Lage brenzlig geworden. Die hohe Personalfluktuation droht dem Unternehmen das Rückgrat zu brechen. Die durch intensive Pflege entstandenen Geschäftskontakte beginnen zu bröckeln.

Daß immer wieder Führungskräfte aus der Wirtschaft dem schlichten Charme der Seelenfänger erliegen, mag mit den besonderen beruflichen Anforderungen zu tun haben. Arbeitsstreß, Erfolgsdruck und die oft fehlende Gelegenheit, um mit sich selbst ins reine zu kommen, fördern den Hunger nach philosophischem Fast food. Während viele Religionen den Weg zur Seligkeit mit beschwerlichen Hindernissen gepflastert haben, verspricht Scientology eine komfortable Lösung: Erleuchtung per Knopfdruck, Erkenntnis im Fernkurs. Der Fortschritt läßt sich bequem über den Terminkalender steuern. Selig sind, die die Kreditkarte zücken.

Dahinter steckt eine rüde Infantilität. Hubbards Management-Modell funktioniert wie Dallas und Disney-Land. Es verspricht die Erfolgreichen noch erfolgreicher zu machen, die Leistungsträger noch leistungsfähiger. In der komplexen Welt der Banker und Börsianer appelliert Scientology an den Mythos der Machbarkeit des Glücks. *Magie des 20. Jahrhunderts* wurde die Sekte daher auch zu Recht von Friedrich-Wilhelm Haack genannt.

«Wer Ihnen einreden will, das Leben sei kompliziert, und nur, wer kompliziert denkt, sei klug, der weiß nichts», zitiert die *Wirtschaftswoche* die Leiterin des Düsseldorfer Celebrity Centers, die Sektenmanagerin Adelheid Rech-Gesche. Doch welch geradezu verheerende Folgen die «L. R. H.-Tech» mit ihren unmenschlichen Trainingsroutinen, dumm-schematischen «Admin Scales» und aggressiven «Ethik-Policies» auf leidlich funktionierende Unternehmen haben kann, konnte man erst vor kurzem am Beispiel der Immobilien-Gruppe Ganz in Hamburg sehen.

Mai 1992. Das *Hamburger Abendblatt* hat soeben die Scientology-Kontakte des Immobilienkaufmanns Thomas Ganz offengelegt. Besorgte Bauherren rennen dem Vorzeige-Scientologen in seinem Büro in der Stresemannallee die Bude ein. Erst sind es nur ein paar, dann werden es immer mehr. Sie wollen wissen, wann endlich ihre Häuser fertiggestellt werden. Ganz redet sich heraus. Erst war es ein Buchhalter, der mit dem Geld durchgebrannt ist, jetzt sollen die Behörden schuld sein. Sie wollen sich angeblich nicht an der Erschließung beteiligen. In einem Brief an die privaten Auftraggeber läßt Ganz noch einmal alle Muskeln spielen. «Die I. G. Gruppe ist der größte Bauträger für private Bauvorhaben in Hamburg und Umgebung. Wir werden noch schneller daran arbeiten, die marktführende Position weiter auszubauen und zu festigen.»

Die Wahrheit sieht anders aus: Das so gepriesene Firmenimperium (Motto: «Lassen Sie Profis für sich arbeiten»), das sich laut «Org Board» in 21 Departments mit so schönen esoterischen Bezeichnungen wie «Ursache» und «Erleuchtung» aufteilt, besteht seit Monaten nur noch aus einem Gerippe, ausgehöhlt durch hemmungslose Profitgier, unkontrollierte Privatentnahmen und katastrophales Mißmanagement. Die Wohnungsbaukreditanstalt winkt nur noch müde ab, wenn der Name *I. G. Immobilien* fällt. Handwerker und Zulieferer verweigern den Dienst, nachdem die Rechnungen nicht mehr bezahlt wurden.

Jetzt ermittelt auch noch die Staatsanwaltschaft. Anfangsverdacht: Konkursverschleppung und gezielte Ausblutung der Firma zugunsten der Scientology Church. Geprellt fühlen sich vor allem die kleinen Bauherren, die im Vertrauen auf zügigen Baubeginn ihre Wohnungen gekündigt haben und nun auf die Fertigstellung warten. Einige von ihnen leisteten Anzahlungen in Höhe von mehreren 10000 DM. Andere müssen feststellen, daß die Grundstücke, auf denen sie bauen wollen, mit bis zu einer Million Mark belastet sind.

Doch das läßt den Firmeninhaber kalt. Während seine Frau seelenruhig die immens teuren Scientology-Kurse in der europäischen Schulungszentrale Saint Hill / Großbritannien besucht, verhandelt Thomas Ganz mit der WISE-Zentrale um eine Lizenz zur Betreibung der Personalberatungsfirma *U-Man*. Die Lizenz soll 525000 DM kosten. 330000 DM schuldet er noch der internationalen *U-Man*-Präsidentin Lynn Irons. Am 5. Juni 91 schreibt er ihr: «Es gibt zwei Möglichkeiten, den Zyklus mit Dir abzuschließen: eine über die Belastung meines Vermögens, die andere, indem ich die Bank bitte, mir Geld für die *U-Man*-Lizenz zu geben. Eine dritte Möglichkeit wäre, die Produktion in meiner Firma zu erhöhen» – sprich, das Geld aus der Immobiliengruppe abzuziehen. Da letzte Möglichkeit die Staatsanwaltschaft auf den Plan rufen würde, bettelt Ganz seine Bank um einen Kredit an. Als Sicherheit bietet er eine Grundschuld über 500000 DM für das im Privatbesitz befindliche Bürogebäude in der Stresemannallee an – ein Objekt, das ohnehin schon mit 4,9 Millionen DM belastet ist.

Seine Bitte um Zahlungsaufschub ist vergeblich. Lynn Irons bleibt eisenhart. Schließlich kommt die ultimative Aufforderung zur sofortigen Überweisung des Restgeldes «by Overnight Mail»: «Please use DHL or FED EX, not bank transfer.» Die Schweizer Deckadresse, an die das Geld gehen soll, lautete: «*Fitrag-Finanzberatung und Treuhand,* Vorderrain 10-B, ZH-3068 Utzigen».

Es bleiben nicht die einzigen Summen, die aus der Firma direkt in die Sekte fließen. Thomas Ganz, ein operierender Thetan der Stufe V (Bekenntnis: «Ich habe immer gesagt, daß diese Technologie mit Geld nicht zu bezahlen ist»), dürfte für seine Scientology-Grade weit mehr als eine halbe Million Mark im amerikanischen Schulungszentrum Flag durchgebracht haben. Und selbstverständlich schmücken sich die beiden Ganz-Brüder, Volker und Thomas, auch mit dem Titel «Patron», was bedeutet, daß sie mehr als 80000 Dollar in die

«Kriegskasse» eingezahlt haben. Die geprellten Bauherren und Handwerker werden es mit Verbitterung zur Kenntnis nehmen.

Doch jetzt gibt es nichts mehr, was noch gespendet werden könnte. Die Gerichtsvollzieher geben sich die Klinke in die Hand, das finanziell ausgeblutete Unternehmen rutscht immer tiefer in die roten Zahlen und ist am Ende nicht einmal mehr in der Lage, sämtliche Gehälter zu bezahlen. Täglich kommen Anrufe aus Kopenhagen. Ein Sektenmanager verlangt die Bezahlung von ausstehenden Kursgebühren. Doch Ganz läßt sich verleugnen. Er hat sich in seine Chefetage zurückgezogen und brütet über den «roten Volumes» von L. Ron Hubbard. Und während die Firmen-Scientologen Thomas Reupke, Iris und Rüdiger Boy den täglichen Kleinkrieg mit Kunden und Kreditanstalten führen, betreibt ihr Boss eine Art autogenes Training. Er erstellt zahllose Stufenpläne, auf denen als «wertvolles Endprodukt» steht: «Die *I. G. Gruppe* wird stark und mächtig. Die *I. G. Gruppe* soll die am stärksten expandierende Immobilienfirma sein, die den gesamten Ruf der Immobilienbranche in ein positives Licht rückt.»

Ein Plan von Scientology zur Übernahme der deutschen Wirtschaft (Verwaltungsanordnung ED 1040) sieht unter anderem vier Schritte vor:

1. «Such Dir ein Geschäft aus, welches bereits sehr gut arbeitet.
2. Wende Dich an den höchsten Direktor. Biete ihm an, dafür zu sorgen, daß sein Geschäft ihm mehr Geld einbringt.
3. Lokalisiere SPs (Suppressive Persons: jemand, der Scientology stört) in der Organisation und wirf sie hinaus.
4. Auditiere die leitenden Angestellten und zeige ihnen, um was es sich handelt, das wird dann den Zyklus in Gang setzen: die leitenden Angestellten werden die Jungmanager und das andere Personal dazu drängen, Auditing zu nehmen.»

Was mit denen zu passieren hat, die den Scientology-Frieden stören, kann man in der Schrift der Scientologin Ruth Minshull nachlesen: «Sobald Sie den SP ausfindig gemacht haben, fällt Ihnen unter Umständen eine schnelle Lösung ein. Leider ist sie ungesetzlich.»

Das spürbare Bedauern, den Fesseln des Strafgesetzbuches derzeit noch ausgeliefert zu sein, war auch dem Chef der Textilhandelskette *Vanessa* (32 Filialen) in Bracht bei Mönchengladbach, Dieter Schulz, anzumerken. Er machte vor zwei Jahren von sich reden, als er einen von Scientology initiierten «Ethik»-Katalog in seiner Firma einführte. Das zur Ausbildung von Verkäufern dienende Papier gipfelte in dem Satz: «Wir haben Dich lieber tot als unfähig.»

Das sei doch «überspitzt lustig» ausgedrückt, vermißte Schulz den nötigen Humor unter seinen Mitarbeitern und zog das umstrittene Papier zurück, nicht ohne den vielsagenden Hinweis, daß es «im Grunde genommen seine Sache» sei, was in der Firma passiere. Inzwischen mußte sich Schulz wegen seiner Ausbildungspraktiken auch vor Gericht verantworten. Anklage: Nötigung.

Auch ein anderer Unternehmer verlor bei der Umsetzung von Hubbards Management-Technology jegliche Beherrschung: der Dortmunder Keksfabrikant Werner Braunmüller, Herr über 130 Mitarbeiter. Per Hausmitteilung unterrichtete er die Angestellten im verquasten Scientology-Vokabular: So erfuhren von der Sekretärin bis zum Lagerarbeiter, was man unter dem Begriff «Potential Trouble Source» (PTS) zu verstehen hat: eine Quelle potentiellen Ärgernisses, die laut Hubbard jeden daran hindert, im Scientology-Kosmos einen «Fallgewinn» zu machen. Typ A ist besonders gefährlich, weil er sich sehr leicht in einen «SP» (siehe oben) verwandeln kann. Das Braunmüller-Rundschreiben gab es auch auf türkisch.

Für seine Manager hatte sich der Keks- und Waffelfabrikant einen besonderen Leckerbissen ausgedacht: Auf Firmenkosten schickte er sie zur Celebrity-Chefin Adelheid Rech-Gesche nach Düsseldorf, wo sie zu Auditoren der Klasse IV ausgebildet wurden. Wer erfolgreich abschloß, erhielt auf sein Grundsalär einen Zuschlag von bis zu 2500 DM monatlich. Wem allerdings während der Ausbildung Zweifel kamen, so daß er ausstieg, dem brummte Braunmüller die Kosten in Höhe von mehreren 1000 DM auf. Auf diesen Psychodruck hatten manche der hochqualifizierten Manager keinen Bock: sie kündigten.

Auch anderswo bewirkte das angebliche «Effizienz-Training» das genaue Gegenteil von dem, was eigentlich beabsichtigt war. Beispiel: die Stahlhandelsfirma *Rudolf Willems*. Der promovierte Rechtsanwalt war Anfang der Achtziger zu den Scientologen gestoßen und ging nun mit Feuereifer daran, seine Firma, einen gutgehenden Familienbetrieb, nach Hubbards Management-Modell umzukrempeln. Mitarbeitern seiner Verkaufsabteilung verordnete Willems Seminare bei *CCI*-Chef Reinhold Stricker, dem Schloßherrn von Philippseich. In einer «Ergänzung zum Dienstvertrag» verpflichtete er seine Abteilungsleiter nicht nur zur Durchführung eines fünfjährigen Scientology-Kursprogramms, sie mußten zudem auch noch in einer «Vereinbarung zur Sicherung der Vertraulichkeit» Stillschweigen über die psychische Vergewaltigung bewahren. Die Vertragsstrafen sahen bei einem Verstoß eine Summe von bis zu 50000 DM vor. Eine eigens eingerichtete «Ethik-Abteilung» überwachte die Maßnahmen und verhängte im Bedarfsfall Sanktionen. Die Wirkung war enorm. Innerhalb von drei Jahren hatte mehr als die Hälfte der Belegschaft die Kündigung eingereicht. Auch unvertretbar hohe Privatentnahmen aus der Firmenkasse – über eine Million Mark gab Willems allein für Scientology-Bücher aus – trieben das Unternehmen in den Konkurs. Das Ende war auch eine menschliche Katastrophe: Im November 1987 fand man den Stahlhändler tot in seiner Villa. Er hatte sich erschossen.

Von solchen Turbulenzen ist die Firma *Cosmos* in Hamburg unter ihrem Geschäftsführer Stephan König weit entfernt. Das Unternehmen ist zwar alles andere als erfolgreich, doch an einer ernsthaften Geschäftstätigkeit scheint König, alias Steven King, ohnehin nicht interessiert. Die Großkunden, deren sich *Cosmos* rühmt – die Zahnradfabrik Altona Elbe oder die Fielmann-Tochter Scheffler – haben schon seit langem nichts mehr bei der Firma bestellt, und auch die sonstigen Umsätze halten sich in Grenzen. Selbst die als «exklusiv» gehandelte Softwarelösung *PPS* (Produktions- und Planungssystem), deren Quellcode, wie König seinen Kunden mitteilen zu müssen glaubt, aus «Sicherheitsgründen in einem Banksafe verwahrt wird», ist nach Meinung von Experten kaum die 5½-Zoll-Diskette wert, auf der sie gespeichert ist.

Cosmos ist in Wahrheit ein hohler Kokon, eine Geldmaschine auf Abruf, die wie die anderen Firmen der König-Kette immer dann angeschmissen wird, wenn sich ein interessantes Geschäft anbahnt. Längst haben clevere Scientologen kapiert, wie man ohne lästige Publicity das Hubbard-Modell zum Laufen bringt. Statt Riesenapparate, die im grellen Scheinwerferlicht der Medien stehen, wird ein kleines Netz von kompliziert miteinander verschachtelten Firmen bedient. Die Mitarbeiter – meist Angehörige der Sekte – werden zwischen ihnen wie Schachfiguren verschoben. Während die *König-KG* ihr Kapital in ein lukratives Geschäft pumpt, ist ein anderes gerade illiquide. So kann König in der Rolle des *Cosmos*-Geschäftsführers den Gläubigern des Computerhauses gegenüber bedauernd mit den Achseln zucken, während er noch am gleichen Tag als Inhaber der *König-KG* einen BMW 735i – Kostenpunkt: 68000 DM – in bar bezahlt. Geradezu frech ist dieses Bäumchen-wechsle-dich-Spiel, wenn König in einem Brief an das Finanzamt Hamburg die Inaktivität der *Cosmos Computer GmbH & Co KG* wie folgt begründet: «Kommanditist der KG war Herr Stephan König mit einer Einlage von DM 200 000,00. Die Einlage war in Geld zu erbringen und ist bislang noch nicht erfolgt. Mit freundlichem Gruß, Stephan König.»

Auch J. Sch. hatte sich seinen Job bei der Computerfirma zunächst anders vorgestellt. Seine erste Aufgabe bestand darin, in einem Rundschreiben der Firma an Adressen in den neuen Bundesländern das Datum zu übermalen. Nachdem er aus 5000 Zweien 5000 Dreien gemacht hatte, setzte man ihn ans Telefon. Er sollte Schuldner der Firma anrufen und sie zum Zahlen bewegen. Als er damit nach anderthalb Monaten durch war, hätte er bei seinem Chef gleich weitermachen können. Der behauptete nämlich dreist, daß von einem Arbeitsvertrag nie die Rede war. Sch. klagte und gewann. Für König eine Lappalie. Da sind andere Probleme ernster.

Es ist Winter 91, und in den neuen Bundesländern herrscht Not. Die Heizungen werden von Kohle auf Gas umgerüstet, doch die Lieferanten Vissmann und Buderus kommen nicht nach. Lieferengpässe bedingen Vorlaufzeiten von bis zu sechs Monaten. Da reift bei Stefan König eine Idee. Warum nicht Heizkessel importieren und sie über ein eigenes Vertriebssystem absetzen. Die Firma *HAUS* wird gegründet. Anfangs werden ihm die Importkessel der schwedischen Firma DIOM aus den Händen gerissen, obwohl die Käufer eine Anzahlung leisten müssen und das Heizgerät nur auf dem Papier existiert. Doch dann kommt Sand ins Getriebe: Die Kessel müssen erst noch vom Technischen Überwachungsverein geprüft werden und stoßen dort auf Kritik. Erhebliche technische Mängel führen immer wieder zu Modifikationen, Lieferschwierigkeiten und in der Folge zu Verzögerungen beim Einbau. Die Kunden werden sauer.

Auch die Verkäufer, die erst nach Abschluß des Geschäfts ihre Provision erhalten, verlieren allmählich die Lust: der Verkauf stagniert, Heizungsbauer lassen die Montagetermine platzen. Schließlich summiert sich das Minussaldo auf knapp eine halbe Million Mark. König beruhigt die Gläubiger: «Sicher werden Sie verstehen, daß wir angesichts der unerwartet hohen Expansion einen Bereich unseres Betriebs vernachlässigt haben: die Buchhaltung.» Doch einigen fehlt dieses Verständnis: Sie klagen.

In seiner Not erfindet König einen Ausweg. Wenn Lieferung und

Montage Schwierigkeiten bereiten, dann sollen die Kunden das Gerät doch selber einbauen: der sogenannte «König-Kessel» ist geboren. Alle Teile werden vom Kunden nach einem vorbereiteten Checksheet montiert. Die Abnahme erfolgt durch ausgewählte Heizungsbauer. Sie erhalten jeweils ein bestimmtes Arbeitsgebiet, um behördlichen Auflagen zu genügen. Das Fazit von Stefan König: «Mit diesem Konzept erlangen wir die komplette Kontrolle über unsere Kunden. Kontrolle entspricht Einkommen.»

Was bei der Firma *HAUS* noch relativ einfach erscheint – die erwähnte Kontrolle über den Kunden –, wirft bei der Firma *TOME* schon größere Schwierigkeiten auf. Der Kosmetikvertrieb, an dem König mit 20 Prozent beteiligt ist, hat von der Firma des mexikanischen Super-Scientologen David Agami, *Ma Evans*, die Lizenz für ein Haarwuchsmittel erworben. Nun sucht man nach einer zündenden Idee für die Vermarktung. Das Mittel selbst, so weiß man inzwischen, ist so wirksam wie Naturdünger in der Wüste.

Während man bei den Mexikanern tonnenweise Shampoos und Gel bestellt, sich für den Aufbau des Verkäufernetzes die Provisionsunterlagen der umstrittenen Versicherungsagentur Amway kommen läßt, wird parallel ein Verein «gegen Haarlosigkeit» gegründet. Seine Aufgabe ist es, die *Ma-Evans*-Produkte in die Presse zu schieben – garniert mit herzzerreißenden Erfahrungsberichten über das neue Wundermittel. Der Coup gelingt. Die Sender geben sich die Klinke in die Hand. Auch ein paar Scientologen stricken mit an der großen Story. In einem Brief an den Münchner Journalisten Hartmut Zingel fragt König-Freundin Sabine Fankhänel im Sekten-Jargon an, ob da nicht «ein Fernsehbeitrag» über «Deine comm lines» möglich sei – «much love, S. F.».

In der Folge laufen im *TOME*-Büro, dicht neben den *Cosmos*-Räumen, die Telefone heiß. Vor allem alte Leute wollen mehr über das Wunder an der Wurzel wissen. *TOME*-Geschäftsführer Rüdiger Tuschen gibt bereitwillig Auskunft: «Tests des Vereins gegen Haarlosigkeit... haben ergeben, daß durch unser Mittel nicht nur die Durchblutung der Kopfhaut angeregt wird, sondern auch an völlig unbehaarten Stellen des Kopfes sich neue Haarwurzeln bilden und neues Haar wächst.» Dann wird er konkret: «Das Geschenkset mit Lotion und Shampoo kostet 160 Mark.» Gerade mal 10 $ kostet das «Naturmittel» im Einkauf.

So skrupellos, wie König und Konsorten ihre Kunden abkochen, so rüde sind sie auch im Umgang miteinander. Ob Fankhänel oder König, sie alle bespitzeln sich gegenseitig – mit einem Schnüffeleifer, der selbst die «Leistungen» von Stasi-Offizieren in den Schatten stellt. In sogenannten «Knowledge Reports», die an die Hamburger Org oder das «WISE Charter Committee» gerichtet sind, werden selbst intime Details preisgegeben. So berichtet etwa Stefan König haarklein von einem Aufenthalt bei den Eltern seiner Freundin Sabine Fankhänel: «Nach dem Weihnachtsessen nahmen mich der Vater (sehr erfolgreicher Unternehmer) und der Bruder (Computer-profi) zur Seite, um mit mir über Scientology zu sprechen. Beide haben recht viel Charge (Kritik, d. A.) auf Scientology, und ich habe dieses Gespräch, das 5 Stunden dauerte, genutzt, um sie ihre Charge kommunizieren zu lassen.» Am Ende eines seitenlangen Protokolls, das die Vorwürfe der Familie beinahe im Wortlaut wiedergibt, kommt König zu der beruhigenden Feststellung: «Alles in allem habe ich beide sehr gut in Comm gekriegt, hab auch zu beiden eine sehr gute Comm-Linie etabliert, habe mit dem Bruder noch ver-schiedene computertechnische Sachen abgesprochen. Er und seine Frau wollen mich im Januar in Hamburg besuchen.»

König Einfluß in der norddeutschen Scientology-Szene ist groß. Ganz unverhohlen droht er anderen zahlungsunwilligen Sekten-Fir-men, ihren «Zyklus auf WISE-Lines» zu übertragen. Ja, er schreckt nicht einmal davor zurück, die eigene Org anzuschwärzen. In einem Brief an den «Executive Director International» (ED Int), Guillaume Lesevre, dem zweiten Mann nach Scientology-Chef David Misca-vige, ist die Rede von geplatzten Bankchecks, von unbezahlten Rech-nungen und mysteriösen Überweisungen – Informationen, die ihm sein Bankmanager gesteckt hat. Doch mit der Verbreitung dieses Herrschaftswissens ist König zu weit gegangen. Wiebke Hansen, die Leiterin der Hamburger Org, zwingt den blutjungen Parvenue zum Unterwerfungsakt. Der *Cosmos*-King muß eine entwürdigende Pro-zedur über sich ergehen lassen, die in einer an Peinlichkeiten reichen Selbstkritik («Belastung: 3. Dynamik») gipfelt. König entschuldigt sich für alle Verfehlungen der Vergangenheit, selbst für die, mit der Frau eines Scientologen eine «Out-2D» begangen zu haben – was immer man sich darunter vorstellen mag. Und während Königs Weg nach ganz oben erst einmal gebremst ist, steigt im Hintergrund ein anderer Mann auf: einer, der weit gefährlicher und noch skrupelloser ist als der junge *Cosmos*-Chef Stefan König.

Der Name am Türschild in der 19. Etage des Hamburger Door-
mannsweg 22 weist nur zwei Buchstaben auf: *P&B*. Eine Zeile tiefer
steht: «Managementberatung». Keine Hinterhofklitsche wie manch
anderes Scientology-Unternehmen. Nein: ein Büro wie ein 600er
SEL – mit roten Teppichen, schweren Eichenholzmöbeln und einer
VAX im Vorzimmer. Aus den Fenstern fällt der Blick auf die Hamburger City, die tief unten geschäftig vor sich hin pulsiert, während
zu den vertraulichen Sitzungen die Herren im grauen Anzug ihre
tragbaren Telefone stummschalten. Detlef Foullois ist hier der Boss
und nicht nur hier: der Diplomingenieur, der im holsteinischen
Achterwehr einen ansehnlichen Besitz mit Reetdach sein eigen
nennt, ist in Deutschland derzeit die unbestrittene Nummer 1 im
Scientology-Konzern. Fast eine Million Mark hat er als Patron für
sich und seine vielköpfige Familie in die «Kriegskasse», dem Grad-
messer für «Power», eingezahlt. Seine Unternehmungen machen
Millionenumsätze. Sein Bruttoeinkommen beziffert er für 1991 nach
Abzug aller Unkosten auf etwa 650000 DM.

Foullois' Funktion im Spektrum der WISE-Firmen ist die wohl raf-
finierteste. Weit außerhalb des Schußfeldes von Presse und kritischer
Öffentlichkeit kontrolliert er mit seiner Managementberatung ein
ganzes Netz von Firmen, unter anderem auch die Haarwuchsfirma
TOME. Ein Vertrag regelt die Beziehungen. Doch während in Absatz 1 noch von «allgemeiner Geschäftsberatung» die Rede ist,
spricht Absatz 2 schon ganz unverhohlen von «Managementwei-
sungen». Absatz 3 läßt schließlich die Katze aus dem Sack: «Die
Vertragspartner sind sich darüber einig, daß sich die Parteien an
die Management-Richtlinien gem. Management Technology von
L. Ron Hubbard halten.» Der Rechtsweg ist ausgeschlossen.

Der Vertrag, der in fast allen Punkten gegen hiesige Rechtsgrund-
sätze verstößt, verlängert sich automatisch um zwei Jahre, wenn er
nicht mit einer Frist von einem halben Jahr zum Jahresende gekündigt wird. Für seine Dienste kassiert Foullois rund 10 Prozent der
Bruttoeinnahmen – so viel, wie ein Betrieb üblicherweise an Gewinn
ausweist. Der Vorteil dieser Regelung liegt auf der Hand. Kaum ist
ein Unternehmen als Scientology-Firma enttarnt und droht zu kol-
labieren, da hat Foullois mit seiner P&B die Gewinne längst abge-
pumpt. Die Gläubiger schauen in die Röhre.

An anderer Stelle und nach einem kompletten Facelifting wird
dann ein neuer Vertrag geschlossen. Viele Millionen sind schon auf

diese Weise über die Konten des Management-Beraters geflossen. Doch um das richtig große Geld wird es erst in Zukunft gehen. Am 26. Januar 1992 wird ein geheimnisvoller Bund geschlossen. Die Mitglieder verpflichten sich, über das «Projekt Elch» strengstes Stillschweigen zu bewahren. Im Fall der Zuwiderhandlung wird eine Konventionalstrafe von 100 000 DM fällig. Die Spur führt nach Leipzig.

DER GRIFF NACH OSTEN

Scientologische Beutezüge im ehemaligen
Arbeiter-und-Bauern-Staat

Die Akteure des Stücks scheinen einem zweitklassigen Wirtschafts-
krimi entsprungen zu sein. Ein abgebrühter Westler mit finsteren
Hintermännern wird enttarnt, taucht unter und wieder auf, macht
den großen Reibach und ist schließlich auf der Flucht. Ein paar dick-
köpfige Bauernschädel aus Mecklenburg pfuschen ihm ins Handwerk, stehen aber zu guter Letzt mit leeren Händen da. Als Statisten
treten auf: mittelständische Firmen in West und Ost, die viel Geld für
nichts auf den Tisch legen, und Menschen ohne Job und voller Zu-
kunftsangst. Ort und Zeit: der wilde Osten kurz nach der Wieder-
vereinigung.

Vorspann: Im August 1990 erscheint eine Reportage im Berliner
Stadtmagazin *Prinz* unter dem Titel «Die Headhunter von Scientology». Darin wird enthüllt, daß die Firma *U-Man International* mit
Sitz in Berlin-Wilmersdorf an zahlreiche West-Berliner Unternehmen den Hubbard-Persönlichkeitstest verkauft hat. Als Firmeninhaber fungiert der Zahnarzt und Scientologe Farhad Raschidi,
Ehemann der Berliner Scientology-Chefin Heidi Raschidi. Den
berüchtigten Test, den Experten als «reinen Mumpitz» bezeichnen,
gibt es im Berliner Hauptquartier der Scientology für Interessenten
gratis. Die betroffenen Firmen, darunter die Deutsche Krankenversicherung, eine Ford-Niederlassung und diverse Kleinbetriebe, haben
den obskuren Fragenkatalog gleich im Dutzend geordert und zum
Teil fünfstellige Summen gezahlt. 100 «U-Test-Analysen» im «Ser-
vice-Paket» kosten laut Preisliste 48 000 DM. Niemand ahnte, daß
sich dahinter die Hubbard-Ideologie verbirgt. Nachdem die Zusammenhänge bekanntwerden, brechen die meisten, aber nicht alle Unternehmen den Kontakt mit *U-Man* ab.
  Ganz besonders interessant liegen die Dinge beim Elektronik-Rie-
sen Radio Wegert. Dort war nämlich der Scientologe Karl-Erich
Heilig Assistent der Geschäftsleitung. Heilig hat in – laut Auskunft
der Geschäftsleitung nicht autorisierten – Briefen kräftig für die Hub-

bard-Tests die Reklametrommel gerührt. In einem Referenzschreiben an *U-Man* – mit Briefkopf von Radio Wegert – schreibt Heilig, also von Scientologe zu Scientologe: «Im Dezember 1989 haben wir mit Ihrem U-Test zwölf neue Mitarbeiter eingestellt. Schon nach kurzer Zeit können wir verblüfft feststellen, daß diese Mitarbeiter sich von den anderen auffallend positiv abheben.»

Michael Wegert bestreitet später die in einem Interview zu Protokoll gegebene Äußerung, er habe gute Erfahrungen mit dem Test gemacht. Richtig sei, so heißt es in einer Gegendarstellung, die nach mehrmonatigem Prozessieren abgedruckt wird, «daß mit Einstellungstests generell eine Beurteilung von Bewerbern für die Besetzung bestimmter Positionen erleichtert und die Personalauswahl somit verbessert wird». Wegert gibt jedoch zu, daß sogar ein «Kommunikationsseminar» unter der Leitung von Raschidi und des *U-Man*-Geschäftsführers Krebs stattgefunden habe. Niemand fällt der Zusammenhang zwischen der Hubbard-Heilslehre und den berüchtigten Kursen auf. Nach Bekanntwerden der Scientology-Connection werden die Mitarbeiter über die Machenschaften der Sekte ausführlich informiert, Karl-Erich Heilig jedoch verläßt, so die Geschäftsleitung, «aus persönlichen Gründen» und «in gegenseitigem Einvernehmen» schon vor der Enthüllungsstory die Firma. Danach bleibt er für längere Zeit von der Bildfläche verschwunden.

Die Strategie Heiligs und seiner Hintermänner liegt auf der Hand: «Suche dir ein Geschäft aus, welches sehr gut arbeitet», heißt es in internen Scientology-Direktiven, «Wende dich an den höchsten Direktor und verbreite Scientology. Lokalisiere SPs («suppressive Personen», d. h. Sekten-Gegner, d. A.), und wirf sie hinaus.» Diese Ethik samt den häufig angelegten «Ethik-Akten» fußt auf dem Prinzip, alle, die sich nicht reibungslos dem System anpassen, auszumerzen – Manchester-Kapitalismus auf dem Markt der Psychowahrheiten. Hubbard: «Nur Tiger werden überleben.» Doch nach dem vorläufigen Scheitern der Scientologen-Strategie in Berlin lassen neue Aktionen nicht lange auf sich warten.

Im Westen jedoch sind die Medien aufmerksam geworden. Viele Firmen, die potentielle Ansprechpartner für die Tarnunternehmen der Sekte sein könnten, lassen die Finger von den Angeboten des Hubbardschen Ideologie-Imperiums. Auf dem brachliegenden Seelenmarkt im Osten ist die Situation für Seelenfänger aller Art ungleich günstiger. Schon in der ersten Woche nach dem Fall der Mauer haben die Hubbard-Jünger knapp 3000 *Dianetik*-Bücher im Osten verkauft und 150 000 Handzettel an die (damals noch DDR-)Bürger verteilt. Gründungen von Sektenniederlassungen, im Scientology-Jargon meist «Dianetik-Zentren» genannt, lassen nicht lange auf sich warten – zum Beispiel in Leipzig.

Doch die Basis für eine Faszination durch die Sektenlehre ist in ehemals realsozialistischen Gesellschaften wie der DDR in mancher Hinsicht wohl doch schmaler als im Westen. Das ethische Vakuum allein reicht offenbar nicht aus. Wesentliche Voraussetzung für Sekten und sektenähnliche Gruppen wie die Scientology-Organisation sind Sinndefizite, die subjektiv empfundene Therapiebedürftigkeit entstehen lassen und in den alten Ländern den Psychoboom auslösten. Ein entsprechendes Milieu, in dem Begriffe und weltanschauliche Schablonen gedeihen, gab es im Osten nicht.

Der Schwerpunkt der Scientology-Aktionen in den neuen Bundesländern liegt daher nicht auf der direkten Werbung für die Heilslehre Hubbards, sondern auf wirtschaftlichem Gebiet. Man zäumt das Pferd also vom Schwanz her auf. Nicht der Aufstieg vom Normalbürger zum Übermenschen steht im Vordergrund, sondern die Schulung des verschlafenen Ossis zum knallharten westtauglichen Manager und Arbeitnehmer, der sich im Dschungel des kapitalistischen Arbeitsmarktes zu behaupten weiß – dank der «LRH-Tech» (L. R. Hubbard-Technology).

Zweiter Akt: Anfang Oktober 1990 tauchen in Schwaan, einer kleinen Landgemeinde in der Nähe von Rostock, Vertreter mehrerer norddeutscher Firmen auf. Die LPG in Schwaan befindet sich in Auflösung, man sucht händeringend Investoren, die die Arbeitsplätze erhalten. Der örtlich ansässige Schornsteinsanierer Uhrich hat offensichtlich vielversprechende Kontakte geknüpft und schon einen solventen Teilhaber für seine Firma gefunden, einen Herrn mit Namen Foullois, der nach eigenen Angaben mit einem Unternehmen im Rheinland knapp 50 Millionen Mark Umsatz gemacht haben will. Sein Name geht den Einheimischen zunächst schwer über die Zunge. Das wird sich jedoch bald ändern.

Foullois Sen. hat einen Sohn, Detlef Foullois, der sowohl an der wenig später gegründeten *Foullois-Uhrich Schornsteinsanierung GmbH* beteiligt ist als auch an zwei weiteren West-Firmen, der *DFI-Ingenieurtechnik GmbH* und der *HF-Unternehmenskonzepte GmbH*. Diese drei

Firmen machen den Bauern ein verlockendes Angebot: Sie wollen die LPG kaufen und gleichzeitig mindestens vierzig Arbeitsplätze erhalten bzw. schaffen. Das ist ein Argument, an dem niemand vorbeikommt: Schon im Dezember tritt die LPG zu einer Vollversammlung zusammen und beschließt, das ehemalige Haupt- und andere Gebäude, darunter auch die Tischlerei, an die Firmen zu vermieten. Zu einem Kaufvertrag kommt es jedoch nicht. Der Bürgermeister von Schwaan erinnert sich: «Die Eigentumsverhältnisse waren undurchsichtig.» Zu realsozialistischen Zeiten hatten zwei LPGs, die LPG Schwaan und die LPG Kassow, die Gebäude gemeinsam genutzt. Der Erwerb der LPG-Gebäude sei aber beabsichtigt gewesen.

Eine Sache kommt den Bauern jedoch merkwürdig vor: Der Nutzungsvertrag ist zwischen der LPG und einer Werbefirma abgeschlossen, die vorher nicht aufgetaucht war und für die Foullois Jun. als Geschäftsführer verantwortlich zeichnet. Dieses Unternehmen nennt sich *Karl-Erich Heilig Werbeideen*. Die Bedenken gehen jedoch im allgemeinen Jubel über die West-Investoren unter.

Dritter Akt: Die Merkwürdigkeiten häufen sich. Einige Schwaaner bewerben sich bei den neuen Herren der LPG. Auf den Bewerbungsbögen, die sie ausfüllen müssen, ist von einer *Unternehmensgruppe Heilig, Foullois und Uhrich* die Rede. In einem Arbeitsvertrag, den ein Handwerker unterzeichnet, findet sich die Passage: «Die Firma ist berechtigt, den Angestellten an jedem Arbeitsplatz der gesamten Unternehmensgruppe einzusetzen.» Eine Kündigung seitens der Arbeitgeberin sei schon dann Rechtens, «falls der Kaufvertrag mit der LPG über die Gebäude an der Bützower Straße aus von ihr nicht verschuldeten Gründen nicht zustande kommen sollte». Einige der ehemaligen Mitglieder der LPG füllen bei der Bewerbung den berüchtigten Hubbard-Persönlichkeitstest aus.

Alles deutet mittlerweile auf eine Sekte. Angestellte der Werbefirma werden für Scientology geworben, eine ehemalige Kaderleiterin der FDJ schwärmt schon für die Tests. Fremde Autos parken vor dem Firmengebäude, zumeist protzige Leihwagen aus dem ganzen Bundesgebiet. In den Räumen werden Veranstaltungen abgehalten, bei denen sich, so berichten Zeugen, die Teilnehmer wechselseitig anbrüllen. Im März findet ein Kursus zur «Philosophie des Managements» statt. «Wir dummen Ossis», sagt eine Betroffene, «haben uns darauf gefreut, nun ein wenig schlauer zu werden.» Statt dessen traktieren die Wessis – die komplette Leitung – die Angestellten mit englischen Begriffen und dem gelben *Dianetik*-Buch. Ein «Unternehmensberater» tritt auf und versichert, alle würden mit Scientology «erfolgreicher und fröhlicher». Eine Schwaaner Bürgerin, die das berüchtigte «Auditing» praktiziert hat, läuft, so wird erzählt, «tagelang mit glasigen Augen herum».

Einer der Angestellten wird es schließlich zu bunt: Als immer häufiger das Wort «Scientology» fällt – das sei, so die Auskunft, eine «Lehre von der Wissenschaft» –, informiert sie sich bei einer Sektenberatung. Ihre Entscheidung, nachdem sie sich sachkundig gemacht hat: «Geh da weg, solange du noch selbst denken kannst.» Kurz nach einer aufwendigen Gedenkveranstaltung in der Werbefirma zu «Rons Geburtstag» wird sie zu Geschäftsführer Detlef Foullois bestellt. Der schwelgt mal wieder in Hubbard-Zitaten. Nun hat die Angestellte «die Nase endgültig voll» und kündigt. So kommt sie nicht mehr in den zweifelhaften Genuß eines Betriebsausflugs in das Scientology-Hauptquartier nach Hamburg.

Helmut Schultz, ein Journalist der *Schweriner Volkszeitung*, recherchiert vor Ort. «Scientology gibt es hier nicht», bescheidet ihn eine der Angestellten schon am Eingang des ehemaligen LPG-Hauptgebäudes. Ein höflicher junger Mann, der «so eine Art Rechtsberater» der Firma *Heilig* sein soll, behauptet: «Ich schließe definitiv aus, daß es eine Verbindung der Firma *Heilig* mit Scientology gibt.» Das sagt er, obwohl an einer Wand das Sekten-Logo prangt und auf einer Tafel Propaganda für die sekteneigene Pseudo-Drogentherapie «Narconon» gemacht wird.

Noch bevor eine einzige Zeile gedruckt wird, bekommt die Zeitung ein Fax aus München. Eine Anwaltskanzlei, Blümel und andere, droht mit Schadenersatzansprüchen. «Im Hinblick auf die derzeit äußerst kritische Berichterstattung über das Thema Scientology», so die Anwälte der Firma *Heilig* in drohendem Ton, «wäre jegliche Berichterstattung, welche das Unternehmen unserer Mandantschaft mit der Scientology Kirche in Verbindung bringt, grob geschäftsschädigend.» Der Artikel erscheint trotzdem, vermeidet jedoch, einen direkten Zusammenhang zwischen *Heilig* und der Sekte herzustellen.

Vierter Akt: Die Hauptdarsteller sind auf der Bühne und dem Publikum vorgestellt. Alle warten auf Aktion. Ein kleines Vorgeplänkel liefern Statisten, die vom eigentlichen Inhalt des Stücks keine Ahnung haben. Im Februar 1991 kritisiert die Grüne Liga der mecklenburgischen Landeshauptstadt Schwerin, daß die Werbeschilder, die die Firma *Heilig* überall aufstellen lasse, aus tropischem Bongossiholz hergestellt werden. Das Schweriner Presseamt fordert die Herstellerfirma sofort auf, statt dessen Eichenholz zu verwenden. Anderenfalls würden die bisherigen fünf Aufträge storniert.

Heilig hat mittlerweile in zahlreichen Gemeinden Ortsinformationstafeln aufgestellt, die zumeist einen Stadtplan zeigen, der von diversen Anzeigen ortsansässiger Unternehmen flankiert wird. Je nach Größe der Orte und der Werbung bringen diese Tafeln pro Stück einen Erlös von etwa 40000 bis 90000 DM. Die betreffenden Firmen zahlen per Vorkasse. Die Firma *Heilig* hat es so eilig, daß sie sogar einige Tafeln ohne Genehmigung der zuständigen Behörden installiert.

Wenig später verschickt *Karl-Erich Heilig Werbeideen* – «nur auf Grund einer persönlichen Empfehlung» – an ausgewählte Personen einen Brief, den «Schwaan-Info-Letter Nr. 2». Man wolle informieren, heißt es da, «was passiert, wenn powervolle Wesen sich zusammentun und an der Errichtung großer Ziele arbeiten». Es würden noch Mitarbeiter gesucht, «um die laufenden und neu gestarteten und die (noch geheimen) geplanten Projekte durchzuziehen». Beigelegt ist ein Bewerbungsbogen, der u. a. nach der jeweils abgeschlossenen Scientology-Ausbildung sowie nach der Zugehörigkeit zu einer «Org» fragt.

Der interessanteste Teil des «Letters» («good news») besteht aber aus konkreten Informationen darüber, was hinter den Mauern der mecklenburgischen LPG – im Brief «DAS Projekt Schwaan» genannt – in Wirklichkeit abläuft. Die Firma *Heilig* sei «im Bereich Ortsinformationstafeln unbestrittener Marktführer geworden». Es würden «noch größere und spektakuläre Projekte» angegangen, die «sowohl die Szene hier im Osten als auch die gesamte Scientology-Welt gründlich verändern helfen».

In nur sechs Monaten habe man die Sekte mit 6 Millionen DM unterstützt. Diese Gelder seien u. a. an Narconon, den Scientology-Kreuzer «Freewinds» und an andere Projekte der Sekte gegangen. *Heilig* sei zur «wahrscheinlich erfolgreichsten Firma» expandiert, habe 1,5 Millionen DM an Verkaufsprovisionen gezahlt und zusätzlich «Extrapreise» wie zum Beispiel das obskure «E-Meter» vergeben. Scientologen könnten durch ihre Mitarbeit in Schwaan «ihre Schulden» und ihre «finanziellen Probleme» besser handhaben. Zusätzlich wird eine Landkarte der Ex-DDR verbreitet, aus der zu ersehen ist, wo überall die Ortsinformationstafeln stehen: die nördlichste in Zingst an der Ostsee, die südlichste in Johanngeorgenstadt im Erzgebirge – insgesamt ungefähr 200. Die Stadtverwaltungen von Liebenwerda und Trebbin werden mit Lobeshymnen auf die Tafeln zitiert.

Im gleichen Monat erscheint in einer großen Berliner Tageszeitung eine Anzeige: Die schon bekannte Firma *U-Man* sucht für ein «Werbe-Vertriebsunternehmen für Lichtreklame und Städtewerbung mit Firmensitz in Berlin-Ost» sage und schreibe 500 Mitarbeiter, «vor allem Personen aus den neuen Bundesländern». Hinter dieser Anzeige steckt die Werbeagentur Luck, die in zentraler Lage teure Büroräume angemietet hat und die Bewerber, wie sich herausstellt, ebenfalls den Hubbard-Test ausfüllen läßt. Nachfragen bei einem Obermeister der Schilder- und Lichtreklamehersteller – ein Beruf, der nur nach abgelegter Meisterprüfung ausgeübt werden darf – ergeben, daß es sich «mit Sicherheit um keine Fachfirma» handelt. Stutzig macht aber noch ein anderer Passus der Anzeige: Es stünde «eine eigene Ausbildungs- und Schulungseinrichtung» zur Verfügung. Die Spuren deuten nach Mecklenburg. Dort ist inzwischen der Teufel los.

Fünfter Akt: Der Kern der Sache kommt zum Vorschein. Seit Januar, das berichtet der Liquidator der LPG, habe die Firma *Heilig* weder Miete noch Strom, noch Telefon mehr gezahlt. Die Kündigung flattert ins Haus. Die Bauern haben den Eindruck, daß «die Sache verschleppt» werden soll, da *Heilig* angeblich versuche, weit entfernte Gerichte – u. a. ist Görlitz im Gespräch – für zuständig erklären zu lassen.

Vor Ort wird gelogen, daß sich die Balken biegen. Foullois Senior beklagt sich bitter über die Räumungsklage gegen die Firma *Heilig*, die für das Schornsteinsanierungsunternehmen die Werbung gratis übernommen hat. Man habe doch viele Arbeitsplätze geschaffen – und jetzt auch noch diese Pressekampagne. Foullois, der zugibt, daß sein Sohn 20 Prozent der Firma hält, behauptet sogar, der Treuhand läge ein unterschriftsreifer Kaufvertrag über das Grundstück der LPG Schwaan vor, auch Heilig sei bei den Verhandlungen dabeigewesen. Nachfragen bei zuständigen Sachbearbeitern der Treuhand ergeben, daß dort nichts dergleichen bekannt ist. Im Gegenteil: Der Landrat hat dafür plädiert, die andere Hälfte der Gebäude in Schwaan an die LPG Kassow zu vermieten, die für ihre überbetriebliche Umschulungseinrichtung für Landwirtschafts- und Hauswirtschaftslehrlinge Räume sucht.

In Schwaan kommt es bald zwischen den Mietern, Heilig und seinen Gesinnungsgenossen auf der einen Seite und der LPG Kassow mitsamt den Lehrlingen auf der anderen Seite, zum Grabenkrieg. Nachdem die Scientology-Connection und die Hintergründe der Person Karl-Erich Heiligs von mehreren Zeitungen aufgedeckt werden, äußert sich der Unmut der Schwaaner Bevölkerung zum Teil drastisch. Zu nächtlicher Stunde fliegen Steine gegen die Fensterscheiben der «Werbefirma». Die Lehrlinge der LPG geben ein Flugblatt heraus: Die ehemalige LPG Schwaan sei finanziell geprellt worden, Angestellte der Firma *Heilig* beanspruchten auch das Lehrlingswohnheim für sich, bauten willkürlich Schlösser ein und aus, Besucher störten durch Musik und lautstarke Veranstaltungen die Nachtruhe der Lehrlinge. Besonders empörend finden die Betroffenen, daß Heilig versucht habe, an die persönlichen Daten der Lehrlinge zu kommen, zu welchem Zweck auch immer.

Mindestens acht Geschäftsleute aus Schwaan und Umgebung melden sich, die für Aufträge gezahlt haben, die nie ausgeführt wurden. Sie drohen damit, bei *Heilig-Werbeideen* aufzukreuzen und «dort die Computer aus dem Haus zu holen». Stornierungen häufen sich. Im Februar 1992 entscheidet das Kreisgericht Bützow, daß Karl-Erich Heilig und Detlef Follois – die beiden Unterzeichner des Nutzungsvertrages vom Oktober 1990 – die angemieteten Räume herausgeben müssen. Nichts geschieht.

Die Scientologen, allen voran Rosi Mundl, die ehemalige Sprecherin der Sektenorganisation «Kommission für Verstöße der Psychiatrie gegen Menschenrechte», wettern im lokalen *Schwaaner Anzeigenblatt* gegen «Schreiberlinge», die die «Firma in den Schmutz ziehen». *Heilig* sei eine «solide Werbefirma, und wenn sich westdeutsche Mitarbeiter zur Religion Scientology bekennen, dann ist das ihr rein privates Problem». Man habe «mehr als 7000 zufriedene Kunden» und suche im übrigen noch «versierte Kolleginnen und Kollegen». Unterschrieben haben 29 Mitarbeiter. In einem Schreiben an die LPG-Liquidatoren warnen die Scientologen diese vor «unüberlegten Aktionen». Wie solide das obskure Unternehmen Heiligs ist und wer in Wirklichkeit die Fäden zieht, wird sich bald herausstellen.

Sechster Akt: Ungeordneter Rückzug und Frontbegradigung. Am 22. 4. 1992 erscheint vor den Toren der *Karl-Erich Heilig Werbeideen* eine Gerichtsvollzieherin, die den Räumungsbefehl durchsetzen soll. Sie erlebt eine Überraschung: Die Firma *Heilig* ist verschwunden. Statt dessen prangt auf dem alten Firmenschild ein neuer Name: *Hanse-Werbeideen Vertriebs GmbH* mit Hauptsitz in Lübeck. Geschäftsführer ist der allgegenwärtige Detlef Foullois, weitere Anteile halten Brigitte Panzer aus Hamburg und eine Frau aus Bamberg. Der GmbH-Vertrag ist schon im Januar abgeschlossen worden, und die Pointe: Firma *Heilig* hat schon am 1. Februar die Geschäftsräume an *Hanse-Werbeideen* untervermietet. Die LPG–Vertreter und ihre Rechtsanwälte vermuten eine unzulässige Rückdatierung des Untermietervertrages, um eine Räumung zu umgehen, können jedoch nichts beweisen. Angeblich, so geht das Gerücht in Schwaan, sind alle Schwaaner Mitarbeiter Heiligs entlassen und bei *Hanse* wieder eingestellt worden. Die Gerichtsvollzieherin zieht angesichts der undurchsichtigen neuen Verhältnisse unverrichteter Dinge wieder ab.

Geschäftsleute in Schwaan, unter anderem eine Büroausstatter-Firma, berichten von «mehreren tausend» Mark Zahlungsrückständen der Firma *Heilig*. Der Inhaber der ortsansässigen Druckerei, der auch für das *Schwaaner Anzeigenblatt* verantwortlich ist, hat noch Ende April 12000 DM Außenstände und ist deshalb in wirtschaftlichen Schwierigkeiten. Schuldner ist aber nicht *Heilig*, sondern eine Firma *HAUS*, die er in einer Baracke in einem nahegelegenen kleinen Ort ausfindig gemacht hat. Die Einkäufer für Büromaterial seien sowohl für *Heilig* als auch für *HAUS* aufgetreten. Über die Firma *HAUS* ist im Ort sonst nichts bekannt.

Hinter alldem wird ein verwickelter und interessanter Sachverhalt erkennbar: Am 30. 12. 1991 schreibt Detlef Foullois *Heilig* eine Rechnung – für Tätigkeiten im Jahr 1991 – über gut 540000 DM, wovon er angeblich mehrere Abschlagszahlungen bereits erhalten hat. Die Firma *HAUS*, die Heizkessel eines schwedischen Unternehmens verkaufen soll, hat Foullois und seine Firma *P&B Management* in Hamburg beauftragt, die Geschäfts- und Managementberatung – sprich:

die Geschäftsführung – zu übernehmen. Passus des Vertrages: «Die Vertragspartner sind sich darüber einig, daß sich die Parteien an die Management-Richtlinien gemäß Management Technology von L. Ron Hubbard halten.» Die Beträge sind wöchentlich zu überweisen.

Offenbar, darauf weist die Struktur der Scientology nahestehenden Firmen hin, wird nach folgendem Konzept vorgegangen: Drahtzieher ist Detlef Foullois, dessen *P&B Management* andere Unternehmen im Sinne der Direktiven Hubbards ausrichtet. Foullois tritt dann als Geschäftsführer auf, wie auch bei den Firmen *Heilig* und *HAUS*. Im Notfall, wenn, wie im Falle der Schwaaner Betriebe, eine Firma diskreditiert bzw. als Scientology-Tarnunternehmen auffliegt oder auch in Liquiditätsschwierigkeiten gerät – *Heilig* hat laut Auskunft der LPG-Liquidatoren mittlerweile knapp 200 000 DM Miet- und andere Rückstände – kann er einspringen und die ganze Angelegenheit unter anderem Titel weiterbetreiben. Das ist legal, aber für Außenstehende schwer zu durchschauen – abgesehen einmal davon, daß sich die Finanzbehörden für die ungeheuren Beträge, die aus den Firmen für Scientology abgezweigt werden, interessieren müßten. Bei einem von Foullois selbst angegebenen Geschäftsvolumen der Firma *Heilig* von rund 30 Millionen DM pro Jahr sind das, rechnet man die Angaben des «Info Letters» hoch, ein Drittel des Umsatzes! Die Unternehmen, die auf den Ortsinformationstafeln werben, finanzieren so unfreiwillig die Aktionen der Sekte mit.

Intern findet das zunächst so erfolgreiche Scientology-Projekt Schwaan offenbar Nachahmung. Peter-Uwe Krumholz aus Berlin, nach eigenen Angaben «Unternehmensberater» und Scientologe, versuchte auf Usedom Vergleichbares zu initiieren, hochtrabend *Pilotprojekt Dargen Usedom (PPDU)* genannt. Der dortigen LPG Dargen / Labömitz schwatzte er Arbeitsbeschaffungsmaßnahmen in großem Stil auf, wie die *Berliner Wochenpost* enthüllte. Die bestanden zum Teil aus den berüchtigten «Kommunikationskursen».

Auch hier tauchten diverse Firmen auf: die *Public Relations und Kommunikation*, zuständig für die Werbung (Inhaberin: Frau Krumholz), die *EHS, Einkaufs- und Handelsservice* (Inhaber: Krumholz' Schwiegervater), und die *Akademie Berlin-Usedom*, deren Chef Professor Walter Krumholz ist, der Vater des umtriebigen Scientologen.

Das Ende vom Lied: In der Gemeinde sickerte durch, daß Krumholz eine sechsstellige Summe für das «Managertraining» bekommen hätte, Inspekteure des Arbeitsamtes sperrten die Konten des *PPDU*, auf die schon 3,3 Millionen DM für Lohn und Sachmittel geflossen waren, die Gemeindevertretung erteilte ihm Hausverbot.

Krumholz hat eine ähnliche «Karriere» wie Karl-Erich Heilig hinter sich. Schon 1975 hatte er in Berlin 1,3 Millionen DM aus öffentlichen Fördergeldern für die Scientology-«Drogentherapie» Narconon abgezockt. Zentraler Bestandteil dieser «Therapie» war ebenfalls der «Kommunikationskurs». Als der Berliner Journalist Jochen Maes die Scientology-Verbindung und den Betrug am Berliner Senat aufdeckte, setzte sich Krumholz ins Ausland ab. Mit von der Partie war damals in Berlin der ehemalige Medizinaldirektor und Landesarzt für psychisch Behinderte, Dr. Hartmut Klemm, der sogar einen Jubelbrief an Sektenguru Hubbard schickte, dessen Ideen ihm «sehr, sehr viel gegeben» hätten. Klemms Neffe, Joachim Klemm, ist heute Geschäftsführer der Berliner Firma *ABA Marketinggesellschaft mbH*, in deren Geschäftsräumen schon Scientology-Werbeveranstaltungen abgehalten wurden. So greift eins ins andere.

Siebenter und letzter Akt: Karl-Erich ist noch nicht in Richtung USA verschwunden. Zwei Wochen nach Erscheinen der ersten Auflage dieses Buches, im August 1992, wird er in Hamburg verhaftet. Er soll, so der Verdacht, über 900000 DM Umsatz- und Lohnsteuer unterschlagen haben. Auch Detlef Foullois hat das Hasenpanier ergriffen. Im Mai verschwindet *Hanse-Werbeideen* aus Schwaan. Jetzt kommen täglich Anrufe diverser Inkasso-Gesellschaften, die Geld für geprellte Kunden der Firma Heilig eintreiben wollen. Insgesamt belaufen sich die Verbindlichkeiten auf fast 250000 DM. Alle Mitarbeiter der Firma wurden, bis auf einen – mittlerweile überzeugten Scientologen – entlassen.

Die Firma *Hanse-Werbeideen* scheint aber noch Großes zu planen. Sie hat sich in Malchow niedergelassen, was den dortigen Bürgermeister zu besorgten Anfragen in Schwaan veranlaßt. Immer häufiger taucht eine Unternehmensberatung – eine Art Holding – mit Sitz in Worb/Schweiz auf, die ADEGA. Zusatz auf dem Werbematerial der ADEGA: Die *Hanse-Werbeideen Vertriebs-GmbH* sei für die «technische Ausführung» zuständig. ADEGA, so scheint es, sind kleinere Werbefirmen in ganz Deutschland angeschlossen – eine unendliche Geschichte.

Hans-Joachim Maes

«HINTER JEDER ATTACKE AUF RON STEHT EIN KRIMINELLER»

Zum Umgang mit Kritikern

Die Religionsfreiheit, die Menschenwürde, die Versammlungsfreiheit und etliches mehr in diesem unserem Lande waren in Gefahr. Kaum jemand hat es bemerkt. Eine Verschwörung. Finstere Gestalten trieben die Bundesrepublik in den despotischen, mittelalterlichen Abgrund. Wenn die Bösen nur gekonnt hätten, wären die verfassungsmäßig garantierten Rechte schon längst eingeschränkt oder verletzt worden.

Aufdecker der Verschwörung: die «Scientology Kirche Deutschland». Tatorte: Berlin, München, Baden-Baden. Tatzeit: 1977. Täter: Journalisten, Politiker, ein abtrünniger Direktor der Scientology-Tarnorganisation «Narconon». In einer «Petition», geschickt an etliche Bundes- und Landesminister, wurden die miesen Kerle entlarvt: «Diese Personen haben sich an einer mehr oder weniger gut organisierten Hetzkampagne gegen die Scientology-Kirche beteiligt und in ehrenrühriger Form Tausende von deutschen Bürgern angegriffen und in ihrer Würde verletzt.» Auf Platz 1 der Hitliste zerstörerischer Individuen stand ich: Jochen Maes, Journalist. Ich hatte den Schwindel aufgedeckt, den die Sekte in Berlin und andernorts aufgezogen hatte. Ein primitiver «Kommunikationskurs» war von der Scientology-Tarnorganisation Narconon als «Drogentherapie» angeboten worden.

Der Berliner Senat zahlte in kurzer Zeit mehr als eine Million Mark für vermeintliche Therapieleistungen an Narconon. Von Sozialämtern getragene «Therapiekosten» wurden direkt von der Scientology-Organisation verbucht. Für einen Fixer wurde noch ein Therapieplatz bezahlt, als der sich schon längst mit einem bombastischen Direktorentitel der Sekte schmückte. Scientology war es gelungen, den zuständigen obersten Fachbeamten der Berliner Gesundheitsverwaltung zu seltsamer Offenheit zu veranlassen. Der hatte nämlich Sektenchef Ron geschrieben: «Ich glaube, daß auch Ihre Ansicht ist, daß wir in diesem Jahr in Berlin gut vorangekommen sind.» Seine Willfährigkeit hatte der Spitzenbeamte durch Beigabe eines für den Senat verfaßten internen Berichtes unterstrichen.

Ich hatte einige Berichte veröffentlicht, die der Sekte das unredliche Geschäft mit Süchtigen vermiesten. Es hagelte Anträge auf den Erlaß einstweiliger Verfügungen. Mir sollte untersagt werden, den Scientology-/Narconon-Schwindel weiterhin zu publizieren. Als es ernst wurde und die Sekte sich hätte einem Verfahren stellen müssen, kniffen die Scientologen. Der Narconon-Präsident entfleuchte ins Ausland. Jedenfalls war er so lange nicht in bundesdeutschen Gefilden auffindbar, bis die mögliche Straftat Betrug verjährt war. Ein Fall, so könnte man meinen, von lokaler Bedeutung. Unseriöse Therapievereine, Heiler von eigenen Gnaden, dusselige oder vorteilannehmende Beamte gibt es überall.

Das Theater, das die Aufdeckung der Scientology-Narconon-Connection nach sich zog, bekommt man jedoch nicht alle Tage geboten. Es zeigt exemplarisch, wie die Scientology-Organisation reagiert, wie sie «Operationen» gegen Kritiker, die «Unterdrückerischen Personen», plant und umzusetzen versucht. Scientologen agieren dabei konträr zu ihrer Selbstdarstellung, nicht «fähiger» als Normalbürger, sondern mit überaus stereotypen Verhaltensmustern. Daß das miese Geschäft von Narconon – mies vor allem deswegen, weil hilfebedürftige Drogenabhängige Manövriermasse der Sekte wurden – platzte, mögen die Scientologen als Ärgernis empfunden haben. Daraus eine Gefährdung des inneren Friedens und der Grundrechte abzuleiten zeigte, daß man jeglicher Maßstäbe verlustig gegangen war. Es wurde deutlich, daß Scientology auf einem totalitären Weltbild basiert und die Sektenfunktionäre nicht in der Lage sind, Auseinandersetzungen auf zivilisierte Weise zu führen.

Totalitäre Ideologien kennen nur eine Wahrheit – die eigene. Jeder, der nur einen Anflug von Skepsis erkennen läßt, ist «Feind» und muß letzten Endes «vernichtet werden».

Scientology fordert von jedem, der in der Sekte etwas werden will, die Unterwerfung unter totale Kontrolle. Und Scientology lockt: wer sich total kontrollieren läßt, der wird auch selbst am Ende die totale Kontrolle erringen. «Einige haben Ron nicht die Dankbarkeit gezeigt, die sie ihm schuldig waren. Suppressive Wesen von der Galaxe haben sich gegen Ron und die Scientology verschworen. Hinter jedem Versuch, die Scientology herabzuwürdigen, steht ein korrupter Geist. Hinter jeder Attacke auf Ron, so wird sich herausstellen, steht ein Krimineller. Ein Thetan muß Ron dafür dankbar sein, was er ihm gegeben hat. Darum muß er sich der totalen Kontrolle unterwerfen. ER WIRD KEINE TOTALE KONTROLLE HABEN, WENN ER NICHT WILLENS IST, SICH TOTAL KONTROLLIEREN ZU LASSEN. Diese Wahrheit wird ihm eingeflößt von dem Augenblick an, DA ER SEIN ERSTES AUDITIONS-KOMMANDO HÖRT.»

Der psychologische Mechanismus ist klar: Totale Kontrolle als Prinzip von Heilserwartung. Die Sekte verspricht Herrschaft über Raum, Zeit und Materie, Milliarden Jahre lang. Scientology macht das große Geschäft mit dem Wunsch, omnipotent zu sein. Gearbeitet wird mit der Verlängerung kindlicher Allmachtsphantasien ins Erwachsenenalter. Erwachsene werden zu infantil reagierenden und denkenden Marionetten. Daß ein Ding zwei Seiten haben könne, ist dem fortgeschrittenen Scientologen eine nicht mehr nachvollziehbare Geisteszumutung. In der Sektenlogik ist es unvorstellbar, daß ein Kritiker von Scientology ehrliche Motive hat. Hubbard wurde nie müde, dies seinen Schafen und leitenden Wölfen immer wieder einzubleuen. Devise: «Niemals verteidigen, immer angreifen». O-Ton Hubbard: «Findet oder erfindet so viel Belastungsmaterial gegen sie, daß sie um Frieden bitten müssen. Organisiert Kampagnen, die den Ruf des Betreffenden so nachhaltig ruinieren, daß er geächtet wird. Erhebt bei jeder Gelegenheit Verleumdungsklagen, um die Presse davon abzuschrecken, über die Scientology-Kirche zu schreiben. Es geht nicht darum, die Verhandlungen zu gewinnen. Der Zweck ist, den Gegner zu zermürben und zu entmutigen.»

In einem anderen Text von Hubbard hieß es:

«Diejenigen, die die Scientology kritisieren oder abfällige Bemerkungen darüber machen, können einer eingehenden Überprüfung ihrer vergangenen Taten und Absichten nicht standhalten... Der Kriminelle scheut das Tageslicht. Verstehen Sie dies als Tatsache im technischen Sinn – nicht als hoffnungsvolle Idee. Wann immer wir den Hintergrund einer Kritik an der Scientology untersucht haben, fanden wir strafbare Handlungen, für die die Person oder Gruppe – gemäß den existierenden Gesetzen – hätte ins Gefängnis kommen können. Wir fanden niemals Kritiker der Scientology, die keine kriminelle Vergangenheit hatten.»

Scientologen brüsten sich, mit Milliardenbeträgen gegen «Falschberichte» vorgegangen zu sein. Tatsächlich ist der Aufwand enorm, den die Sekte in den juristischen Kampf steckt. 1991 schätzte das amerikanische Nachrichtenmagazin *Time*, daß die Organisation jährlich zwanzig Millionen Dollar für Advokaten ausgebe. Außenstehende Personen oder Firmen zu beauftragen wird tunlichst vermieden. Ein scientologyeigener Sicherheitsdienst – früher nannte der sich «Guardian Office», heute scheint die Aufgabe vom «Office for Special Affairs» (OSA) wahrgenommen zu werden – soll weltweit die Gegner «stoppen» und, ähnlich wichtig, die eigenen Reihen geschlossen halten.

Als Hubbard 1966 das Guardian Office gründete, sollte das den Gegenangriff gegen «Psychiatrie und das KGB» durchführen. Hubbard hatte Institutionen wie das FBI, die CIA, Interpol, das Bundeskriminalamt, Presseorgane und andere als Werkzeuge der Weltverschwörer gegen Scientology ausgemacht. Die Leitung des «Gegenangriffs» wurde Hubbards dritter Ehefrau Mary Sue übertragen. Die Dame wurde zeitweise aus dem Verkehr gezogen: man hatte sie im Oktober 1979 wegen einer Reihe Straftaten verknackt. Der zuständige Staatsanwalt Banoun aus Washington wertete das Treiben des «Guardian Office»: «Die dem Gericht vorgelegten Beweise zeugen von haarsträubenden Verbrechen gegen private und öffentliche Institutionen sowie Einzelpersonen. Unter dem Deckmantel der Religionsfreiheit haben die Scientology-Funktionäre alle Regeln der menschlichen Gesellschaft mit Füßen getreten.»

Das FBI hatte bei Hausdurchsuchungen in Scientology-Zentren in Los Angeles und Washington Einbruchswerkzeug, Abhörgeräte und 23 000 Dokumente beschlagnahmt – darunter viele, die zuvor bei Bundesbehörden gestohlen worden waren.

In vielen Berichten ist das «normale» Wirken des «Guardian Office» (GO) beschrieben worden. Beispiel:

«Zum Ausbildungsprogramm des GO gehörte, wie man anonyme Morddrohungen gegen Journalisten richtete, Rufmordkampagnen gegen unfreundlich gesinnte Geistliche inszenierte, Zeitungsausschnitte fälschte und Einbrüche plante und durchführte. Pressesprecher wurden darauf gedrillt, die Presse zu belügen. Wichtigste Ziele waren Organisationen und Medien, die sich mit der Scientology-Kirche befaßten oder kritische Berichte über sie veröffentlichten.»

Mit dem, was ich persönlich nach meinen ersten Berichten über den Scientology-/Narconon-Schwindel erlebte, muß jeder rechnen, der Kritik an Scientology wagt. Anrufe empörter Scientologen. «Sie sind ein Lügner», «Das haben Sie nicht ungestraft getan» und ähnliches. Ungebetene Besuche. Grimmig schauende Herren vom «Guardian Office» oder anderen Divisionen der Sekte begehren pöbelnd Einlaß. Die angebliche Verunglimpfung ihrer angeblich religiösen Gemeinschaft wandelt die Funktionäre in scharfrichternde Ankläger. Man beruft sich auf Menschenrechte und Religionsfreiheit.

Es gelang den Herren nicht, in mein Büro vorzudringen, aber in das von zwei Illustrierten. Man hatte dort nicht mit solchem Besuch gerechnet, und der Pförtner hatte die Herren mit Aktenköfferchen durchgelassen. Da saßen sie dann, lebende Anklagen, und sprudelten los, sobald ihnen ein echter oder vermeintlicher Verantwortlicher höflicherweise Gehör schenkte.

Wichtig war den Herren in erster Linie, Unterschriften zu bekommen. «Unterlassungserklärung» nannten sie die umfänglichen Papiere, die sie zu diesem Zweck zückten. Man solle wenigstens so «tolerant» sein, die zu unterschreiben. Mal drohten sie, mal schmeichelten sie. Man habe zwar etwas Negatives über Scientology geschrieben, aber: als intelligenter Mensch werde man das doch sicher jetzt revidieren. Oder etwa nicht? Dann wieder Drohungen, Gezeter. Bis, in einem dieser Fälle, die Polizei gerufen wurde, die die «Operierenden Thetanen» aus dem Haus geleitete.

Solche Aktionen kamen öfter vor. Redakteure des Rundfunksenders, für den ich auch berichtet hatte, wurden in der Sendeanstalt oder zu Hause «besucht». Selbst Journalisten, die keine eigenen Recherchen publiziert, sondern lediglich meine Berichte zusammengefaßt hatten, konnten sich über den hohen Besuch freuen. Andere erhielten seitenlange Papiere, «Korrekturen» benannt, denen mit dem Vermerk «Nicht zur Veröffentlichung bestimmt» eine besondere Qualität verliehen werden sollte. Es wurde also ein erheblicher Wirbel veranstaltet. Offenbar war ein ganzer Stab von Hubbard-Jüngern mit der Bekämpfung der Kritiker betraut. Die genaue Anzahl ist nicht bekannt; immerhin war aus der Sekte zu hören, mit der «Handhabung» der Angelegenheit seien 200 Scientologen, auch «Topleute» aus der Zentrale des Guardian Office in England, wochenlang befaßt gewesen.

In jedem Fall: es konnte zeitgleich mehreren Redakteuren, aber auch Informanten aufgelauert werden. Auch bei unseren Zeugen erschienen Abgesandte des Guardian Office, ebenfalls mit «Unterlassungserklärungen» in der Tasche. Auf einen Informanten müssen die Scientologen tagelang gelauert haben. Nachdem er ein Gespräch verweigert hatte, wurde er demonstrativ beschattet. Von vier Personen, die mit zwei Pkws stets hinter seinem Wagen herfuhren. So wie irgendwelche Kerle aus Gangsterfilmen müssen sich die «Religionsschützer» vorgekommen sein: im Auftrag der höchsten Instanz des Universums (Scientology) unablässig den Kampf gegen «Verbrecher», «Suppressive Persons (SPs)», «Potential Trouble Sources (PTS)» führend.

Nachdem niemand der Sekte eine Unterlassungserklärung unterschrieben hatte, begann der juristische Part. Bei der zuständigen Pressekammer des Landgerichts wurde, Wochen nach den ersten Veröffentlichungen, eine einstweilige Verfügung beantragt. Die Sekte wollte erreichen, daß ich Fakten nicht mehr hätte wiederholen dürfen.

Auch in diesem Fall arbeitete die Sekte mit einem miesen Trick: mit unzutreffenden, zumindest fraglichen Behauptungen versuchte man, erst einmal eine einstweilige Verfügung ohne Anhörung des Gegners zu erwirken. Wäre das gelungen, hätte die Sekte behaupten können, ein Gericht habe die bösen Kritiker «verurteilt», etwas zu unterlassen oder zurückzunehmen. Das stimmt dann zwar nicht, weil ja gar nicht zur Sache verhandelt wurde, sondern im einstweiligen Verfahren entschieden wurde. Trotzdem macht so etwas Eindruck, auch auf Journalisten. In dieser Situation kann Scientology auch versuchen, materiellen Druck auszuüben. Wird eine einstweilige Verfügung erlassen, beantragt ein seriöser Anwalt kaum gleich einen Kostenfestsetzungsbeschluß. Ein Scientology-Anwalt möglicherweise doch. Bei hohen Streitwerten ist dann – ohne daß überhaupt zur Sache verhandelt worden wäre –, eine Menge an Gerichts- und Anwaltskosten der Sekte vorzustrecken.

Es geht der Sekte darum, möglichst ohne mündliche Verhandlung eine propagandistisch ausschlachtbare Gerichtsentscheidung herbeizuführen. Das versucht sie auch mit Mitteln, die als rechtsmißbräuchlich bezeichnet werden können. Indem zum Beispiel behauptet wird, man habe erst jetzt vom schlimmen Inhalt eines Berichtes Kenntnis erlangt und das Gericht müsse unverzüglich die einstweilige Verfügung erlassen, weil durch den in drei Tagen erscheinenden Fortsetzungsartikel immenser Schaden für Scientology und damit natürlich unweigerlich für die gesamte Menschheit entstehe. Eine so herbeigelogene Dringlichkeit läßt dem Gericht kaum eine Wahl: es muß die Verfügung erlassen.

Ein Scientologe, der ehemalige Narconon-«Präsident» Peter-

Uwe Krumholz, praktizierte dies 1991 bei einem Film des WDR. In dem Film hatte der Journalist Werner Grafenhain gezeigt, wie sich Peter-Uwe Krumholz auf Usedom als Retter der daniederliegenden Wirtschaft präsentierte: mit einem «Pilotprojekt», für das auch gleich öffentliche Gelder losgemacht wurden. Bürger waren durch ABM-Maßnahmen Herrn Krumholz verpflichtet und wurden mit Scientology-Ideologie traktiert – bezahlt hatte das Arbeitsamt Kiel allerdings für «Managertraining». Auch in diesem Fall war der «Kommunikationskurs» der Sekte Rückgrat des Krumholzschen Wirkens. Der Film wurde Ende November 1991 erstmals ausgestrahlt – unter großer Anteilnahme der betroffenen Bevölkerung und natürlich des Peter-Uwe Krumholz. Vier Tage nach der Sendung meldeten sich dessen Rechtsanwälte beim WDR und verlangten eine strafbewehrte Unterlassungserklärung, natürlich unverzüglich.

Der WDR lehnte ab. Dann passierte erst einmal nichts. Erst am Tag vor der Ausstrahlung in N 3, fast drei Wochen nach der Erstsendung, setzte Krumholz – wahrscheinlich rechtsmißbräuchlich – das Instrument einstweilige Verfügung ein: Die Ausstrahlung des Films wurde dem WDR untersagt, nicht aber der N 3-Nordkette. Es ging Krumholz also gar nicht in erster Linie darum, die erneute Ausstrahlung in einem anderen Sender zu verhindern, sein Interesse war vielmehr, ein Papier in die Hand zu bekommen, mit dem er hausieren gehen konnte. Ein Landgericht habe den WDR-Film verboten, tönte Krumholz voller Stolz.

Der Antrag auf einstweilige Verfügung war nicht nur unlauter. Krumholz wollte dem WDR untersagen, meine Wertung des Geschehens zu verbreiten, wozu gehört, ihn als Verantwortlichen für den Narconon-Betrug am Berliner Senat und an Privatzahlern zu bezeichnen. Ferner, daß er sich nach dem Skandal nach England begeben, dort für die Sekte gearbeitet habe und überdies Vorstandsmitglied der «Scientology Kirche» sei. Wenn man noch verstehen kann, daß der Betrugsvorwurf schmerzt, sind doch die beiden anderen Punkte nicht nachvollziehbar: Über seinen fluchtartigen England-Trip hatte Krumholz vor der Kamera geplaudert. Krumholz war nicht nur einfaches Mitglied des Vereins «Scientology Berlin e. V.», sondern Topfunktionär. Selbst als er für Narconon Gelder kassierte (manchmal bar gleich Zehntausende Mark, bis dies ein Sozialamtschef untersagte), trat Krumholz als «Reverend» auf. Seine Erklärung, nicht im Vorstand gewesen zu sein, ist das, was man eine glatte Lüge nennt.

Damals, als ich den Narconon-Fall auf den Tisch gebracht hatte, hatte der Scientology-«Reverend» weniger Glück. Nach einem Antrag auf Erlaß einer einstweiligen Verfügung entschied das Berliner Landgericht, doch erst einmal die Beteiligten hören zu wollen. Scientologe Krumholz wurde also zum Termin geladen.

Krumholz zog es jedoch vor, nicht zu erscheinen, auch andere Vereinsvertreter drückten sich. Für Narconon kam ein nicht ganz unbekannter Anwalt, und der zog die Brutalomasche ab: Angesichts der Schwere der Verletzungen, die der Verlag und ich Narconon und damit den armen Fixern zugefügt hätten, sei Härteres geboten: eine richtige Klage. Im Auftrag seiner Mandanten ziehe er den Antrag auf Erlaß der einstweiligen Verfügung zurück. Noch in dieser Woche werde die Hauptklage dem Gericht präsentiert. Und dann sehe es finster aus mit den üblen Verleumdern, fügte er drohend hinzu.

Geschehen ist dann nichts. Man wagte keine Klage, nahm dafür aber den Hauptverantwortlichen, Peter-Uwe Krumholz, aus der Schußlinie. Unter welchen Umständen man ihn aus dem Verkehr zog und wohin, blieb unaufgeklärt. Informationen aus höheren Scientologen-Kreisen besagen, Krumholz sei «degradiert» worden und habe «außerhalb des Geltungsbereiches des deutschen Strafgesetzbuches Wiedergutmachungsarbeiten» leisten müssen.

Wem juristisch nicht beizukommen ist (die großmäuligen Ankündigungen der Sekte stehen im umgekehrten Verhältnis zu ihren tatsächlichen Absichten), dem muß man anders schaden. Ein beliebtes Instrument ist der Einsatz von Agenten. Ich selbst mußte mit einigen von ihnen, Männern und Frauen, Bekanntschaft schließen. Der Auftrag der Sekte lautet: Rausfinden, was die «Suppressive Person» gegen Scientology plant. Mit wem der Gegner kooperiert. Was er über die Sekte tatsächlich weiß. Das Interesse macht nicht vor der Privatsphäre halt. Allen Ernstes sucht man nach Ansatzpunkten, den «Feind», entsprechend Hubbards Vorgabe, als «Verbrecher» oder zumindest als Sexualmonster zu verleumden.

Nachdem die Scientologen ihre «Ermittlungen» gegen mich aufgenommen hatten, gab es eine Reihe merkwürdiger Vorkommnisse. Bei Bekannten, Freunden und Geschäftspartnern meldeten sich besorgte Anrufer. Sie baten um absolute Vertraulichkeit, ließen erkennen, daß sie im Auftrage eines bundesdeutschen Geheimdienstes mit einer «Investigation» gegen mich betraut seien. Man wisse, so die Anrufer, daß ich «aus dem Osten» komme und ein «Sicherheitsrisiko» darstelle. Man möge die Kontakte zu mir abbrechen und stets bedenken, daß irgendwelche von mir verfaßten Dinge Produkt einer landesverräterischen Verschwörung seien. Nachdem meine Berichte über die Scientology-Organisation auch im Parlament behandelt wurden, wurden auch Abgeordnete mit solchen Anrufen bedacht.

In der Nachbarschaft, bei längst vergessenen Bekannten, selbst bei ehemaligen Mitschülern tauchten «Ermittler» auf, mal mit der Masche «Geheimdienst», mal mit dem Etikett «Menschenrechts-» oder «Religionsfreiheitskämpfer». Oder auch als Beauftragte einer «Drogenrehabilitationseinrichtung», die sich Gedanken darüber mache, ob ich wohl nicht doch der Kopf hinter dem weltweiten Rauschmittelhandel sei.

Wie oft in solchen Fällen: Es ist nicht nachzuweisen, daß diese Aktivisten im Auftrag oder von der «Kirche» kamen. Zeugen, die mir im Detail und glaubhaft beschrieben hatten, daß bei Narconon tagelang «gedrillt» worden war, wie man mich beispielsweise bei einer öffentlichen Veranstaltung provozieren könne, diese Zeugen hatten zwar ihre Aussagen auf Tonband gesprochen und eidesstattliche Erklärungen abgegeben – später aber kehrten sie zur Sekte zurück. Aussagen, die nach einem «Rückfall» in die Welt von Scientology angeboten werden, darf man keinesfalls verwenden. Es handelt sich mit Sicherheit um eine von der Sekte inszenierte Aktion.

Manche Agenten boten sich als «freie Mitarbeiter» an und hatten auch gleich Themenvorschläge parat. Die waren relativ schnell als trojanischer Gruß der Sekte zu erkennen.

Einzelne Scientologen oder Scientology-Organisationen greifen auch gerne zum Instrument der Strafanzeige. An einen Erfolg glaubt man bei Scientology wohl selbst kaum, zu abstrus ist das, was an Verschwörungs- und Verleumdungstheorien in Strafanträgen ausgebreitet wird. Doch mit jedem Vorgang muß sich der falsch Bezichtigte auseinandersetzen. Einen Rechtsanwalt mit Akteneinsicht beauftragen, Stellungnahmen verfassen – das ist vor allem lästig, wenn gleich Dutzende Sektenmitglieder die Justiz mit abenteuerlichen Anzeigen veralbern, man aber auf jeden Vorgang einzeln eingehen muß.

Auf den Spuren von Hubbards Erwartung, jeder Gegner sei «kriminell», scheuen Scientologen nicht vor strafbaren Handlungen zurück. Beispiel: Der Mann hatte die Sekte geärgert. Er hatte nie etwas für oder gegen Scientology verlautbart. Als leitender Beamter bei der Wehrbereichsverwaltung in München beschäftigt, hatte er aber zu entscheiden, ob Personen vom Wehrdienst freigestellt werden können. Scientologen fanden diese Möglichkeit offenbar verlockend und beantragten, wegen ihres Status als «Geistliche» vom Dienst am Vaterland befreit zu werden. Der Beamte lehnte ab und wurde Opfer einer kriminellen Aktion: In anonymen Schreiben an diverse Dienststellen «offenbarte» sich ein angeblicher Bediensteter der Bundespost, den sein Gewissen nicht ruhen lasse. Der besagte Beamte der Wehrbereichsverwaltung habe offenbar regelmäßig und gleich von mehreren Absendern Geld für etwas bezogen, was nur eine «rechtswidrige Freistellung vom Wehrdienst» sein könne. Der Anzeigende fügte Kopien von Postanweisungen bei.

Der anonyme Briefschreiber hatte gefälscht. Er hatte Geld an sich geschickt, dabei nicht existierende Personen als Absender angegeben und die Abschnitte zu kompletten Postanweisungen zusammengefummelt. Der Mann blieb nicht anonym. Er war «Geistlicher» bei Scientology und wurde zu einer Geldstrafe verurteilt.

Typisch die Reaktion der Sekte, wie in solchen Fällen vorgesehen: den Spieß umdrehen, den Täter zum Opfer machen. Für den Scientology-Pressesprecher war das Gericht der Täter: «Man hat Herrn X' Unterschrift gefälscht, um ihm dies unterschieben zu können. Ein ganz schmutziger Trick, den wir schon aus Amerika kennen, um uns zu diskreditieren.»

Immer wird die Scientology-Organisation versuchen, auf solche Weise die Opfer-Täter-Relation umzukehren. Typisches Beispiel: Strafanzeigen der Sekte gegen einen Fernsehredakteur, der Akten gezeigt hatte. In einer Scientology-Postille hieß es: «...in Wahrheit stammen diese Akten aus einem Einbruch in der Düsseldorfer Scientology Kirche. Und der Verdacht erhärtet sich: Offenbar wußte Y über die Herkunft der gestohlenen Akten sehr genau Bescheid. Jedenfalls erstattete die Scientology Kirche Strafanzeige wegen Hehlerei und Unterschlagung.» Der Nachweis, daß die Sekte den Befehl zu Straftaten gab, ist kaum zu führen. Darauf kommt es letztlich nicht an. Wer im Scientology-System funktioniert, wird keine Skrupel haben, Straftaten zu begehen. Täte er dies nicht, könnte er sich sogar «unethisch» fühlen: Er hat schließlich nicht alles unternommen, um einem Feind der Sekte zu schaden.

Scientology hat eine eigene Sprache. Die konstituiert eine eigene Welt und bindet diejenigen, die in die Sekte gehen, so ein, daß sie nur schwer in der Lage sind, die semantischen Gehalte der Sprache außerhalb der Scientology-Welt zu verstehen. Begriffe der Alltagssprache werden radikal umdefiniert, gemeinhin positiv besetzte Begriffe können für Scientologen ganz andere Inhalte haben. Man darf sich deshalb nie täuschen lassen, wenn Scientologen scheinbar freundschaftlich gemeinsame Worte wie «Toleranz» preisen.

«Ethik» ist einer dieser Begriffe, der von der Sekte wie selbstverständlich gebraucht wird, allerdings mit einer völlig anderen Bedeutung als im allgemeinen Sprachgebrauch. Wenn «Ethik» in der Umgangssprache meint, daß verantwortungsvoll mit etwas umgegangen wird, daß die Folgen des eigenen Tuns für andere mitbedacht und in Planungen einbezogen werden, ist Ethik für Scientologen eher das Gegenteil: die alleinige Ausrichtung auf das, was der Sekte nutzt, einschließlich der Ausschaltung Andersdenkender.

Ethisch kann für Scientologen heißen: skrupellos, brutal, auch kriminell sein. Ethisch ist, was Scientology nützt. Praktiziert wird solche Ethik auch, um die eigenen Reihen ethisch zu halten. Anders gesagt: Mit diesem pervertierten «Ethik»-Begriff kann mißliebiges Personal entfernt, zumindest drangsaliert werden. Schon der Anschein von Abtrünnigkeit bei einem Anhänger gilt als Bedrohung für Scientology. So etwas wirkt sich, im Jargon der Sekte, «nicht optimal für sein Überleben» aus. Bei der Scientology-Tarnorganisation Narconon gab es für solche Fälle Strafarbeiten. Funktionär Peter-Uwe Krumholz genüßlich darüber, «wie jemand wieder ‹ethisch› werden könne»: «Er schlägt vor, etwas für die Gruppe zu tun, wodurch er wieder in die Gruppe hereinkommt. Das sind beispielsweise körperliche Arbeiten. Das schlägt er vor und führt es in Eigenarbeit alleine aus, und zwar unabhängig davon, welche Tages- und Nachtzeit es ist.

Das ist aber noch nicht das Schlimmste. Das Schlimmste kommt erst: Denn in dem Moment, wo er jetzt fertig ist, muß er aufschreiben: 1. was er getan hat, 2. was er dafür an Wiedergutmachung gemacht hat, 3. zwei Kolonnen: ‹Ich möchte wieder Mitglied der Gruppe sein, bist Du dafür, ja oder nein?› Er muß also rumgehen jetzt und sich die Unterschriften der Mitglieder holen. Taucht ein Name bei ‹nein› auf, ist das Programm hinfällig, und er kann etwas Neues anbieten.»

Es ist keine Frage, daß Gruppen wie Scientology ihre Mitglieder schwer psychisch schädigen können. Dabei darf freilich nicht übersehen werden: Daß sich eine solche Gruppe so erfolgreich ausbreiten konnte, wie es u. a. der Narconon-Skandal in Berlin zeigt, offenbart die Inkompetenz der eigentlich Zuständigen.

Ralf Bernd Abel

ANGRIFF AUF DIE DEMOKRATIE

Scientology, die Gerichte und der Staat

Jedesmal, wenn man von den Schicksalen der Betroffenen und ihrer Angehörigen hört, drängt sich die Frage auf: Ist das eigentlich erlaubt? Was berechtigt eine Organisation, einzelne oder die Allgemeinheit zu schädigen? Kann und muß man diese Organisation nicht verbieten? So naheliegend diese Fragen sind, so schwierig ist es, sie mit einem einfachen Ja oder Nein zu beantworten.

Die verfassungsrechtliche Ausgangslage

Die Scientology-Organisation nimmt für sich in Anspruch, eine «Religionsgemeinschaft» zu sein. Mit dieser Darstellung versucht sie, den Freiraum zu nutzen, den Grundgesetz und die allgemeinen Gesetzesbestimmungen religiösen und weltanschaulichen Gemeinschaften einräumen. Art. 4 des Grundgesetzes gewährt unter anderem die Freiheit des Glaubens und des religiösen Bekenntnisses. Gleichzeitig wird der Staat zur religiösen Neutralität verpflichtet (Art. 4 und 140 des GG). Diese Freiheiten sind freilich nicht schrankenlos gewährleistet, ebensowenig wie alle anderen Grundrechte. Die Verfassung ist ein Ganzes, dessen Einzelgewährleistungen nicht isoliert voneinander betrachtet werden dürfen. Auch Religions- und Weltanschauungsgesellschaften müssen sich in dieses Ganze der verfassungsmäßigen Ordnung einfügen. Das gilt auch für Organisationen wie Scientology. Der Teufel steckt freilich im Detail. Dabei interessiert nur am Rande, wie die Überzeugungen von Scientologen zu bewerten sind, mögen sie auch noch so absurd erscheinen. Vielmehr geht es entscheidend um das Problem, ob eine selbsternannte «Kirche» berechtigt sein soll, die organisatorische Basis für die kommerziellen und wohl auch machtpolitischen Ziele eines weltweiten Wirtschaftsunternehmens abzugeben und dabei die rechtlichen und tatsächlichen Vorteile zu nutzen, die durch Verfassung und Gesetzgebung den Religions- und Weltanschauungsgemeinschaften eingeräumt sind.

Diese Fragestellung ist neu und von den Vätern (und Müttern) des Grundgesetzes nicht unmittelbar bedacht worden. Bei Schaffung des Grundgesetzes im Jahre 1949 lag der Gedanke fern, daß eine Religionsgemeinschaft mit hohem Expansionsdrang politische und wirtschaftliche Macht anstreben könnte. Solche Gefahren für Rechtsstaat und Demokratie wurden damals bei politischen Parteien vermutet. Deshalb wurde in der Verfassung und bei der Gesetzgebung trotz des hohen Rangs des Demokratieprinzips sogar ein Verbot verfassungsfeindlicher Parteien vorgesehen und zugelassen. Religionsgesellschaften blieben in diesem Zusammenhang seinerzeit unbedacht. Dennoch gilt natürlich auch im Blick auf Religions- und Weltanschauungsgemeinschaften: Das Grundgesetz ist nicht wertneutral, sondern koppelt sich in seinem Art. 1 Abs. 1 ausdrücklich an die Menschenwürde und verpflichtet alle staatliche Gewalt, diese nicht nur zu achten, sondern auch zu schützen. Alle anderen Vorschriften des Grundgesetzes können und müssen im Sinne dieses elementaren Grundsatzes verstanden und ausgelegt werden. Mit dieser Anbindung an einen fundamentalen Grundwert unterscheidet sich das Grundgesetz bewußt von der Weimarer Reichsverfassung, deren Bestimmungen die legale Machtergreifung und die legale Umwertung aller bis dahin geltenden Werte durch den Nationalsozialismus nicht hatten verhindern können. Das Grundgesetz soll hingegen dem Staat die Möglichkeit geben, sich gegen demokratiefeindliche Kräfte rechtzeitig und wirksam zur Wehr zu setzen. Das Spannungsfeld zwischen dem von der Verfassung gewünschten Höchstmaß an Freiheit einerseits und der Notwendigkeit, Freiheiten im Interesse des Ganzen einzuschränken andererseits, ist damit für Rechtslehre und -sprechung keineswegs Neuland. Neu ist im Hinblick auf Organisationen wie Scientology nur der Umstand, daß Macht und wohl auch eine Veränderung des Denkens nicht auf dem klassischen Weg über politische Parteien angestrebt werden, sondern sich die kommerziellen Kulte eines religiösen Gewandes und wirtschaftlichen Einflusses bedienen. Damit stehen zwar Staat und Gerichte vor einer neuartigen Herausforderung. Wie sich aber bereits in der Vergangenheit gezeigt hat, bieten Gesetzgebung und Rechtsprechung bereits heute rechtsstaatlich abgesicherte Handhaben gegen den Versuch, die Rechtsordnung zu mißbrauchen. Wo dies noch nicht der Fall ist, ist der Gesetzgeber gefordert.

Schon zu Beginn der achtziger Jahre hatten Scientologen das sogenannte «Geistlichenprivileg» im Wehrrecht entdeckt und versucht, es für sich zu nutzen, indem sie sich als «Geistliche» bezeichnen ließen und um Befreiung von der Wehrpflicht nachsuchten. Ließ sich zunächst noch die erste Instanz durch die Fülle des von der Organisation vorgelegten Papiers beeindrucken, hat dann das Bundesverwaltungsgericht[1] klargestellt, daß die Ausnahmetatbestände des § 11 Abs. 1 des Wehrpflichtgesetzes (und entsprechend § 10 Abs. 1 des Zivildienstgesetzes) nicht für jeden selbsternannten «Geistlichen» gelten. Unter anderem differenzierte das Bundesverwaltungsgericht unter Berufung auf die Rechtsprechung des Bundesverfassungsgerichts[2] und erklärte nur solche religiösen Bekenntnisse für schutzwürdig, die keine privaten Gewinne bezwecken. Eine Gemeinschaft, die überwiegend auf private Gewinnerzielung, etwa zugunsten von Gründern oder bevorzugten Mitgliedern, ausgerichtet ist und sich entsprechend betätigt, kann daher nach Ansicht des Bundesverwaltungsgerichtes nicht als ein begünstigtes Bekenntnis anerkannt werden. Bei dieser maßgeblichen Rechtsprechung ist es bis heute geblieben.

Ein wesentlicher Punkt für die Aktivitäten der Scientology-Organisation ist die Anerkennung der verschiedenen Organisationen bzw. Unterorganisationen als Verein. Damit sind zahlreiche Vorteile verbunden. Vor allem genießen Vereine ein «sozialeres» und insofern besseres Image, als es bei Wirtschaftsunternehmen der Fall ist. Die Ansicht ist weit verbreitet, daß ein «e. V.» gemeinnützig sei und von daher keine wirtschaftlichen Zielsetzungen verfolge. Von einem Wirtschaftsunternehmen weiß man, daß es in der Absicht handelt, Gewinn zu erzielen. Gegenüber Vereinen gilt hingegen die weitverbreitete Vermutung, daß man es mit einer ideellen Zielsetzung ohne kommerzielle Interessen zu tun habe. Diesen Image-Vorteil macht sich Scientology gern zunutze.

Allerdings zu Unrecht: Wer wie Scientology gewerblich oder in Gewinnerzielungsabsicht tätig ist, hat sich der Organisationsformen des Gewerberechts zu bedienen, muß also als Kaufmann auftreten oder im Gewande einer juristischen Person, beispielsweise einer GmbH oder Aktiengesellschaft. Für alle diese Gesellschaftsformen gelten zahlreiche gesetzliche Vorschriften, die beispielsweise die Buchführung, die Mitbestimmung, Publizitätspflichten (also die Verpflichtung, Bilanzen zu prüfen und zu veröffentlichen) oder gewerberechtliche Auflagen vorschreiben. Vereine hingegen unterliegen solchen Vorschriften nicht oder nur begrenzt. Sie sind durchweg nur ihren Mitgliedern gegenüber rechenschaftspflichtig. Die Rechtsfigur des sogenannten Wirtschaftsvereins bedarf der staatlichen Genehmigung, die aber heute in der Regel nicht mehr erteilt wird. Mithin bietet die Deklarierung einer Scientology-Organisation als Verein den großen Vorteil, das Gewerberecht und die Vorschriften über Bilanzierung und Publizität ebenso umgehen zu können wie z. B. auch Tarifverträge. Bei Erfüllung der steuerlichen Voraussetzung können Vereine zudem die Gemeinnützigkeit erlangen. Dies ist allerdings, soweit bekannt, bei keiner Scientology-Organisation der Fall.

Die Scientology-Organisationen haben ihre Filialen inzwischen in vielen Städten als Vereine angemeldet. Die Eintragungen sind durchweg auf der Grundlage der jeweiligen Satzung erfolgt, die naturgemäß nicht die wirkliche Tätigkeit, sondern lediglich den vorgeschobenen ideellen Zweck beschreibt. In Düsseldorf, wo bereits sehr früh ausreichende Informationen über den wahren Charakter der Scientology-Organisation vorlagen, wurde die Eintragung als Verein bereits 1983 verweigert, zu Recht, wie das Oberlandesgericht Düsseldorf erkannte.[3] Es kam ebenso wie die Vorinstanzen nach sorgfältigen Recherchen zu der Auffassung, daß die Scientology-«Mission» nicht eintragungsfähig sei, da es sich in Wirklichkeit um ein Wirtschaftsunternehmen handele. Anders hat dagegen das Landgericht Hamburg im Jahre 1988 entschieden.[4] Es untersagte dem Registergericht, die Fortsetzung des Eintragungsverfahrens von der Vorlage der Bilanzen abhängig zu machen. Begründet wurde dieser Beschluß mit der Annahme, daß es sich bei Scientology um einen religiösen Verein handele. Infolge dieses Beschlusses wurde die Hamburger Scientology-Organisation, die schon damals zur bundesweit größten und wohl einflußreichsten Niederlassung gewachsen war, in das Vereinsregister eingetragen. Diese Entscheidung läßt sich wohl nur mit der einseitigen Information erklären, die Scientology in großem Umfange dem Gericht vorgelegt hatte. Der Beschluß ist in der Fachpresse – und zwar unabhängig von seinem Gegenstand «Scientology» – auf ungewöhnlich heftige Kritik gestoßen. Die Entscheidung blieb, soweit bekannt, ein Einzelfall.

Inzwischen hat der Hamburger Senat als zuständige Behörde der Hamburger Niederlassung von Scientology die Rechtsfähigkeit gemäß § 43 BGB wieder entzogen. Dazu ist die Behörde berechtigt, wenn erkennbar wird, daß die Voraussetzungen der Registereintragung nicht bzw. nicht mehr vorliegen. In gleicher Weise verfuhr das Regierungspräsidium Stuttgart gegenüber der dortigen Scientology-Niederlassung. Schon zu Beginn der achtziger Jahre entzog die Stadt München der damals größten Scientology-Organisation den Vereinsstatus. Sie setzte sich damit beim Verwaltungsgericht im Jahre 1984 durch.[5] Es stellte nach eingehender Untersuchung fest, daß Scientology sich in einem solchen Maß wirtschaftlich betätigte, daß diese wirtschaftliche Betätigung erkennbar den Haupt- und nicht etwa einen Nebenzweck der Vereinigung bildete. Über die gegen dieses Urteil eingelegte Berufung ist es zu keiner Entscheidung mehr gekommen: Die Münchener Scientology-Niederlassung wurde umstrukturiert, die wirtschaftlichen Geschäftsbetriebe ausgegliedert und verselbständigt, so daß das damalige Verfahren gegenstandslos geworden war.

In weiteren Urteilen hat das Verwaltungsgericht Hamburg neuerdings die Scientology-Filialen verpflichtet, sich als Gewerbe anzumelden.[6] Über die dagegen eingelegten Rechtsmittel ist noch nicht entschieden. Würdigt man diese Tendenz der Rechtsprechung, wird wohl damit zu rechnen sein, daß die Scientology-Organisationen auf Dauer nicht als Vereine anerkannt bleiben. In dem Maß, in dem die Gerichte über zuverlässige und umfassende Informationen verfügen, dürfte sich vielmehr der Trend fortsetzen, die Scientology-Organisationen auf die Formen des Handelsrechts zu verweisen. Dadurch wird jedem «Kunden» deutlicher als bisher klargemacht, daß es sich um Wirtschaftsunternehmen handelt.

Das gleiche gilt für die Frage einer Anerkennung als Körperschaft des öffentlichen Rechts. Dieser mit einer ganzen Reihe von Privilegien verbundene Status beinhaltet beispielsweise das Recht, Kirchensteuern einzuziehen, auf die öffentlichen Melderegister zuzugreifen oder Rundfunkräte zu besetzen. Scientology hat offen erklärt, die Körperschaftsrechte anzustreben. Dies erscheint jedoch aussichtslos. Wirtschaftsunternehmen sind nicht körperschaftsfähig, ebensowenig Vereinigungen, deren Zielsetzungen verfassungsfremd oder im Hinblick auf ihre Verfassungstreue bedenklich sind.

Bei dem Versuch, ihre Ideologie zu verbreiten, bemüht sich Scientology auch darum, in das Erziehungswesen einzudringen. Der Versuch, in dem kleinen Ort Hoisdorf bei Hamburg ein scientologisches Internat zu errichten, scheiterte am entschlossenen Widerstand der Bürger. Darüber hinaus wäre die erforderliche staatliche Anerkennung einer solchen Schule davon abhängig, daß ihre Bildungsziele und -inhalte dem christlich-abendländischen Welt- und Menschenverständnis entsprechen. Eine Erziehung, die darauf abzielt, Andersdenkende auszugrenzen oder auszumerzen und/oder alle Andersdenkenden zu Kriminellen zu erklären, ist dagegen im Hinblick auf das Verfassungsgebot des Art. 1 Abs. 1 GG, die Menschenwürde zu schützen, nicht genehmigungsfähig.

In Bayern hat sich die Organisation darum bemüht, die Genehmigung für eine private Volksschule zu erhalten. Das Ansinnen wurde damit begründet, daß es sich um eine «bekenntnisfreie Weltanschauungsschule» handele. Diese Schule sollte, so die Behauptung ihrer Promotoren, zwar einerseits die Methoden von L. Ron Hubbard anwenden, sei andererseits jedoch «multikonfessionell» konzipiert. Dieser Antrag wurde abgelehnt. Die dagegen erhobene Klage blieb in allen Instanzen erfolglos. Die gewünschte Schule, die nach Darstellung des scientologischen Trägervereins durch besondere Offenheit und Pluralität in religiösen Dingen gekennzeichnet sein sollte, konnte eben aus diesem Grund nicht als «Weltanschauungsschule» angesehen werden. Die Bekenntnisschule setzt begriffsnotwendig ein einheitliches, in der Schule vermitteltes Weltbild voraus. Allein die Gemeinsamkeit in weltanschaulichen Teilaspekten berechtigt noch nicht zur Gründung privater Volksschulen. Mit dieser Rechtsprechung ist Vorsorge dagegen getroffen, daß Vereinigungen, deren Anschauungen selbst keine genehmigungsfähige Grundlage für eine Privatschule abgeben, in eine vorgeblich «neutrale» Schulform auszuweichen versuchen.

Neben der Abwehr ungerechtfertigter Vorteile stellt sich aber auch die Frage, welche Möglichkeiten dem Staat offenstehen, von sich aus Maßnahmen gegen Rechtsmißbrauch durch kommerzielle Kulte wie Scientology zu ergreifen, wie sie von der Öffentlichkeit immer wieder gefordert werden. Wie schon gesagt, gewährleisten die Art. 4/140 des Grundgesetzes die Glaubens- und Bekenntnisfreiheit. Damit ist es dem Staat verwehrt, unmittelbar Maßnahmen gegen eine Religions- oder Weltanschauungsgemeinschaft zu ergreifen. Dies ist eine weitgehende Einschränkung staatlicher Handlungsmöglichkeiten, die sich nicht etwa auf polizeiliche oder behördliche Maßnahmen beschränkt, sondern sogar zu beachten ist, wenn es lediglich um die Information der Öffentlichkeit geht oder wenn Eltern- und Bürgerinitiativen staatlich unterstützt werden sollen. Zwar gilt dies nicht bei nur pseudoreligiösen Vereinigungen, doch führt die Abgrenzung im Einzelfall zu erheblichen Schwierigkeiten. Mit diesen Fragen haben sich die Verwaltungsgerichte in den vergangenen Jahren schon mehrfach auseinandergesetzt.

Die Osho-(früher: Bhagwan-)Bewegung, der man den Charakter zumindest einer Weltanschauungsgemeinschaft nicht wird absprechen können, hatte sich gegen die Finanzierung von Eltern- und Betroffeneninitiativen durch den Bund und kommunale Stellen gewandt. Alle Instanzen sind zu dem Ergebnis gekommen, daß die mit der Finanzierung von Betroffeneninitiativen verfolgte Zielsetzung einer kritischen und damit negativen Information einen Eingriff in die Religionsfreiheit der Osho-Gruppe darstellt. Damit ist allerdings nicht gesagt, daß solche Informationspolitik von vornherein unzulässig wäre. Mehrfach hat das Bundesverwaltungsgericht unterstrichen, daß z. B. die Bundesregierung berechtigt ist, sich mit Ideologien und Kulten auseinanderzusetzen und dabei selbst Stellung zu beziehen. Die Bundesregierung ist also nicht etwa nur zur Neutralität verpflichtet, sondern sie ist ausdrücklich berechtigt, eine eigene Position zu beziehen. Dies ist Ausfluß der jedem und damit auch der Bundesregierung zustehenden Handlungs- und Meinungsfreiheit. Demgegenüber sind staatliche Verwaltungsbehörden grundsätzlich zu Distanz und Neutralität verpflichtet. Auch die Förderung Privater ist nach Auffassung des Bundesverwaltungsgerichts nicht grundsätzlich unzulässig, sondern durchaus möglich. Sie bedarf aber einer gesetzlichen Grundlage. Die Klagen der Osho-Bewegung waren im Ergebnis nur deshalb erfolgreich, weil es an einer solchen gesetzlichen Grundlage bislang fehlt. Sie wird sicherlich demnächst geschaffen.

Das Bundesverwaltungsgericht hat darüber hinaus dem Staat ausdrücklich die Möglichkeit eingeräumt, Organisationen selbst dann, wenn sie sich als religiös tarnen, mit den Mitteln des Vereinsrechts zu begegnen, was bis hin zum Verbot führen kann. Diese Rechtsprechung führt also nicht zu einer grundsätzlichen Behinderung staatlicher Aufklärung, sondern hat lediglich deren Rahmenbedingungen verdeutlicht. Fraglich bleibt, ob sie auf die pseudoreligiösen Scientology-Organisationen überhaupt Anwendung finden kann. Die vielfachen gerichtlichen Feststellungen, wonach Scientology als Gewerbe anzusehen ist, sprechen dagegen.

Von der Feststellung, daß die Scientology-Organisationen ganz oder in wesentlichen Teilen als Gewerbe einzustufen sind, hängt auch deren steuerliche Behandlung ab. Zwar gilt im Steuerrecht in bezug auf weltanschauliche Vereine das sogenannte «Nebenzweckprivileg», also eine steuerliche Begünstigung für all die wirtschaftlichen Aktivitäten, die dem Vereinszweck zu dienen bestimmt sind. Dem sind allerdings enge Grenzen gesetzt. Bei der wirtschaftlichen Betätigung der verschiedenen Scientology-Organisationen läßt sich ohnehin nicht mehr von einem «Neben»zweck sprechen. Die in der Literatur immer wieder zitierte Devise Hubbards, wonach der einzige Zweck der Organisationen darin bestehe, Bücher und Dienstleistungen zu verkaufen, spricht für sich. Die Scientologen selbst verwenden Begriffe des Wirtschaftslebens, z. B. wenn sie ihre Kursangebote als «Dienstleistungen» bezeichnen. Hier stellt sich die Frage, ob nicht derartige Dienstleistungen der Mehrwertsteuer unterliegen. Hält man sich die in den verschiedenen Veröffentlichungen geschätzte Höhe der scientologischen Umsätze vor Augen, denen nie ernsthaft widersprochen worden ist, müßte der an sich fällige Betrag jeden Finanzminister hellhörig werden lassen: Wenn der Umsatz allein der Hamburger Organisation pro Jahr für Dienstleistungen nur bei 50 Millionen DM läge, wären 7 Millionen DM an Mehrwertsteuer fällig. Soweit bekannt, sind die steuerrechtlichen Fragen in der Bundesrepublik noch nicht abschließend geklärt. Anders in Österreich: Sämtliche Instanzen haben dort festgestellt, daß die österreichischen Filialen der Scientology-Organisation die Voraussetzungen einer Begünstigung auf abgabenrechtlichem Gebiet, welche Religionsgemeinschaften gewährt wird, von vornherein nicht erfüllen.[7] Ebensowenig ist der österreichische Verfassungsgerichtshof den Argumenten der Scientologen gegen ihre steuerliche Veranlagung gefolgt.[8]

Ein anderer Bereich ist das Strafrecht. Verstöße gegen Straftatbestände sind unabhängig von ihrer Motivation grundsätzlich zu ahnden. Straftaten lassen sich weder religiös noch weltanschaulich, noch durch eine wie auch immer geartete Ideologie rechtfertigen. Wenn sich beispielsweise Scientologen in fremde Veranstaltungen einschleichen, wie dies häufiger zu beobachten war, ist dies Hausfriedensbruch. Gewichtiger noch ist der Vorwurf der Bildung einer kriminellen Vereinigung. Mehrere Staatsanwaltschaften ermitteln inzwischen in dieser Richtung.

Kriminogene und verfassungsfremde Ansätze finden sich in den veröffentlichten Materialien an vielen Stellen. Wenn Scientologen darauf abzielen, in Wirtschaft und Gesellschaft «ethische» Zustände herzustellen, dann verstehen sie unter «Ethik» im Ergebnis die Beseitigung aller anderen Meinungen. Mit dogmatischer Strenge wird die Verbreitung und Befolgung der «richtigen» religiösen «Technologie» verlangt und durchgesetzt, wie sich den jüngsten Führungsanweisungen entnehmen läßt. Damit steht Scientology in der Tradition autoritärer Regime, welche keine abweichende Meinung dulden, sondern diese mit allen Mitteln verfolgen. Gegner werden grundsätzlich für kriminell oder geisteskrank erklärt, da Scientology sich im Besitz der alleinigen Wahrheit wähnt. Eine solche Grundanschauung widerspricht eklatant den Vorstellungen des Grundgesetzes von Menschenwürde, Demokratie und Pluralität. Wenn darüber hinaus scientologische Schriften für die Durchsetzung von Machtpositionen ungesetzliche Methoden propagieren, wie es in dem als «Ethik» titulierten Buch von Hubbard geschieht, liegt der Verdacht nahe, daß Verhaltensweisen organisierter Kriminalität durch ein ideologisches System gerechtfertigt werden sollen. Wenn sich dieser Verdacht erhärtet, steht den staatlichen Stellen der vom Bundesverwaltungsgericht für den Notfall aufgezeigte Weg eines Vereinsverbots offen.

Individuelle Rechte

Der einzelne wird in folgenden Bereichen besonders betroffen: bei der Rückzahlung von Geldern, bei der Kündigung von Verträgen und bei familienrechtlichen Auseinandersetzungen.

Die Scientology-Organisationen pflegen für ihre späteren «Lieferungen» und «Leistungen» in aller Regel Vorkasse zu nehmen, d. h., sie veranlassen neue Mitglieder, Vorschüsse für später noch zu kaufende Kurse einzuzahlen. Auf jeden Fall müssen in der Regel die aktuellen Kurse vorab bezahlt werden. Teilweise wird suggeriert, daß man nicht vorab «aussteigen» könne, teilweise wird aber auch behauptet, man erhalte sein Geld zurück, wenn man innerhalb der ersten drei Monate nach dem Kauf eines Kurses mit diesem nicht zufrieden sei. Nicht wenige Kunden fürchten die Folgen ihrer in der ersten Euphorie den Scientologen gegebenen Unterschriften. Diese Furcht ist jedoch unberechtigt. Es ist jederzeit möglich, die Organisation zu verlassen. Sogenannte «nicht verbrauchte» Beträge sind zurückzuzahlen, und zwar mit Zinsen. Ob «verbrauchte» Gelder ebenfalls zurückgefordert werden können, ist bisher von den Obergerichten noch nicht entschieden worden. Es spricht viel dafür, daß zwischen Scientology und dem ahnungslosen «Kunden» wegen Sittenwidrigkeit des Geschäftes oder wegen Wuchers kein wirksamer Vertrag zustande gekommen ist, mit der Folge, daß der Scientology-Organisation überhaupt keine oder allenfalls nur eine angemessene Zahlung zusteht. Das bedeutet im Klartext, daß dann nicht für eine Stunde Auditing ein Betrag von 400 bis 500 DM, sondern nur ein Betrag von 10 bis 20 DM verlangt werden kann – wenn überhaupt.

Die Fälle nehmen zu, in denen Betroffene mit Firmen zu tun haben, die ihr Ziel, scientologisches Gedankengut zu verbreiten, dem Kunden gegenüber verbergen. Das ist etwa bei Unternehmensberatern, Schulungsfirmen oder Personalberatungen der Fall, aber auch bei EDV-Firmen, Werbeagenturen oder Freiberuflern denkbar. Verträge mit derartigen Firmen sind fristlos kündbar. Zwar ist zu diesem Punkt bisher keine höchstrichterliche Rechtsprechung ergangen. Es ist aber davon auszugehen, daß ein Vertrag entweder aus wichtigem Grund kündbar oder wegen arglistiger Täuschung anfechtbar ist, wenn ein Vertragspartner verbirgt, daß scientologische Methoden angewendet werden oder sonst ein scientologischer Hintergrund besteht.

Schwierigkeiten bereiten familienrechtliche Auseinandersetzungen. Die häufigsten Fälle sind die der Scheidung, weil ein Partner Scientologe (oder Mitglied eines anderen Kultes) wird oder daß der Ehepartner das Familieneinkommen, gemeinsam angeschaffte Wertgegenstände oder Sparguthaben heimlich verbraucht oder daß ein scientologischer Partner oder Expartner die gemeinsamen Kinder im Sinne von Scientology beeinflussen möchte oder das Sorgerecht verlangt. Solche Fälle lassen sich mit der herkömmlichen Dogmatik des Familienrechts nicht mehr befriedigend lösen. Der Verbrauch des gemeinsamen Geldes für scientologische Zwecke wird zwar nicht anders beurteilt als die Verschleuderung des Vermögens für irgendwelche anderen Belange und muß vom Partner hingenommen werden. Anders könnte sich die Sache aber darstellen, wenn der Vermögensabfall durch die Scientology-Organisation oder durch deren Mitglieder systematisch herbeigeführt worden ist. Hierüber gibt es noch keine Entscheidungen, so daß die Rechtssituation offen ist und sich eher pragmatische Lösungen empfehlen. Die zweckmäßigste Reaktion in solchen Fällen ist die faktische Sicherung des Vermögens etwa durch das rechtzeitige Sperren der Konten.

Das Sorgerecht für Kinder richtet sich grundsätzlich nicht nach den Vorstellungen der Elternteile, sondern maßgeblich ist allein das Kindeswohl. Die Gerichte lehnen es im Hinblick auf die weltanschauliche Neutralitätspflicht prinzipiell ab, die Einstellung eines Elternteils zum Maßstab für das Kindeswohl zu machen. Dieser im Grundsatz richtige Ansatz bedarf allerdings im Hinblick auf Scientology einer Modifizierung. Nach der Auffassung von Fachleuten führt die Anwendung scientologischer Techniken (darunter das ständige Sichanstarren) schon nach relativ kurzer Zeit selbst bei Erwachsenen zu psychischen Beeinträchtigungen mit langandauernden Folgen. Was für Erwachsene gilt, betrifft Kinder erst recht: Es muß davon ausgegangen werden, daß Kinder durch scientologische Beeinflussung schon nach kurzer Zeit bleibend für den Rest ihres Lebens geschädigt werden können. Es geht also nicht um die Bewertung irgendeiner weltanschaulichen oder ideologischen Überzeugung, sondern um die psychischen Folgen einer therapieähnlichen Behandlung. Bislang freilich tun sich Familiengerichte schwer, diese Situation zu erkennen und zutreffend zu würdigen. Der, der solche Gefährdungen der Kinder vorträgt, setzt sich zunächst dem Verdacht aus, er wolle religiöse Querelen auf dem Wege über das Sorgerecht austragen. Es ist daher vonnöten, innerhalb der Justiz Sachaufklärung zu betreiben und das vorliegende Material so auszubreiten, daß der Einfluß der scientologischen Psychotechniken auf das Kindeswohl vom Gericht sachlich nachvollzogen und den Tatsachen entsprechend bewertet werden kann.

Dieser Überblick über die Rechtslage zeigt, daß die rechtsstaatlichen Institutionen durchaus in der Lage sind, die in den Aktivitäten von Organisationen wie Scientology liegende Herausforderung anzunehmen und auch zu bewältigen. Zwar haben die Scientologen immer wieder rechtliche Freiräume extensiv zu nutzen versucht und sehen es vermutlich gern, wenn sie als «prozeßwütig» gelten. Das zur Schau gestellte juristische Trommelfeuer der Scientologen erweist sich jedoch, wenn der publizistische Pulverdampf verraucht ist, als nahezu wirkungslos. Die juristische «Munition» der Scientology-Organisationen bestand meistens aus Platzpatronen, gelegentlich waren sogar ausgewachsene Rohrkrepierer dabei. Auch besteht inzwischen weitgehende Einigkeit darüber, daß Staat und Gerichte keineswegs gehalten sind, der Selbsteinschätzung der Scientologen als «Religionsgemeinschaft» blind zu folgen. Die Erfordernisse etwa des Gewerberechts oder des Verbraucherschutzes lassen sich nicht einfach hinwegdefinieren. Mit Scientology ist es, bildlich gesprochen, wie mit dem Wein: Der Inhalt der Flasche ist entscheidend und nicht das Etikett.

Anmerkungen

1 Urteil vom 14. 11. 1980 in: *Neue Juristische Wochenschrift (NJW)* 1981, 1460 ff
2 Vor allem die Entscheidung BVerfGE 12,1 (hier), wonach das Grundgesetz nicht irgendeine, wie auch immer geartete freie Bestätigung des Glaubens schützen will, sondern nur diejenige, die sich bei den heutigen Kulturvölkern auf dem Boden gewisser übereinstimmender sittlicher Grundanschauungen im Laufe der geschichtlichen Entwicklung herausgebildet hat.
3 OLG Düsseldorf, Beschluß vom 12. 08. 1983, *NJW* 1983, 2574
4 LG Hamburg, Beschluß vom 17. 02. 1988, *NJW* 1958, 2617
5 VG München, Urteil vom 25. 07. 1984, Gewerbearchiv 1984, 329
6 VG Hamburg – 17 VG 978 / 88 – sowie – 5 VG 1351 / 91 –, unveröffentlicht
7 Österreichischer Verwaltungsgerichtshof, Erkenntnis vom 20. 5. 1987, Aktenzeichen Zl 85 / 13 / 0267-7
8 Österreichischer Verfassungsgerichtshof, Entscheidung vom 12. 12. 1988, Aktenzeichen B 13 / 88-11 und B 150 / 88-15

Uwe Birnstein

GEGENWIND AUS DER PROVINZ

Bürgerinitiativen gegen den Psychokonzern

«Viele Menschen hierzulande leiden unter dem Dreiaffensyndrom: nichts sehen, nichts hören, nichts sagen.» Diese Beobachtung stammt von einer, die das Gegenteil praktiziert: Renate Hartwig, Vorsitzende von «Robin Direkt e. V.». Sie schweigt nicht zu dem Unrecht, das durch Scientology geschieht.

Es ist schwer, den Einschüchterungsversuchen von Scientologen nicht zu erliegen. Dennoch haben sich in den letzten Jahren immer mehr Menschen zusammengefunden, um gegen das mafiaähnliche Unternehmen Scientology anzugehen: in Hoisdorf, Leipzig, Kiel, Wolgast, Wetzlar, Ulm, Seedorf und an vielen weiteren Orten in Deutschland, Österreich und der Schweiz. Überall ist ein ähnliches Phänomen zu beobachten: Wo sich Widerstand gegen den Scientology-Konzern formiert, entstehen Allianzen über politische und weltanschauliche Grenzen hinweg; Menschen entdecken die selten gewordene Tugend der Zivilcourage für sich und mischen sich ein in die Diskussion um die Sekte. Inzwischen kämpfen Hunderte gegen den «Kraken» Scientology. Ein Netzwerk verschiedener Betroffeneninitiativen ist entstanden. Erstmals in Deutschland sieht sich die Scientology-Organisation nicht einzelnen leicht zu verängstigenden Kritikern gegenüber, sondern einer konzertierten Aktion. Das hat Folgen: Scientologen werden enttarnt, die Organisation muß geplante Projekte abbrechen. Dennoch: Solche Erfolge sind bislang noch nicht die Regel. Gegner berichten immer wieder von dem Frust, den die Arbeit mit sich bringt: wenn Politiker die Gefahr der Scientology-Organisation nicht erkennen; wenn Menschen oberflächlichen Informationen aufsitzen oder der Scientology-Propaganda Glauben schenken. Doch wer die nicht sichtbaren Folgen des Widerstands erahnt, findet neue Kraft für die alltägliche Aufklärungsarbeit. Denn der Scientology-Konzern wird nervös. Aufgescheucht durch Enthüllungen, verstricken sich Scientologen in taktische Fehler. So sind es eigentlich die Widerstandsgruppen, die das Interesse der Medien weck(t)en und wachhalten.

Jeder Pressebericht über die zweifelhaften Praktiken der Sekte bedeutet Druck innerhalb der «Orgs»: Er fällt auf die Scientologen zurück, deren Aufgabe die «Handhabung» der Öffentlichkeit ist. Jede Negativmeldung über Scientology hat deshalb Auswirkungen in der Binnenstruktur der Sekte. Nicht nur psychologisch, sondern auch finanziell: Propaganda gegen Scientology-Gegner wird von der «OSA» (in Deutschland: DSA) bezahlt, dem scientologischen «Geheimdienst». Der nimmt die Feindbekämpfungsgelder unter anderem aus einer «Kriegskasse», die von spendierwilligen «Patrons» gefüllt wird. Die OSA stellt die Ausgaben für die Propaganda (von der Publikation *Freiheitsspiegel* bis hin zu Bespitzelungen) den einzelnen Orgs in Rechnung – so wird der Druck innerhalb der Scientology-Organisation noch mehr verstärkt. Ein weiterer Faktor: Einige Scientologen spielen Gegnern Dokumente zu. Das bedeutet: Innerhalb der Organisation kommt es zu Brüchen und Loyalitätsverlusten. Das schafft ein Klima des Mißtrauens. Gegner vermuten, daß die Scientology-Organisation daran zerbrechen wird. Zwei Gruppen, die sich in den letzten Jahren im Widerstand gegen die Hubbard-Jünger engagiert haben, seien hier vorgestellt. Ihre Arbeit zeigt beispielhaft, was Betroffene erreichen können und wie sie am besten vorgehen.

Hoisdorf. Ein verschlafenes 3000-Seelen-Dorf am Rande Hamburgs. Anderthalb Jahre lang dauerte der Scientology-Spuk hier. Daß er aufhörte, ist den engagierten Dörflern zu verdanken. Die «Initiative besorgter Eltern und Bürger Hoisdorf e. V.» machte Geschichte. Erstmals scheiterte ein Vorhaben der Pseudokirche am Widerstand einer Bürgerinitiative.

Dabei wäre es der Scientology-Organisation beinahe gelungen, unerkannt ein Internat zu gründen. Götz Brase, Scientologe und Gesellschafter einer finanzstarken Hamburger Immobilienfirma, hatte ein leerstehendes Kinderheim in Hoisdorf erworben, mitsamt 40000 Quadratmeter Land. Kaufpreis: 1,6 Millionen DM. Das ehemalige Waisenhaus «Gottesgabe» sollte zum Kampfplatz der Hubbardschen «Kinder-Dianetik» werden.

«Als wir erfuhren, daß Brase Scientologe ist, haben wir sofort mit der Aufklärungsarbeit begonnen», erinnert sich Esther Martensen. Die zweifache Mutter, ungeübt in Öffentlichkeitsarbeit und bis dato wenig informiert über die Sekte, organisierte als erstes einen Informationsabend. Die schlimme Ahnung einiger Hoisdorfer wurde zur lästigen Gewißheit: «Hier soll unter dem Deckmantel des Internats ein Schulungszentrum für Kinder von Sektenangehörigen eingerichtet werden», erkannte Hoisdorfs Bürgermeister Volker Horl. Nicht nur er und die Gemeindevertretung wurden von Sekten-Brase getäuscht. Auch der bisherige Besitzer des Kinderheimes, der christliche Verein «Heimat für Heimatlose», war offenbar irregeführt worden. Er verkaufte an eine Grund- und Bodengesellschaft, die behauptet hatte, Wohnungen für Aussiedler errichten zu wollen. Die Rechtslage war eindeutig: Der Kaufvertrag war abgeschlossen. Doch zur Eröffnung eines Internats fehlte den Scientologen die Genehmigung des zuständigen Kieler Kultusministeriums.

«Wir müssen der unmenschlichen Sekte endlich einmal die Stirn bieten», meinte der Hoisdorfer Uwe Blankenfeld. Gemeinsam mit Esther Martensen organisierte er eine Unterschriftensammlung unter den aufgebrachten Dorfbewohnern. Das Ergebnis war eindeutig: 98 Prozent sprachen sich gegen das Internat aus. Die beiden und ihre vierzig aktiven Mitstreiter arbeiteten sich immer tiefer in die Materie ein: Sie nahmen Kontakt zu Sektenexperten und Betroffeneninitiativen auf und sammelten Material über die Scientology-Sekte.

«Wir wollten aber auch mit den Scientologen ins Gespräch kommen», erzählt Esther Martensen. Also vereinbarte sie einen Termin mit Irmgard Hellkamp, der designierten Internatsleiterin. Die studierte Pädagogin und damalige «Lebensgefährtin» von Immobilien-Brase «rief fünf Minuten vor dem Termin an», erinnert sich Esther Martensen; «sie hätte Geburtstag, und ein Freund sei zu Besuch, ob der dabeisein dürfe. Sie brachte dann einen Ober-Scientologen mit, zweihundertfünfzigprozentig, aus München.» Das Treffen war belastet. «Immer, wenn Frau Hellkamp etwas persönlicher wurde, fuhr ihr der Mann über den Mund», erzählt Esther Martensen. Trotzdem war die Hoisdorferin angetan von dem Lehrplan, den Hellkamp ihr vorstellte: «Viele musische Fächer, Malen, Ballett – es hörte sich gut an. Doch alles orientierte sich an der Lernmethode des L. Ron Hubbard.» Der wirbt in seinem Buch *Kinder-Dianetik* für das «Auditieren» von Kindern – vom vierten Lebensjahr an. Die Erziehungsmaximen, die Hubbard vertritt, wirken auf den ersten Blick kinderlieb, entpuppen sich aber als Rattenfänger-Banalitäten. «Man geht schnell durch einen Stoff, und der Schüler gerät in Verwirrung», beschreibt die Hamburger DSA-Mitarbeiterin Sabine Titzel einen Kritikpunkt

Hubbards am herkömmlichen Unterricht. Im Gespräch mit der designierten Internatsleiterin erfuhr Esther Martensen noch mehr: Nicht nur eine Grundschule nach Sektenideologie sollte errichtet werden. Bis zum Abitur sollte das Internat die Jugendlichen begleiten. «Das hätte bedeutet, daß jedes Kind in Hoisdorf unmittelbar mit Scientologen zusammengetroffen wäre», erklärt Esther Martensen. Die Hoisdorfer Initiative weitete ihre Aktivitäten aus.

Grund für die Scientologen, gemäß ihrer «Ethik» die Widerständler anzugehen. Nächtliche Telefonanrufe, anonyme Briefe und Anzeigen gegen Mitglieder der Initiative häuften sich. Gleichzeitig wurden die Medien aufmerksam: «Über uns wurde in ganz Deutschland berichtet: Vom *Stern* bis zum *Hamburger Abendblatt*, von *Brigitte* bis zum *Spiegel*», erzählt Esther Martensen, «das hat die Scientologen wohl massiv böse gemacht!» – «Sie mache ich fertig! Sie bringen Ihre Familie in Gefahr», drohte eine Scientologin der engagierten Hoisdorferin. Esther Martensen instruierte ihre Kinder, warnte sie vor unliebsamen Gönnern. «Aber Angst hatte ich eigentlich nie. Denn wir haben viel Material gesammelt, das Scientology einige Schwierigkeiten bereiten dürfte, wenn's an die Öffentlichkeit käme. Deswegen werden sie uns auch in Ruhe lassen. Obwohl: Es passieren seltsame Sachen, Einbrüche, wo niemand weiß, wer eigentlich dahintersteckt.»

Im Laufe der Monate blieben die Fronten starr: Die Scientologen sahen sich einer unbeirrbaren Schar von Hoisdorfern gegenüber, die weder auf die verklärende «Kirchen»propaganda hereinfielen noch aus Angst vor Terror von ihrem Anliegen zurücktraten. «Wir sind sachlich geblieben», meint Esther Martensen; «sie selbst haben sich um Kopf und Kragen geredet!»

Nach anderthalb Jahren Machtkampf gaben die Scientologen auf. Über die Zeitung gaben sie im September 1990 bekannt, daß sie sich zurückziehen würden – nicht ohne einen letzten Versuch, die Öffentlichkeit auf ihre Seite zu ziehen. «Mit Rücksicht auf die Kinder, die dort unterrichtet werden sollten» habe man das Projekt aufgegeben, erklärte der Hamburger Scientology-Vizepräsident Franz Riedl und fügte hinzu: «In Hoisdorf war der Haß, der ihnen entgegenschlug, zu groß!» Brase bot das Grundstück zu einem horrenden Preis zum Rückkauf an – «weil der Widerstand so groß war», meint Esther Martensen.

Resümee: Die «Gottesgabe» ist wieder in Hoisdorfer Hand. Und die Dörfler halten nach dieser gemeinsamen Kampfzeit fester zusammen. Besonders die vierzig, die in der «Initiative» noch immer gegen eine weitere Ausbreitung des Scientology-Imperiums arbeiten. Täglich kommt Post von Betroffenen; Anfragen aus dem gesamten Bundesgebiet müssen erledigt werden. «Wir machen weiter», kündigt Esther Martensen an, «so lange, bis die Politiker endlich wach werden!» Ein erster Schritt dahin ist getan: 55000 Unterschriften sammelte die Hoisdorfer Initiative für einen parlamentarischen Untersuchungsausschuß in Sachen Scientology. Bundestagspräsidentin Rita Süßmuth nahm die Körbe voller Listen entgegen und sagte zu, sich um das Problem zu kümmern.

Siebenhundert Kilometer südlich von Hoisdorf liegt Pfaffenhofen, ein Dorf in der bayerischen Provinz, nahe Ulm. Seine Bekanntheit verdankt der Ort dem «Robin Direkt e. V.». Dessen Vorsitzende, Renate Hartwig, ein schwäbisches Original, hat die zuständigen Politiker und Staatsanwaltschaften bereits mit kiloschwerem Belastungsmaterial gegen Scientology beliefert. Mit Erfolg: Im Mai 1992 beschlossen die Justizminister der Bundesländer, die umstrittene Sekte strafrechtlich zu überprüfen. In der Scientology-Organisation gehe es nicht demokratisch zu, eine «Gefahr für die Gesellschaft» sei entstanden, so die niedersächsische Ministerin Heidrun Alm-Merk (SPD). Beunruhigt äußerten sich die Rechtspolitiker über psychische und physische Abhängigkeitsverhältnisse, materielle Ausbeutung durch Gewissenszwang sowie Persönlichkeitszerstörung durch «Auditing».

Ein Erfolg, der Renate Hartwig und ihren Mitkämpfern neuen Auftrieb gab. «Die ganze Aufklärungsarbeit ist doch gar nicht alleine zu bewältigen», stöhnt Renate Hartwig, «da müssen unbedingt jetzt die Politiker und Staatsanwälte dran!» 152 Aktenordner bezeugen eindrücklich, daß Hartwig die derzeit kenntnisreichste Expertin in Sachen Scientology ist. In ihren Schränken finden sich neben Aussteigerstories, Scientology-Propagandamaterial und unzähligen Presseberichten auch Hunderte Seiten Interna aus bundesdeutschen Scientology-Orgs: «Ethik-Akten» über Scientologen mit entlarvenden Fotos; brisante Briefwechsel zwischen Scientology-Firmen; Listen mit Namen von Scientology-Firmen und von «Patrons», Sektenmitgliedern, die mindestens 40000 Dollar in die «Kriegskasse» der internationalen Scientologen-Organisation gespendet haben.

«Das Material entlarvt die kriminelle Energie, die Scientology darstellt», meint Renate Hartwig. «Die Führungsspitze von Scientology ist paramilitärisch organisiert, das vermittelte Gedankengut eindeutig totalitär und damit eine Gefahr für den Rechtsstaat.» Wenn Renate Hartwig loslegt, bekommt man das Engagement der Schwäbin zu spüren. Kein Wunder, ist sie doch selbst eine der vielen Geschädigten, die der Scientology-Konzern in der gesamten Republik hinterlassen hat. Als Vertreter einer Staubsaugerfirma war ihr Mann auf eine zwar bekannte, aber dennoch wirksame «Scientology-Methode» hereingefallen. Er verlor eine sechsstellige Summe. Noch heute müssen die Hartwigs den Schuldenberg abtragen. Doch sie blieben nicht stumme Opfer. Sie gründeten «Robin Direkt e. V.», eine «Schutzgemeinschaft für Außendienst- und Direktvertrieb-Mitarbeiter». Hierbei ging es ihnen zunächst hauptsächlich um die von Scientology-Tarnfirmen geschädigten Geschäftsleute. Doch schnell wurde klar, daß nicht nur Geschäftsleute von Scientology ausgenommen wurden.

«Es gibt Tage, da bekommen wir körbeweise Post von Betroffenen», berichtet Renate Hartwig. Für sie ist die Beschäftigung mit dem Psychokult inzwischen zum Lebensinhalt geworden. Informationsveranstaltungen, Materialbeschaffung, Recherchen, Beratungsgespräche, Anwaltstermine und Journalistenkontakte füllen ihre Tage. «Zivilcourage» nannte der WDR ein Filmporträt der Kämpferin aus Pfaffenhofen. Getrieben vom Mitleid mit den Opfern und von einem christlich geprägten Gerechtigkeitssinn, kämpft sie leidenschaftlich gegen die Sekte. Daß weder Eitelkeiten noch eine große Lobby hinter der Kritikerin stehen, verunsichert die Scientologen. Renate Hartwig ist mit Sekten-Maßstäben nicht zu packen. Und: Sie weiß zuviel, als daß die Seelenfänger sie zu hart angehen könnten. «Wenn sich die Scientologen irgend etwas Unverschämtes erlauben», droht sie selbstbewußt, «gehen drei Scientology-Firmen hoch!» Eine Methode, die wirkt. Trotzdem muß sie sich die übliche Palette scientologischer Kritikerbekämpfung gefallen lassen. Telefonterror, öffentliche Diffamierungen und gefälschte Strafanzeigen sind die harmlosesten Methoden, denen sich Renate Hartwig ausgesetzt weiß. «Seit einiger Zeit bespitzelt mich mein Nachbar», erzählt sie – und präsentiert eine Liste mit Autonummern von Fahrzeugen, die in den vergangenen Wochen vor ihrem Haus geparkt haben. Daß diese Liste bei der Polizei zur Ermittlung der Autobesitzer vorlag, gilt Renate Hartwig als sicherer Beleg dafür, daß die Sekte bereits in Polizeidienststellen

Mitglieder sitzen hat. Schmierigster Versuch, Renate Hartwig zu de-nunzieren, ist ein anonymer Brief ans Jugendamt. «Gruppensex vor unverdeckten Fenstern» finde im Hartwig-Haus statt, meint der Schreiber und empfiehlt, den Sohn aus dem Haus zu nehmen «und die beiden Rabeneltern auf ihren Geisteszustand hin untersuchen (zu) lassen». Außerdem verschickt eine «Initiative Hartwig-Geschädig-ter» Fragebögen an Bekannte und Verwandte von Renate Hartwig, mit denen sie auf übelste Weise ausgefragt werden sollen. Sogar Geldsummen seien ihr geboten worden, um sie zum Schweigen zu bringen, «insgesamt sechsstellige Summen», berichtet Renate Hart-wig. Hamburgs Scientology-Vize Franz Riedl gesteht inzwischen freimütig ein, daß der Scientology-Geheimdienst DSA alles tue, um Renate Hartwig zu bekämpfen. «Sie ist kriminell und eine unver-blümte Lügnerin», meint auch Riedl-Vertraute Sabine Titzel.

Die Scientologen sind nicht nur durch die Hartnäckigkeit der Schwäbin verunsichert. Renate Hartwig hat die Hubbardsche Insi-dersprache erlernt. Vom «handhaben» und «clearen» spricht sie genauso flüssig wie über «Org», «OSA», «Chi» und «Thetan» – Ausdrücke, die nur Scientologen verstehen. So kann sie Scientolo-gen, die öffentliche Veranstaltungen zu stören versuchen, mit deren eigener Terminologie matt setzen. «Diese Sprache spiegelt das ge-samte Unterdrückungssystem innerhalb von Scientology», meint sie. Zuschauer bezeugen: Renate Hartwig hat gelernt, damit umzu-gehen und die Scientologen mit ihren eigenen Waffen zu schlagen. Wenn sie schließlich die sakralen Hubbard-Initialen «L. R. H.» als «Liebe Renate Hartwig» übersetzt, muß das Scientologen geradezu blasphemisch vorkommen. Die Schwäbin spart ansonsten nicht mit deutlichen Worten: Als «lächelnde Terroristen» und «ferngelenkte Söldner» bezeichnet sie die «niacinriechenden Scienties», die ge-samte Organisation hätte ein «faschistisches Denkmuster». Auf-grund ihres Wissens um die Leiden von Scientology-Opfern greift sie manchmal auch zu ungewöhnlichen Maßnahmen: Im Frühjahr 1992 verklagte sie Bundeskanzler Helmut Kohl, weil er mit seiner Untä-tigkeit in Sachen Scientology versäume, Schaden vom deutschen Volk abzuwenden, wie er in seinem Amtseid geschworen hat. «Das erste Ziel muß sein, daß Scientology nicht mehr als Kirche oder Reli-gionsgemeinschaft eingestuft wird, sondern als das, was es wirklich ist: ein skrupelloses Wirtschaftsunternehmen.»

Initiativen gegen die Scientology-Organisation laufen oft Gefahr, im Eifer des berechtigten Gefechts gegen Scientology-Projekte die Menschen, die sich hinter der dauerlächelnden Hubbard-Maske verstecken, nicht ernst zu nehmen, sie nicht zu respektieren. Das mag hilfreich sein, wenn es um die Verhinderung von Scientology-Plänen geht, es ist kontraproduktiv, wenn es um die Auseinandersetzung mit den dem Psychokult verfallenen Menschen geht.

«Jeder Mensch ist bereit, für jede Idee zu sterben – vorausgesetzt, sie ist ihm nicht klar.» So schreibt der polnische Lyriker Stanislaus Lec. Und es ist hinzuzufügen: Je irrationaler die Ideen sind, desto leichter verfallen ihnen Menschen. Denn daß ein totalitärer Science-fiction-Mythos mit dermaßen abstrusen und dubiosen Gedankengängen und ein derart zwielichtiger Guru wie L. Ron Hubbard so viele Menschen anziehen, ist nur vor diesem Hintergrund verständlich. Es ist leicht, die Abstrusität des Scientology-Systems mit rationalen Argumenten bloßzulegen. Doch damit ist weder Sekten wie der Scientology-Organisation noch den fundamentalistischen Strömungen innerhalb der etablierten Weltreligionen wirksam beizukommen. Sektierertum und Fundamentalismen sind stets nur Symptome, nicht aber die Ursachen gesellschaftlicher oder religiöser Mißstände.

Natürlich bleiben Menschen, die der Hubbardschen Pseudotherapie verfallen sind, noch Menschen – und werden keine Monster, die, marionettengleich, kein eigenes Ich mehr haben. Natürlich sind Scientologen intolerant, betreiben zweifelhafte Praktiken zur Durchsetzung ihres Systems – doch verlangt nicht nur das Gebot der Nächstenliebe, sondern auch der humane Grundsatz der Menschenwürde, mit ihnen im Gespräch zu bleiben. Die Diskussion um den Umgang mit dem Fundamentalismus-Phänomen in den letzten Jahren hat gezeigt: Nur wenn Fundamentalisten – und das ist auf Scientology-Anhänger uneingeschränkt übertragbar – sich ernst genommen fühlen, wenn sie im Dialog mit Andersdenkenden, Andersgläubigen fühlen, daß ihre Meinung toleriert wird – nur dann besteht die Chance, ihnen ihre Abhängigkeit zu vergegenwärtigen. Weder überhebliches Urteilen noch abfällige Kommunikationsverweigerung kann deswegen die angemessene Form des Umgangs mit Scientologen sein. Vielmehr sind Aufeinanderzugehen und Gesprächsbereitschaft gefordert. Der Dialog muß auch mit den Dialogunwilligen versucht werden. Denn die weltraummythologische Überspitzung der Fortschritts- und Wissenschaftsgläubigkeit ist ein Aufschrei gegen die aufgeklärte Gesellschaft, die ständig nur Pluralität bieten kann. Scientology betrachtet sich als Alternative zu den bestehenden Verhältnissen – dabei ist das Hubbardsche System mit seiner Geldgier, Würdelosigkeit und Kaltschnäuzigkeit nur ein Zerrspiegel des tatsächlichen Zustandes der westlich-kapitalistischen Gesellschaften.

Die Scientology-Organisation bedient sich des Geheimrezeptes, das alle totalitären Gruppen kennen: Je mehr Gruppenidentität sie vermitteln, um so anziehender erscheinen sie. Doch können Scientology-Gegner davon ausgehen, daß die Geborgenheitssucher, die bei Scientology gestrandet sind, die Kälte und Einsamkeit des Hubbard-Systems spüren. Hier sind sie ansprechbar; hier ist ihr «wunder Punkt», der nur nach Verstärkung schreit: nach Unterstützung der latenten Ablösungstendenzen, nach Solidarität mit dem unterdrückten Ich. Nicht die Hoffnung zu verlieren, daß der Scientologe diesen Keim der Rebellion gegen das von ihm scheinbar freiwillig übernommene System in sich trägt, das ist die anstrengendste und am meisten Geduld erfordernde Aufgabe von Menschen, die gegen die Scientology-Organisation vorgehen möchten – aber auch die lohnendste.

Hinrich C. G. Westphal

DAS HAMBURGER AKTIONSBÜNDNIS
GEGEN SCIENTOLOGY

Es lebt sich gut in Hamburg 20, dem attraktiven Stadtteil Eppendorf, in dem die Fassaden ansehnlich, die Lebensqualität beachtlich und die Kneipen zahlreich sind. Das wissen auch die Journalistinnen und Ärzte, die Schönen und die Modebewußten, die Reichen und die Einflußreichen, das weiß aber auch der Scientology-Konzern zu schätzen.

Ende 1990 ließ die Organisation einen Brief in die Häuser verteilen, in dem sie den «lieben Eppendorfern» versicherte: «auch auf uns, die Scientology Kirche, hat dieser schöne Stadtteil Hamburgs seine anziehende Wirkung nicht verfehlt. Deshalb eröffnen wir ein Informationszentrum in der Eppendorfer Landstraße 35... Während unsere Mutter-Organisation im Drogen- und Straßenmädchenviertel ihren positiven Einfluß auf die Umgebung nimmt, wie uns von vielen Nachbarn in St. Georg bestätigt wurde, freuen wir uns besonders, im Flair von Eppendorf Teil des Lebens eines schönen Hamburger Stadtteils zu sein...»

Doch bei den derart umworbenen Eppendorfern wollte keine rechte Freude über diesen neuen Teil ihres Lebens aufkommen, im Gegenteil. Als sie miterleben mußten, wie die scientologischen Nachbarn «für ein besseres Leben in einer schwierigen Welt» den Vorgarten plattmachten, die Hecke entfernten und die Passanten mit täglicher Penetranz ankoberten, breiteten sich Ärger und Unruhe aus. Erboste Eltern baten Zeitungsredaktionen um Aufklärung, Christen aller Konfessionen befragten ihre Kirchenvorstände, besorgte Bürger beschwerten sich bei den Behörden, zahllose Proteste alarmierten die politischen Parteien.

Für sich genommen, ist solch kollektive Empörung nicht einmal beispiellos, entsprechende Anlässe gibt es in unserer Gesellschaft genug. Doch anders als bei den üblichen politischen Aufgeregtheiten kam es in Eppendorf sehr schnell zu einer Vernetzung der Bürgerproteste. Die Vertreter von Konfessionen und Parteien, Initiativen und Vereinen nahmen zueinander Kontakt auf und verabredeten sich im evangelischen Pastorat zu einem ersten Treffen, dem bis heute viele weitere folgten. So entstand im Dezember 1990 ein bundesweit einmaliges Bündnis zwischen SPD, CDU, FDP und GAL, Kirchengemeinden und Elternräten, Mieterinitiativen und dem Bürgerverein. Gewerkschaft, Jüdische Gemeinde und Allgemeiner Studentenausschuß stießen zeitweilig dazu. Trotz Konkurrenz und Vorwahlkampf einigte man sich auf gemeinsame Presseerklärungen und Flugblätter, Straßenstände, landesweite Informationsveranstaltungen und Unterschriftenaktionen, auf überkonfessionelle und interfraktionelle Initiativen. Zugleich intensivierte man die Öffentlichkeitsarbeit – mit nachhaltigem Erfolg. Während viele Hamburger Medien und Journalisten bis dahin wegen juristischer Scherereien und persönlicher Belästigungen eher zögerlich und anonym über Scientology berichtet hatten, schuf der große gesellschaftliche Konsens nun ein Klima, in dem sich Journalistinnen und Journalisten offensiv und namentlich der gefährlichen Scientology-Aktivitäten annahmen.

Wo aber Bürger und Politiker aufstehen und Medien kontinuierlich aufmerksam machen, da werden auch Verwaltungen, Gerichte und Regierungen wach. So kam und kommt es in der Hansestadt immer wieder zu Verfahren und Verfügungen, Untersuchungen und Unternehmungen gegen jene Organisation, die die Scheinwerfer öffentlicher Kritik hassen muß. Fürchten aber muß sie das vom Senat im März 1991 eingeleitete Verfahren, das darauf abzielt, die Sekte nicht mehr als Verein, sondern als schlichtes Wirtschaftsunternehmen zu behandeln. «Wir wollen, daß der Mantel der Täuschung hinweggezogen wird», bekräftigte der damalige Staatsrat Dr. Fritz Vahrenholt die Absicht der Hamburger Regierung.

Der Krake Scientology reagierte auf das Eppendorfer Bündnis nervös, die Sektenführer machten Fehler. Natürlich war auch ihnen klar, daß es bei den Auseinandersetzungen nicht nur um das kleine Haus in der Eppendorfer Landstraße, sondern um ihren Standort Hamburg ging, der das Tor zur östlichen Welt, vermutlich sogar die Zentrale für Europa werden sollte.

Je mehr darum in der Hansestadt an Hubbards Hochglanzimage gekratzt wurde und der Nimbus der Unbesiegbarkeit ins Wanken geriet, desto deutlicher gefror das scientologische Dauerlächeln. Manche Maske fiel, und die Macht- und Geldsekte zeigte ihr wahres Gesicht: So bauten sich ca. 60 Scientologen neben den Informationsständen des Eppendorfer Bündnisses auf und sangen drei Stunden lang das Lied «We shall overcome», zugleich inszenierte man lautstarke Drohungen, Handgreiflichkeiten und Nötigungen.

So überklebte eine Scientologin die Veranstaltungsplakate der Eppendorfer mit Davidsternen, getreu der infamen Scientologen-Behauptung, sie seien die neuen Verfolgten unserer Gesellschaft, tatsächlich wurden aber Mitglieder des Eppendorfer Bündnisses demonstrativ verfolgt, permanent fotografiert und gefilmt oder mit Telefonanrufen belästigt. Auch wurden einzelne Personen in Flugblättern und Postwurfsendungen persönlich angegriffen und beleidigt, und anonyme Briefe zitierten aus Ron Hubbards *Ethik der Scientology* den Wunsch, daß der «Feind»«in der Dunkelheit dumpf aufs Straßenpflaster klatscht», während das feindliche Lager «als Geburtstagsüberraschung in riesigen Flammen aufgeht». Schließlich erschienen hauptamtliche Scientologen als scheinbar ratsuchende Bürger bei ihren Kritikern, um sie wie Undercover-Agenten auszuhorchen. Mag sein, daß solche aus einer Science-fiction-Fantasie entsprungenen Kriegsspiele anderswo Eindruck machen und einschüchtern, in Eppendorf bewirkten sie das Gegenteil.

Hier verhinderten der enge Kontakt und die gegenseitige Unterstützung innerhalb des Aktionsbündnisses, daß man sich von jener fremden Scheinwirklichkeit mit ihren absurden Denk- und Handlungsmustern berühren oder gar fixieren ließ. Vielmehr bestärkten die nervösen Fehlreaktionen der Dianetik-Funktionäre die Eppendorfer in ihrer unbeirrbaren Überzeugung : Jetzt erst recht, wir bleiben dran!

Diese gemeinsame Entschlossenheit zeigte Folgen: Heute ist das Grundstück in der Eppendorfer Landstraße gemäß einer Anordnung des Bezirksamtes wieder begrünt, eine hohe Buchenhecke säumt das Areal. Die Passanten werden nicht mehr angesprochen, das «Informationszentrum» wirkt verlassen, nur Prestigegründe scheinen die Scientologen noch von einer Aufgabe dieses Standortes abzuhalten. Dafür hat sich in dem Stadtteil eine «Iniative besorgter Eltern und BürgerInnen Eppendorf e. V.» gebildet, die sich der Aufklärung verschrieben hat. In Schulen, Gemeinden und Bürgervereinen finden Informationsveranstaltungen statt, während die Medien es sich selber zur Aufgabe gemacht haben, über Wirtschaftsunterwanderungen und Tarnorganisationen der Sekte rückhaltlos zu informieren. Die Staatsanwälte ermitteln in zahlreichen Fällen gegen den Konzern, die

Hamburger Bürgerschaft hält den Senat auf Trab, und die Parteien fassen Unvereinbarkeitsbeschlüsse. Das Eppendorfer Bündnis aber plant weitere Aktionen und Publikationen, um die ungebremste Offensive der amerikanischen Macht- und Geldsekte in Zukunft noch wirkungsvoller zu unterbinden.

So hat der Eppendorfer Zusammenschluß schon vieles angestoßen und bewirkt und vielen Mitstreitern neue positive Erfahrungen vermittelt. Das ist wichtig, denn wenn sich eine Koalition dem alleinigen Ziel widmete, negative Einflüsse von außen abzuwehren, hätte sie kaum lange Bestand. Das Negative würde dominieren und sich allmählich lähmend auf die Motivation der Beteiligten legen. Erst eigene positive Zielvorstellungen und menschliche Bereicherungen können einen solchen gemeinsamen Einsatz lohnend und erfolgreich machen.

Hendrikje Blandow-Schlegel, Distriktsvorsitzende der SPD, meint dazu: «Es ist das Geheimnis unseres Erfolges, daß wir alle der Sache wegen zusammenarbeiten und keine Berührungsängste haben. Das ist sehr angenehm und hat auch menschlich zu manchen interessanten bis freundschaftlichen Kontakten geführt. So etwas könnte in unserer Gesellschaft geradezu ein Modell werden.» Und Bettina Machaczek, stellvertretende Kreisvorsitzende der CDU, ergänzt: «Es tut gut, wenn man bei aller nötigen politischen und weltanschaulichen Konkurrenz auch einmal demonstrieren kann, daß es einem im Letzten um die Bewahrung und Fortentwicklung derselben Grundwerte geht. So kommt es bei der Definition der Gemeinsamkeiten auch zum konstruktiven Dialog über Religion, Menschenwürde und Demokratie.»

Offenbar besinnt sich die Gesellschaft erst dann auf ihre gemeinsamen Werte, wenn diese angegriffen und ernsthaft in Frage gestellt werden. Dabei sollten sich die Kampfmethoden einer selbstbewußten Demokratie immer von denen jener rücksichtslosen Ellbogensysteme unterscheiden. Sie muß nicht auf Psychoterror und Gewalt setzen, sondern auf Aufklärung und beharrliche Proteste der Bürger; nicht auf Tarnnamen und Geheimstrategien, sondern auf ehrliches Engagement und öffentliche Diskussionen. Nötig bleibt dabei die Wachsamkeit der Medien, der Einsatz der Politiker, die Konsequenz der Verwaltungen und fundierte Entscheidungen der Gerichte.

Bei alledem darf es nicht um die Verfolgung Andersdenkender gehen, die meist selbst nur Opfer sind, sondern um die entschlossene Abwehr von aggressiven Systemen, die unsere Gesellschaft noch härter und kälter, egoistischer und liebloser machen.

Ulrich Müller

SCIENTOLOGY ALS SOZIALER STÖRFALL

Gesellschaftliche Reaktionen auf die Aktivitäten der Sekte

Aus der Sicht eines Soziologen ist Scientology eine Ideologie, basierend auf einem totalitären, in sich geschlossenen Weltbild (vgl. Casper 1989, 7). Das irrige, gleichwohl verbreitete Verständnis von Scientology als «Religion» geht den Selbstzuschreibungen der Sekte auf den Leim. Auch Gerichte ließen sich hiervon leiten und kamen daher zu dem Schiuß, es handele sich um eine «Religion», die als «Kirche» organisiert ist (Abel et al. 1991, S. 12). Diese Urteile zeigen, wie wichtig es ist, Klarheit in die allgemeine Begriffsverwirrung zu bringen, zu der meines Erachtens trotz bester Absichten auch die Gegner der Neureligösen Bewegungen, die sogenannten «anti-cult-movements» beigetragen haben.

Historisch entwickelte sich das Neutralitätsgebot des Staates gegenüber Weltanschauungen und Religionsgemeinschaften aus den Bestrebungen der Trennung von Staat und Kirche. Oft ist die gesellschaftliche Wirklichkeit ihren normativen Codifizierungen etwa in Gesetzesform um mehrere Schritte voraus. Die Schere zwischen gelebter und verfaßter Wirklichkeit kann immer weiter aufgehen, denn Änderungen der Codifizierungen weisen zwischen ihrer gesellschaftlichen Notwendigkeit und ihrer Realisierung einen erheblichen timelag auf. Die Gerinnung eines gesellschaftlichen Wertes, wie der der Religionsfreiheit in einem Grundgesetz-Artikel, ist gleichsam als «unverrückbar» gedacht. Wird nun der Selbstzuschreibung einer Gruppe als «religiös» entscheidende Bedeutung bei der Anerkennung als Religionsgemeinschaft bzw. Weltanschauung beigemessen, wird die Wirklichkeit dieser Gruppe kaum noch überprüft.

In einer hochkomplexen postindustriellen Gesellschaft wie der Bundesrepublik werden alle Lebensbereiche von Institutionen vorstrukturiert und verwaltet. Reaktionen auf soziale Wandlungen können nahezu ausschließlich in den Bahnen institutioneller Regelwerke ablaufen. So versuchen auch die Institutionen, u. a. die Großkirchen, sozialen Neuformierungen wie auch den Neureligösen Bewegungen mit den alten Antworten zu begegnen. Die Institutionen verfügen über eine große rationale und lebensstrukturierende Macht, so daß es eine verbreitete Abwehrhaltung gegen die fortschreitende Vereinnahmung durch Institutionen gibt. Dies betrifft vor allem den Einfluß der Kirchen auf das Leben, dem man sich zunehmend entzieht. Das Leben, selbst das religiöse, will man nicht durch die Kirchen strukturieren lassen. Man orientiert sich «religiös» auch noch anderweitig (vgl. Schneider 1989). Unbestritten aber verbleibt die Zuständigkeit für Religiosität und für deren Definition den Kirchen.

Nun entstehen im sozialen Wandel immer wieder Muster organisierter Abweichungen vom sozialen Gefüge der etablierten Institutionen, dazu zählen neue Therapie- und Glaubenssysteme, die durchaus ein Gefährdungspotential beinhalten können. Es haben sich verschiedene Formen der Gefahrenabwehr oder auch der Schadensregulierung herauskristallisiert, mit denen die Gesellschaft auf die sogenannten Neureligiösen Bewegungen, vor allem auf Scientology, reagiert.

Die Entwicklung und die Methoden Scientologys wurden erst genauer in Augenschein genommen, als sich betroffene Angehörige ratsuchend an Geistliche der Kirchen wandten, um für – dekompensierte – Familienmitglieder Hilfe und für den eigenen Umgang damit Rat zu suchen. Die erste Anlaufstelle waren sinnvollerweise die Kirchen, da bei ihren Vertretern das größte Wissen um die Neureligiösen Bewegungen vorhanden war. Die Kirchenvertreter in Person der Sektenbeauftragten, vor allem der evangelischen Landeskirchen, waren sensibilisiert, als sich Sinnanbieter auf dem Sinnstiftungsmarkt breitmachten. Dieser entwickelte sich aus dem Psychoboom; im Schlepptau offerierte die New-Age-Esoterik-Welle emotionale Reize, die die Kirchen als eine Art Soziallehranstalten ohne Mystik nicht mehr boten oder bieten wollten. Die Kirchen und ihre Vertreter als beratende Instanz aufzusuchen war für Scientology-Geschädigte noch aus weiteren Gründen naheliegend: Zum einen war die Kirche als Institution in der Bevölkerung akzeptiert, wenngleich ohne reale Durchsetzungsmacht im Blick auf das Verhalten des einzelnen. In diesen Zusammenhang gehört die zwar nicht repräsentative, doch symptomatische Beobachtung, daß zu Beginn bzw. Mitte der siebziger Jahre die beschädigten und/oder enttäuschten Rückkehrer aus Neureligiösen Bewegungen aus religiös bestimmten Familien kamen (Müller 1990).

Gewichtiger aber ist das Bewußtsein, daß für alles, was mit Religion zu tun hat, die Kirchen zuständig seien. Diese von außen an sie herangetragene Zuständigkeit wird von den Kirchen auch aktiv eingefordert. Die Zuständigkeit für das «Religiöse» als kirchliches Quasimonopol fand noch eine sehr breite Zustimmung in der Bevölkerung. Auch ist der politische und gesellschaftliche Einfluß der Kirchen größer als auf einzelne Individuen (*Der Spiegel* 1992). Die Kombination beider Faktoren schlug sich nicht nur in konkreten Hilfen für Betroffene nieder, sondern hatte einen bedeutsamen Effekt für die weitere Auseinandersetzung mit der Scientology-Organisation. Die Vermutung kirchlicher Zuständigkeit von seiten der Betroffenen und staatlicher Instanzen bestätigt – durchaus unbeabsichtigt – die Selbstbezeichnung Scientologys als «Religion» und «Kirche». Auch der Nachweis von Haack (1982), daß Scientology als Lehre wohl eher eine «Magie» und als Institution gefährlich sei, änderte daran nichts. Nicht einmal der Beleg, daß Scientology als Wirtschaftsimperium angesehen werden könne (VG Hamburg, 17 VG 978/88 v. 11. 12. 1990), führte hier zu einem drastischen Wandel. Vielmehr sickert diese Erkenntnis nur langsam in das öffentliche Bewußtsein ein.

Die Tatsache, daß Zusammenschlüsse Betroffener in sogenannten «Elterninitiativen» oft von Kirchenvertretern als Vorständen geleitet werden (München/besonders Berlin) und ebendiese Initiativen auch die agilsten und lautstärksten Antibewegungen waren, verstärkte die Annahme, Scientology sei eine «Religionsgemeinschaft». Diese – moralisch durchaus verdienstvolle – Verflechtung von Kirchenamt und Initiativenhäuptling hat berufssoziologische Bedeutung. Denn auf diese Weise können Positionen sowohl inner- als auch außerkirchlich begründet und gesichert werden. Doch erhärtete sich so die allgemeine Annahme, hier handele es sich um eine Auseinandersetzung «guter» gegen «böse» Religionsgemeinschaften.

Bald stellte sich die Einsicht ein, daß die persönlichen wie strukturellen Möglichkeiten beim «Kampf» gegen Scientology begrenzt waren. Auch erkannte man, daß psychisch dekompensierten und verstörten ehemaligen Mitgliedern von Scientology und anderen Sekten allein durch theologische Kompetenz nicht hinreichend geholfen werden konnte. Dadurch wurden Veränderungen des Problembewußtseins ausgelöst. Verstärkt zielte man auf die Aktivierung der breiteren Öffentlichkeit durch Veranstaltungen und «Flugschriften», zuweilen mit Pamphletcharakter und unter Einbeziehung der lokalen wie überregionalen Presse. Ebenfalls Mitte der siebziger Jahre organisierten sich Betroffeneninitiativen, gaben sich die Rechtsform von Vereinen und schlossen sich zunächst in einer Dachgesellschaft, der «Aktion für geistige und psychische Freiheit, Arbeitsgemeinschaft der Elterninitiativen e. V.» (AGPF in Bonn), zusammen, aus der dann einige Initiativen wieder austraten (Berlin, München, Düsseldorf). Parallel hierzu wurden staatliche Stellen und Parteien über einzelne Abgeordnete aktiviert, um Unterstützung, insbesondere finanzielle Hilfe, zu erhalten. Die Wirksamkeit dieser Maßnahmen war unterschiedlich. Veranstaltungen waren gut besucht, die Mehrzahl der Besucher rekrutierte sich aus dem kirchlichen Umfeld, dem Bereich des Jugendschutzes sowie der Erwachsenenbildung. Immer waren auch betroffene Angehörige oder Freunde zugegen; die Mobilisierung einer darüber hinausgehenden Öffentlichkeit gelang hingegen nicht. Dies lag zum Teil auch daran, daß die Presse nur über aktuelle Geschehnisse berichtete und eben nicht kontinuierlich über Zusammenhänge informierte. Anders verhielten sich die kirchlichen Medien, insbesondere jene, deren Auftrag lautet, über religiöse Gegenwartsströmungen zu berichten.

Die Maßnahmen zur Einwerbung personeller und finanzieller Hilfe bei staatlichen Stellen waren dagegen erfolgreich. Manche Vereine wurden mit Zuschüssen bedacht, andere konnten ihre Ziele mit Hilfe öffentlicher Förderung verwirklichen, und einige wurden beauftragt, Information, Dokumentation und Beratung für alle Nachfrager (z. B. APG e. V., Düsseldorf) bereitzustellen. So entstand ein Netz von Einrichtungen, die nicht nur im Auftrag der Kirchen (mit der Bestellung von sogenannten Sektenbeauftragten der katholischen Bistümer wie der Evangelischen Landeskirchen), sondern auch im Auftrag staatlicher Institutionen handelten. Dabei war die Anbindung an jene Behörden, die «Jugendschutz» zu betreiben hatten, zunächst sinnvoll, weil man anhand des Begriffs der «Jugendreligionen» (von Haack 1975 eingeführt), insbesondere die Gefährdung Jugendlicher verringern wollte. Denn zunächst sah es doch so aus, als richte sich das Interesse Neureligiöser Bewegungen nahezu ausschließlich auf Jugendliche oder Heranwachsende.

Die Mobilisierung der Parteien erbrachte bis in die neunziger Jahre unterschiedliche Ergebnisse. Dort, wo eine hohe Affinität im Parteiprogramm zu christlichen Lehren vorhanden ist (CDU/CSU), gelang es stärker, einzelne Funktionsträger für die Arbeit gegen die

Neuen Religiösen Bewegungen zu aktivieren. Dies gelang auch bei einzelnen hohen christlich geprägten Funktionären der SPD. Je «liberaler» im Sinne einer Weltanschauungsferne eine Partei ist, desto weniger Engagement war für eine solche Arbeit zu erreichen; hier kippte die Distanz zuweilen in eine unkritische, geradezu naive Nähe zu Scientology um, weil Scientology mit ihrer Wirtschaftsorientierung imponierte (FDP Hamburg).

Engagement und Aktivitäten der katholischen und der evangelischen Landeskirche unterscheiden sich sehr. Speerspitze der frühen, aktiven Aufklärung und Arbeit waren einzelne Beauftragte evangelischer Landeskirchen (Pfarrer Hauth in Nordrhein-Westfalen; die Pfarrer Haack und Haberer in Bayern), die sich neben der praktischen Arbeit publizistisch betätigten. Manche dieser Arbeiten, insbesondere Haacks *Scientology – Magie des 20. Jahrhunderts*, sind zu Standardwerken geworden.

Wesentlich bedeckter halten sich die katholischen Beauftragten. Hier darf einmal die engere Führung durch die strengeren hierarchischen Strukturen als Ursache vermutet werden, wie auch die Tatsache, daß innerhalb der katholischen Kirche dogmatisch intolerante und fundamentalistische Strömungen stark an Gewicht gewinnen. So sind dem «Engelswerk» wie dem «Opus Dei» allen Kenntnissen zufolge auch keine Auswüchse an christlich toleranter, geschweige denn «liebender» Mitmenschlichkeit nachzusagen (dazu auch: *Süddeutsche Zeitung* vom 29.6.1992). Einsichtig ist, daß eine Großinstitution, die diese beiden machtpolitisch orientierten Subsysteme beherbergt und pflegt, sich schwer mit der offenen Verurteilung Scientologys tut. Obwohl die katholische Kirche mit der Sozialethischen Forschungsstelle in Hamm über ein Pendant zur Evangelischen Zentralstelle für Weltanschauungsfragen in Stuttgart verfügt, sind wesentliche Beiträge zu dieser Thematik von dort bislang nicht gekommen.

Bereits 1981 haben die Amerikaner Shupe, Hardin und Bromley auf die Verflechtung von Kirche und Staat im Bereich der «anti-cult-movements» in Deutschland hingewiesen. Sie machten darauf aufmerksam, daß es in der Bundesrepublik keine Massenbewegung gegen Neue Religionen gibt, sondern einige kirchliche Spitzenaktivisten, die aber eine starke Aktivierung staatlicher Reaktionen zuwege brachten.

Hingegen bilden in Amerika die Basis der «anti-cult-movements»

Bürgerzusammenschlüsse mit geringer staatlicher Unterstützung und relativ wenig Effektivität. Dabei sei die öffentliche Diskussion in Amerika größer, überdies gäbe es eine viel größere Zahl an wissenschaftlichen Forschungen hierüber. Begründet sei dies im Unterschied in den religiösen Traditionen (in den USA ist diese immer mehr pluralistisch sekten-, in Deutschland eher großkirchlich orientiert gewesen). Ferner spielte die Verschiedenartigkeit der Beziehung von Staat und Kirche eine Rolle, die in den USA relativ unausgeprägt, in Deutschland eng kooperierend war. Nicht zuletzt gäbe es in den USA eine größere Toleranz gegenüber Jugendlichen mit alternativen Lebensentwürfen als in Deutschland.

Die US-amerikanischen Erfahrungen in der gesellschaftlich-juristischen Auseinandersetzung mit Scientology wurden von den Institutionen der Bundesrepublik bislang ebensowenig zur Grundlage einer generellen Neubewertung der Scientology-Organisation gemacht, wie die Ergebnisse eines Untersuchungsausschusses des britischen Unterhauses, der Scientology bereits 1971 feindliche Machenschaften England gegenüber nachweisen konnte. Ob zu einer Neubewertung die Tatsachen beitragen, daß Scientology in Italien zum Staatsfeind erklärt und in Spanien führende Funktionäre verhaftet wurden, wird man sehen. Möglicherweise darf man als Anzeichen für eine Neuorientierung Scientology gegenüber die Ankündigung der Justizminister der Länder betrachten, Scientology vom Verfassungsschutz observieren zu lassen (vgl. *Süddeutsche Zeitung* vom 24. / 25. 5. 1992).

In zahlreichen Gerichtsverfahren hat Scientology versucht, Kritiker – gerade aus den Reihen der Kirchen und der Initiativen – zum Verstummen zu bringen, bis hin zu Versuchen, Staatsanwälte in ihrer Arbeit zu beeinflussen, zu behindern oder ablösen zu lassen (Staatsanwaltschaft München, Az. 115 Js 4298/84 v. 24. 4. 1984, S. 29).

Vielleicht ist die Schaffung einer interministeriellen Arbeitsgruppe unter Federführung des Bundesfamilienministeriums im Jahr 1991 eine Grundlage für künftige staatliche Aktivitäten, wie auch eine Anhörung von Experten im Ausschuß für Frauen und Jugend des Deutschen Bundestages zum Thema «Jugendsekten 1991» Weiterungen im politischen Raum nach sich ziehen könnte. Angestoßen wurden diese Aktivitäten durch höchstinstanzliche Entscheidungen des Bundesverfassungsgerichts und Bundesverwaltungsgerichts (BVerwG

7 C 2.87 v. 23. 5. 1989, Bestätigung durch das BVerfG v. 15. 8. 1989 [NJW 1989, 3269] und BVerfG 7 B 99.90 v. 13. 3. 1991 sowie BVerfG 7 C 21.90 v. 27. 3. 1992).

Das Verhalten von Scientology als Organisation und einzelner Funktionäre bzw. Mitglieder zum Gegenstand der Justiz zu machen ist eine Form der gesamtgesellschaftlichen Lebensregelung. Dieser Schritt stellt eine sozialpolitische, d. h. das Zusammenleben aller betreffende Antwort auf abweichende Verhaltensmuster dar. Die relative Sicherung des Zusammenlebens seiner Bürger durch Codifizierung der Regeln (Gesetze) und Sanktionierung von Abweichung ist ein konstitutives Element eines organisierten Gesellschaftssystems und um so notwendiger, je mehr plurale Wertvorstellungen vorliegen. Gerade die allgemeinen Werteunsicherheiten in einer «Risikogesellschaft» (Beck 1986) machen die Befolgung der Grundregeln des staatlich verfaßten Miteinanderlebens notwendig.

Die Entscheidung des Bundesverwaltungsgerichts, die Bereitstellung öffentlicher Gelder für eine kritische Initiative gegen die Osho-Bewegung zu untersagen (27. 3. 1992), hat möglicherweise weiterreichende Konsequenzen. Sie könnte bedeuten, daß die finanzielle Förderung der Initiativen entfällt und somit deren Aktivitäten zum Erliegen kommen dürften. Es ist nicht zu erwarten, daß aus Spenden oder Mitgliedsbeiträgen hinreichend ökonomische Ressourcen zur Fortführung der Tätigkeiten zusammenkommen. Schon gar nicht, wenn man die Kosten für Rechtsstreitigkeiten durch alle Instanzen bedenkt. Das dürfte das Ende des «anti-cult-movement» in der bisherigen Form bedeuten, wenn nicht andere Mechanismen greifen.

Aufgeschreckt und zugleich hilflos standen die Helfer und Berater der Initiativen den Veränderungen gegenüber, die mit den Personen, die Scientology entkommen waren, vonstatten gegangen waren. Selbst wenn man die familiären Verzerrungen in den Beschreibungen des «Vorher–Nachher» berücksichtigt, zeigt sich eine Reihe psychischer Auffälligkeiten bei ehemaligen Mitgliedern. Auch wurden die in den Bewegungen verbliebenen Kinder von ihren Eltern als völlig verändert dargestellt. Medizinische, besonders psychiatrische Hilfe mußte in Anspruch genommen werden. Doch leitete man darüber hinaus irrige Verallgemeinerungen ab und sprach insbesondere bei Scientology von einer «psychisch krankmachenden Wirkung» auf «Gesunde». Laiendiagnosen mündeten in die abenteuerliche Theorie einer «Psychomutation». Der Begriff wurde bei den amerikanischen

Psychiatern J. Clark und M. Singer entliehen (Shupe 1983, 188) und sollte als Etikett für einen psychischen Sachverhalt dienen. Die Methode des «Deprogramming», d. h. der Austreibung der Kultindoktrination mit Hilfe derselben Techniken, wurde allerdings von Haack strikt abgelehnt. Im Endeffekt blieb man bei der generalisierenden Annahme der allgemein psychisch krankmachenden Wirkung, insbesondere des Scientology-Systems, die für Einzelfälle nachgewiesen wurde (Prof. Kind, Zürich). Grundsätzlich kann keine Kausalkette zwischen der religiös-sensorischen Deprivationspraxis und dem psychischen Zusammenbruch angenommen werden. Vielmehr muß man davon ausgehen, daß die psychische Disposition der Individuen vor Eintritt in eine Sekte den Praktiken erst ein Gewicht verschafft, das über die psychischen, somatischen und sozialen Bewältigungsressourcen des Mitglieds hinausgeht und so zur Dekompensation führt. Bei entsprechender Grundpersönlichkeit und / oder psychischen und lebensweltlichen Krisensituationen vor dem Eintritt in die Gruppe dürfte sich eine Mitgliedschaft stark negativ auswirken. Zu betonen ist, daß zwei Faktoren, nämlich die psychischen Dispositionen in der individuellen Persönlichkeitsstruktur und eine mißlungene Sozialisation in der Vorbiographie, eine hohe Affinität für diese Gruppen herauszubilden scheinen, die dann im Rahmen der Gruppensozialisation zur Dekompensation führen können.

Es drängt sich der Eindruck auf, daß der Automatismus der psychisch krankmachenden Wirkung, der den gegen Scientology gerichteten Argumentationen zugrunde liegt, das gesellschaftliche Problem letztlich medikalisiert. Als Psychiatrisierung verstehe ich das Unterfangen, aus den offenkundigen Persönlichkeitsveränderungen eine Gesetzmäßigkeit abzuleiten und daraus wiederum die Notwendigkeit herzuleiten, das Gesundheitssystem aktivieren zu müssen. Dabei wird vergessen, daß die individuell nötige medizinische Hilfe eine kurative Hilfe ist und nicht als präventives Maßnahmenbündel für die Lösung eines sozialen Problems herhalten kann. Selbst wenn alle Scientology-Mitglieder infolge ihrer Methoden psychisch krank wären oder würden, wäre dies immer noch ein sozialpolitisches Problem.

Die argumentative Abdrängung des Problems in die Zuständigkeit von Medizin und Psychiatrie verstellt den Blick auf die soziale Unverträglichkeit der Scientology-Sozialisation. Es besteht ein prinzipieller Konflikt zwischen der Sekten-Identität und den anderen sozialen Rollen des betroffenen Individuums (Müller / Leimkühler

1992). Insofern ist die medizinische Intervention allein ebensowenig ausreichend wie isoliert religiös-theologische oder juristische Auseinandersetzungen mit dem Phänomen. Die komplexe soziale Einbindung der sogenannten neureligiösen Bewegungen muß berücksichtigt werden, wenn man angemessen auf ein System wie Scientology reagieren will, das chamäleongleich zwischen Selbstdarstellungen als «Wissenschaft», «Therapie», «Religion» bzw. «Kirche» changiert. Scientology ist meines Erachtens ein soziales, ein politisches System, das aufgrund seiner antidemokratischen Intentionen mit den Grundwerten unserer Gesellschaft unvereinbar ist. Nur wenn wir dieses Wissen in die gesellschaftliche Auseinandersetzung einbringen, wird es der Scientology-Organisation nicht mehr so leicht gelingen, sich mit Hilfe der sakrosankten Tarnkappe «Religion» aus dieser Welt zu verflüchtigen, um gleichzeitig mit allen irdischen Mitteln ihre Eroberung zu betreiben.

Literatur

Abel, Becher, Gawlik, Püttner, Taudien
1991: Die Rechtsprechung zu Neueren Glaubensgemeinschaften. Ein systematischer Überblick. Verlag Norbert Potthoff, Krefeld

Abgeordnetenhaus von Berlin
1991: Große Anfrage der Fraktion der CDU und der Fraktion der SPD über den Stand der Entwicklung und des Einflusses von sogenannten Jugendsekten und pseudotherapeutischen Gruppen in Berlin in den letzten zwei Jahren. Berlin, 17. 6. Kulturbuchverlag Berlin

Abschied von Gott.
1992: 15. 6: Spiegel-Umfrage: Was glauben die Deutschen? Der Spiegel 25 / 1992, 36–57

Amtlicher Bericht auf Anordnung des Ehrenwerten Unterhauses über die Untersuchung von Praktiken und Wirkung der Scientology
1971: 20. 12.: Bericht von Sir J. G. Foster. Übersetzt durch die Aktion Bildungsinformation e. V.

Beck, U.
1986: Risikogesellschaft. Auf dem Weg in eine andere Moderne. Suhrkamp Verlag, Frankfurt

Blum, H.
1991: Konfliktträchtige religiöse Gruppierungen – Kriterien für Jugendschutz und Jugendhilfe – Ein Überblick. AJS Informationen, Analysen – Materialien – Arbeitshilfen zum Jugendschutz. Mitteilungsblatt der Aktion Jugendschutz, Stuttgart, Oktober 5 / 27, 7 / 8

Bundesverfassungsgericht
15. 8. 1989: 1 BvR 881 / 89 TM-Beschluß. In *NJW* 1989, Heft 51

Bundesverwaltungsgericht
23. 5. 1989: 7 C 2.87 TM-Urteil. In *NJW* 1989, Heft 36;
3. 4. 1991: 7 B 99.90 OSHO-Doppelbeschluß;
27. 3. 1992: 7 C 21.90 OSHO-Urteil

Casper, B.
1989: Weltanschauung, in: Staatslexikon Bd. 5. Recht, Wirtschaft, Gesellschaft. Herder, Freiburg–Basel–Wien, 924–927

Haack, F. W.
1982: Scientology – Magie des 20. Jahrhunderts. München, Claudius

Haack, F. W.
1983: Die neuen Jugendreligionen. Münchener Reihe, 22. neu überarbeitete Auflage, Ev. Pressevorstand für Bayern, München

Hubbard, L. R.
1989: PTS / SP-Kurs. Wie man Unterdrückung konfrontiert und zerschlägt. New Era Publications International ApS, Kopenhagen

Keltsch, J.
1991: Arbeitspapier zum Thema Jugendreligionen – Versuch eines methodenkritischen Problemaufrisses – München, unveröff. Manuskript

Kuenzlen, G.
1988: New Age und Grüne Bewegung, in: Die Grünen und die Religion, hg. v. G. Hesse u. H.-H. Wiebe. Athenäum, Frankfurt am Main, 244–259

Landgericht München – Staatsanwaltschaft
24. 04. 1986: AZ: 115 Js 4298 / 84
Ermittlungsverfahren gegen Scientology-Gegner wird gemäß § 170 Abs. II Strafprozeßordnung eingestellt

Minhoff, C., Lösch, H.
1988: Neureligiöse Bewegungen. Strukturen, Ziele, Wirkungen. München: Bayerische Landeszentrale für Politische Bildungsarbeit

Müller, U.
1987a und 1990: Psychische Erkrankungen bei (ehemaligen) Mitgliedern von Jugendreligionen / Kulten / Guruistischer Gruppen. Medizinsoziologisches Teilprojekt der Studie «Jugendreligionen NW» der APG-Düsseldorf im Auftrag des Ministeriums für Arbeit, Gesundheit und Soziales NW. Düsseldorf. Unveröffentlichtes Manuskript, 1. Zwischenbericht 1987a und Schlußbericht 1990

Müller, U.
1987b: Standorte von Neuen Jugendreligionen, Kulten, guruistischen, esoterischen und «christlichen» Gruppen, New Age- und Pseudobewegungen. Eine Analyse. Gutachten im Auftrag des Jugendamtes der Stadt Düsseldorf. Unveröffentlichtes Manuskript

Müller, V., Leimkühler, A. M.
1992: Zwischen Allmacht und Ohnmacht. Untersuchungen zum Welt-, Gesellschafts- und Menschenbild Neureligiöser Bewegungen. Roderer, Regensburg

Ruppert, H.-J.
1985: New Age. Endzeit oder Wendezeit? Coprint, Wiesbaden

Schneider, M.
1989: New Age Projekt. Quantitative Erhebung. Ergebnisband. München, Manuskript

Shupe Jr., A. D., Hardin, B. L., Bromley, D. G.
1983: A comparison of anti-cult movements in The United States and West Germany. In: Of Gods and Men. New Religious Movements in the West. Proceedings of the 1981 Annual Conference of the British Sociological Association. Sociology of Religion Study Group ed. Eillen Barken. Mercer University Press, Macon, GA

Uertz, R.
1990: Protokoll des Expertengesprächs / Akademiekreises «New Age», 26.–27.11. 1989 in Schloß Eichholz. Konrad Adenauer Stiftung e. V., Wesseling

SCIENTOLOGY – EIN IDEOLOGISCHES SYSTEM DER VERBLENDUNG

Ein Gespräch zwischen Norbert Nedopil und Wolfgang Behnk

Professor Nedopil ist Leiter der Abteilung für forensische Psychiatrie an der Psychiatrischen Klinik der Universität München. Unter Professor Kugler führte er eine Untersuchung an Patienten der klinischen Psychiatrie durch, die sich der Wechselwirkung von Sektenmitgliedschaft und psychischen Erkrankungen widmete. Er wurde wiederholt als Sachverständiger bei gerichtlichen Auseinandersetzungen um Scientology herangezogen.

Das Gespräch mit ihm führte Wolfgang Behnk, Theologe und Sektenbeauftragter der Evangelischen Kirche in Bayern.

Behnk: Herr Professor Dr. Nedopil, wie oft kommt es vor, daß Sie in Ihrem forensischen, also gerichtsmedizinischen Arbeitsbereich der Psychiatrischen Klinik der Universität München mit Sektenproblemen, insbesondere mit Scientology, zu tun haben?

Nedopil: In der forensischen Psychiatrie haben wir jährlich etwa ein- oder zweimal mit Sekten oder Psychokulten zu tun. Immer dann, wenn es Konflikte gibt zwischen Sekten- bzw. Psychokultangehörigen und deren Verwandten, wenn es darum geht, ob ein Mitglied einer solchen Gruppe vielleicht psychisch gestört ist, die Eltern sich Sorgen machen und fragen, ob sie den Sohn oder die Tochter entmündigen oder unter Betreuung stellen lassen sollen, tritt man an mich heran. Häufiger kommt auch die Frage, ob jemand strafrechtlich verantwortlich gemacht werden kann, ob jemand geschäftsfähig gewesen ist, wenn er durch eine Sekte verändert worden ist, oder aber, ob die Eltern überhaupt das Recht haben, da einzugreifen. In solchen Zusammenhängen tauchen grundsätzliche Probleme auf: Wie gefährlich ist die Einbindung in eine Sekte für die psychische Gesundheit? Gibt es Konsequenzen aus psychiatrischer Sicht? Wie soll eine erkrankte Person behandelt werden?

Die meisten Erfahrungen indes, die ich im Hinblick auf die Sektenproblematik gesammelt habe, beruhen auf meiner früheren klinischen Tätigkeit. Die Wechselwirkung von Sekte und psychischer Erkrankung wird häufig in der alltäglichen psychiatrischen Praxis nicht erkannt. Denn oft erfährt der Therapeut nur durch Zufall, daß ein Patient in einer Sekte oder in einem Psychokult war, wenn er mit einer Psychose oder einer anderen psychischen Krankheit in die Klinik kommt. Die Ursache einer schweren psychischen Erkrankung ist in der Regel nicht bei der Sekte zu suchen. Sehr wohl aber kann die Sektenzugehörigkeit den Anstoß dafür geben, daß jemand in eine Psychose entgleitet und ein Krankheitsbild dadurch mit geformt wird. In den 34 von Kugler und seiner Arbeitsgruppe untersuchten Fällen war die Sektenzugehörigkeit bei 5 Personen ausschlaggebend für das Dekompensieren in die Psychose. Bei den übrigen Patienten bildeten die Erfahrungen, die die Patienten bei der Berührung mit Sekten machten, immerhin einen wesentlichen Anlaß für die Psychose. Bei einem Menschen, der unter einer Psychose leidet, sind z. B. Meditationstechniken, wie sie in Psychokulten geübt werden, kontraindiziert. Das gilt auch für die bei Scientology praktizierte Methode der «Konfrontation», bei der man in stundenlangem Training lernen soll, dem Gegenüber auch in unangenehmsten Situationen konstant in die Augen zu schauen, um die eigenen Emotionen unter Kontrolle zu halten. Ein Reizentzug dieser Art ist bei solchen Patienten immer kontraindiziert, kann zur Dekompensation führen und eine klinische Behandlung notwendig machen. Den Ergebnissen unserer Untersuchung zufolge bestand das größte Risiko bei Scientology darin, daß notwendige psychiatrische Maßnahmen in Fällen solcher Dekompensationen verhindert wurden. Unsere Untersuchung lief über einen Zeitraum von vier Jahren, bei einer Aufnahme von 800 bis 1000 psychosekranken Patienten pro Jahr. Auch wenn «nur» 34 Patienten unter dem Gesichtspunkt der Betroffenheit durch eine Sekte auffällig wurden, so besteht doch im Einzelfall immer Anlaß zur Sorge. Überdies verhindern gerade die bekannten Widerstände und Ressentiments der Scientology gegen die Psychiatrie, daß die notwendige Behandlung einsetzen kann, und dies vor allem rechtzeitig.

Behnk: Mit welchen Symptomen kommen Menschen nach einer Berührung mit Scientology in psychiatrische Behandlung? Welche Nöte, Ängste, Gratwanderungen, Defizite und Irritationen treiben sie um? Ist ein Zustand von Persönlichkeitsverlust auffällig? Gibt es bleibende Beeinträchtigungen, Störungen oder Schäden?

Nedopil: Bei ambulanten Patienten, die mir von den Beratungsstellen zugeschickt wurden, beobachtete ich Symptome im Anfangsstadium der Verunsicherung, des Verlustgefühls. Sie haben den Eindruck, den Boden unter den Füßen zu verlieren. Was die Gratwanderung betrifft: Bei manchen Patienten stellte sich das Gefühl ein, bestimmte Dinge nicht mehr ausbalancieren zu können, vor einem drohenden Absturz zu stehen. Oder sie hatten das Gefühl, in einen Weg hineinzugeraten, auf dem es kein Zurück mehr gibt. Mir ist ein Patient erinnerlich, der überlegte, ob es nicht doch richtig sei, daß er insgeheim an Selbsttötung denkt und es ihn überkommen könne. Er wollte Gewißheit haben. Oder Patienten hatten Bedeutungserlebnisse – sie waren überzeugt, irgend etwas passiert, was sich auf sie bezieht, und reagierten dann etwa wie folgt: «Ich habe mich so geängstigt, daß ich die ganze Nacht nicht schlafen konnte.» Den Terminus «Persönlichkeitsverlust» würde ich nicht verwenden. Ich spreche lieber von Persönlichkeits- oder Wesensänderungen. Diese äußern sich so, daß jemand sagt: «Ich weiß nicht mehr, wo der Weg für mich hingeht; vorher war ich integriert, jetzt bin ich allein.»

Die Patienten, die ich in der Klinik stationär gesehen habe und die psychotische Befunde aufwiesen, litten an Sinnestäuschungen oder spezifischen Wahnerkrankungen. Bei den Sinnestäuschungen oder Halluzinationen ist es so, daß der Betroffene etwas sieht, wo nichts ist, oder etwas hört, wo nichts ist. «Stimmen hören» ist durchaus ein charakteristisches Merkmal schizophrener Psychosen. Ich kann allerdings nicht sagen, daß solche Symptome im Mittelpunkt der im Zusammenhang mit Scientology angesprochenen Psychosen stehen. Als spezifische Formen des Wahns beobachtete ich hier die Angst des Patienten, sich selbst zu verlieren, nicht mehr er selber zu sein, von sich selbst etwas weggenommen bekommen zu haben. Der Patient fühlt, daß er innerlich ausgelaugt und leer ist, hat die Empfindung, daß er nur noch die Hülle seiner selbst sei und seine Persönlichkeit verloren zu haben. Er erlebt sozusagen eine Exterritorialisierung des eigenen Ich, etwa von der Art «Bei mir läuft nur noch das Fleisch herum, die Seele ist woanders». Eine Patientin etwa hatte massive Vergiftungsängste. Sie verweigerte aus lauter Angst die Aufnahme von Nahrung. Es wird also deutlich, daß bei solchen Psychosen der Bezug zur Wirklichkeit verlorengeht. Ein anderer, auch wenn er sich bemüht, kann die Vorstellungen des betreffenden Menschen nicht

mehr nachvollziehen. Zustände dieser Art, die natürlich auch anders
– etwa durch Stoffwechselstörungen und Intoxikationen – verursacht
sein können, sind jedenfalls immer ein Hinweis auf ernsthafte psychische Erkrankung.

Es handelt sich aber um Fälle, bei denen ich noch einmal hervor-
heben möchte, daß Scientology nicht allein «die Ursache» der Erkrankung war, doch einen auslösenden Faktor für den Ausbruchs-
zeitpunkt der Psychose darstellte. Mit Sicherheit hat Scientology
verhindert, daß die gefährdeten Personen rechtzeitig behandelt werden konnten. Was schließlich eventuell bleibende Schäden angeht, so
könnte ich nicht sagen, daß bei Scientology oder einer anderen Sekte
oder einem Psychokult psychische Schäden auftauchten, die nicht
mehr geheilt werden konnten. Wenn solch ein «irreparabler» Fall
dennoch einmal auftritt, dann würde ich auf der Basis meiner heutigen Erfahrung sagen, daß bereits eine entsprechende Störung unabhängig von der Sekte vorhanden war, die aber durch die Sekte aktiviert wurde.

Behnk: Vor einiger Zeit erhielt ich Besuch von einem jungen Mann,
der ganz aufgeregt war. Er sei auf der Straße angesprochen und zu
einem Persönlichkeitstest in ein sogenanntes «Dianetik-Informa-
tionszentrum» eingeladen worden. Bei der Testauswertung habe
man ihm erläutert, daß seine Persönlichkeit besorgniserregende
Schwachpunkte aufweise und er diese mit Hilfe eines «Kommunikationskurses» für einige hundert Mark entscheidend verbessern
könne. Am besten solle er gleich die ersten Termine ausmachen.
Spontan habe er sich per Unterschrift für den vermeintlich hilf-
reichen und preisgünstigen Kurs verpflichtet und auch gleich bezahlt. Als ihn zwei Tage später seine Freundin aufgeklärt habe, daß es
sich bei «Dianetik» um die Scientology-Sekte handle, sei sein Schrek-
ken groß gewesen.

Nedopil: Die Erfahrungen mit Scientology zeigen, daß dies kein Einzelfall ist. Ich selber bin schon so angesprochen worden. Im Rahmen
unserer schon erwähnten Untersuchung haben wir 1984 drei Personen von Scientology anwerben und sie auch die ersten Kurse mitma-
chen lassen, sozusagen als Undercoveragents. Allen dreien wurden
zum Teil erhebliche Beeinträchtigungen ihrer Persönlichkeit testiert:
Der eine habe «Kontaktstörungen», die unbedingt bearbeitet werden

müßten, der zweite werde irgendwann einmal aufgrund seiner Persönlichkeit «Probleme kriegen», und der dritte sei gar ein «potentieller Selbstmordkandidat». Wir haben diese Leute dann mit herkömmlichen psychologischen Verfahren untersucht, unter anderem mit Hilfe klinischer Fragebögen zum Persönlichkeitsprofil. Keiner von ihnen ist jedoch irgendwie auffällig gewesen. Wir fragten sie, wie sie sich denn verhalten würden, wenn ein Psychiater ihnen derlei Befunde wie «potentieller Selbstmordkandidat» eröffnen würde. Alle drei – obwohl ganz gesunde Leute – antworteten, sie würden sich Sorgen machen. Zwei von ihnen gaben an, sie würden sich Hilfe holen. Und lediglich einer sagte, er fühle sich eigentlich ganz wohl, er wisse nicht, warum er sich in eine Behandlung begeben solle, das müsse ein Irrtum sein.

Die Reaktionen zeigen, daß bei den meisten Menschen die Suggestion «Dir fehlt was!» als Therapieaufforderung aufgefaßt wird. Das Risiko bei der scientologischen Anwerbepraxis besteht also darin, einen Defekt suggeriert zu bekommen – auch da, wo keiner ist – und gleichzeitig mit einem vermeintlich indizierten «Hilfsangebot» konfrontiert zu werden. Es handelt sich hierbei nicht bloß um eine fragwürdige Verkaufsmasche, vielmehr liegt aus psychiatrischer Sicht insofern eine Gefahr vor, als durch eine derartige Methode erheblicher Verunsicherung besonders psychisch labile Personen aus dem Gleis gebracht werden können.

Behnk: Der scientologische Persönlichkeitstest wird auch als «The Standard Oxford Capacity Analysis (OCA)» bezeichnet. Schon dieser Name klingt in der Tat sehr wissenschaftlich. Auch die auszufüllende Liste von 200 Fragen beeindruckt den psychologisch unkundigen Laien. Es hat den Anschein, als werde durch den Test sehr gründlich und systematisch abgefragt, so daß auch die Vermutung einer verläßlichen Auswertung naheliegt. Wie funktioniert dieser Test eigentlich? Wie wird seine Auswertung vorgenommen? Und zu welchen Resultaten führt er, ja muß er möglicherweise führen?

Nedopil: Ich erwähnte schon, daß im Rahmen unserer Untersuchungen ein nach herkömmlichen psychologischen Methoden durchgeführter Persönlichkeitstest an Leuten, denen zuvor nach der Methode des scientologischen OCA-Tests psychische Defekte bescheinigt worden waren, zu völlig anderen Ergebnissen kam. Gewiß sind nicht alle im OCA-Test gestellten Fragen abwegig, die wissenschaftliche Qualität eines psychologischen Tests mißt sich indes an einer Anzahl von Parametern, die seine Trefferquote ausmachen: Wie sensibel ist der Test? Wie spezifisch ist er? Wie steht es mit seiner «Reliabilität», womit die Übereinstimmung zwischen zwei verschiedenen Testergebnissen gemeint ist, die aber gleiche Informationen bringen wollen? Was ist mit seiner «Validität», d. h., stimmt der Test in dem, was er mißt, auch mit dem überein, was ich wirklich erfahren will?

All diese Qualitätsfragen sind im Hinblick auf den scientologischen Test nie geklärt worden.

Für das Verständnis von Persönlichkeitstests ist es wichtig, zu wissen, daß es in der ganzen Psychologie überhaupt keinen Test gibt, der eine 100prozentige Reliabilität oder Validität hat. Die beste Trefferquote, die man erreichen kann, liegt bei 75 Prozent. Aber selbst die gilt nur bei sehr begrenzten Fragestellungen wie «depressiv oder nicht depressiv?». Wenn man jedoch – wie es ja die Absicht von Scientology ist – ein umfassendes Menschenbild erheben will, dann erreicht man nicht einmal diese 75 Prozent.

Behnk: Sie haben bereits Ende 1984 im Zusammenhang mit einem Verwaltungsprozeß gegen Scientology München ein nervenärztliches Gutachten erstellt. Im Hinblick auf den OCA-Test schränkten Sie damals Ihr kritisches Urteil durch die Bemerkung ein: «Aus den uns vorliegenden Materialien ist nicht ersichtlich, ob es sich bei dem angewandten Persönlichkeitsfragebogen um ein wissenschaftlich anerkanntes Verfahren handelt oder nicht.» Hat sich denn an der Informationslage tatsächlich seitdem nichts verändert?

Nedopil: Die Daten, die wir 1984 forderten, sind bis heute nicht vorgelegt worden. Die Frage, weshalb Scientology das betreffende Material nicht offenlegt, kann ich nicht beantworten. Man könnte es ja ohne weiteres tun. Wenn man so viele ausgewertete Fragebögen hat wie Scientology, könnte man durchaus eine gute wissenschaftliche Untersuchung über die Testqualität machen. Ich weiß es nicht, aber vielleicht wollen die Scientologen mit ihrem Test Geheimwissenschaft betreiben. Neben den bereits erwähnten fehlenden Reliabilitäts- und Validitätsberechnungen sind für die OCA-Tests auch immer noch nicht – was sehr problematisch ist – die für die Test-

überwachung wichtigen «Kontrollskalen» vorhanden, vermittels
deren differenziert werden kann, ob der Proband übertreibt oder si-
muliert und somit ein falsches Bild von sich abgibt. Auch die «Aus-
wertungskompetenz des Auswerters» schließlich ist im Falle des
Scientology-Testverfahrens nicht gesichert, was für den Probanden
bedenkliche Risiken und Gefahren mit sich bringt.

Behnk: Sie sprachen in Ihrem nervenärztlichen Gutachten sehr deutlich von den Folgen des Scientology-Tests. Nachweislich sei es durch
dessen Anwendung bei bestimmten Menschen zu einer «psychischen
Labilisierung» gekommen. Sie schlossen nicht aus, daß durch den
Test und das sich anschließende Kursverfahren bei «instabilen Persönlichkeiten» durchaus «abnorme seelische Entwicklungen» in
Gang gesetzt werden könnten.

Nedopil: Folgende Hypothese ist durch konkrete Fälle klar belegt
worden: Wenn sich jemand als kontaktgestört, als irgendwie mit
einem Defizit versehen empfindet und man ihm Hilfe anbietet, dann
hat diese den Charakter einer Therapie, unabhängig davon, wie man
diese Zuwendung nennt. Wenn nun bei einem solchen Verfahren
suggestive Techniken eingesetzt werden wie bei Scientology, dann
geht das in eine Richtung, bei der der einzelne sich von seinem bisherigen sozialen Rahmen entfremdet und eine von ihm selbst nicht
mehr kontrollierbare Entwicklung durchmacht. In einer normalen
Therapie wird verlangt, daß dem Patienten die Zielsetzung derselben
explizit gemacht wird. Bei Scientology nicht. Das ist so, als ob man
in einen Zug einsteigt, ohne das Ziel zu kennen. Von einer wissenschaftlichen Psychotherapie wird ferner verlangt, daß es keine Doppelfunktion der Therapie gibt. Etwa von der Art, daß zum eigentlichen Behandlungsinteresse noch ein kommerzielles Interesse oder
ein emotionales Beziehungsinteresse als Funktion der Therapie hin-
zutritt. Solche Doppelfunktionen sind im medizinisch-therapeuti-
schen Sinne unethisch. Auch ist es von Bedeutung, ob der Therapeut
eine gewisse Distanz wahrt und ob er selber eine qualifizierte Super-
vision hat. Schließlich gehört zu einer soliden Therapie ein Rahmen,
ein therapeutisches Netzwerk, in dem gegenseitige fachliche Konsul-
tation oder Patientenüberweisungen stattfinden.
   All diese Dinge sind bei Scientology nicht gegeben. Statt dessen
kommen hier Laien-Therapeuten zum Einsatz, die von Scientology

schon nach sehr kurzer Zeit den Ausbildungsstatus zugewiesen bekommen, psychisch labile Menschen zu therapieren. Wesentliche Voraussetzungen, die für die therapeutische Kompetenz nötig wären, auch etwa die Berücksichtigung von Projektionsvorgängen zwischen Therapeut und Patient, werden von Scientology nicht erbracht.

Behnk: Was halten Sie als Psychiater von den psychologischen Verfahren und Methoden, die Scientology als «Therapien» deklariert?

Nedopil: Bei den «Auditing»-Sitzungen wird mit dem «E-Meter», einem einfachen Hautwiderstandsmesser, gearbeitet. Seine Meßwerte sollen im Rahmen der Befragung des Probanden dem «Auditor» anzeigen, ob bei seinem Gegenüber persönlichkeitsmäßige Probleme, «Engramme» genannt, vorliegen. Die georteten «Engramme» beginnt man dann zu bearbeiten, bis die Meßnadel des Elektro-Meters nicht mehr in die eine oder andere Richtung ausschlägt, sondern schwebt. Die Engramme gelten nun als gelöscht, die Probleme als geklärt und beseitigt.

Allgemein ist dazu zu sagen, daß über Hautwiderstandsmessungen anhand von Spannungsdifferenzen durchaus bestimmte Erregungszustände des peripheren Nervensystems gemessen werden können, welche wiederum mit Erregungen des zentralen Nervensystems korreliert sind. Bekannt ist der sogenannte Lügendetektor. Derartige Messungen vollziehen sich jedoch – vor allem beim E-Meter – nach einem sehr groben Raster. Sie besitzen zu wenig Meßgenauigkeit und sind stark durch Zufälle, etwa durch Raumtemperatur oder Luftfeuchtigkeit, beeinflußbar. Sie sind insofern für exakte wissenschaftliche Zwecke nicht ausnützbar, erwecken allerdings beim Laien den Anschein eines wissenschaftlichen Verfahrens. Durch dieses Vertrauen wird aber wiederum die Induzierbarkeit, d. h. die Beeinflußbarkeit des Auditierten, verstärkt, weil er sich auf einen technischen Vorgang konzentriert, der ihn von dem ablenkt, was er eigentlich sagen will. Wenn man bei jemandem etwas im Unterbewußtsein erreichen will, dann lenkt man ihn ab, wie es ein Magiker tut, und unterschiebt ihm etwas, was er von sich aus gar nicht anstrebt. Auch vermittels des E-Meters arbeitet Scientology mit suggestiver Technik. Selbst der laienhafte Auditor bei Scientology glaubt freilich an ein Gerät, das nicht bewirkt, was es zu bewirken vorgibt.

Was die intendierten Zustände «Clear» – also die Löschung der störenden Engramme auf der biographischen Zeitspur – und «OT» – gemeint ist der allursächliche menschliche Geist, der seinerseits durch nichts mehr verursacht ist – betrifft, so handelt es sich hier um einen Mischmasch aus vielerlei Dingen: etwas Freud, etwas Mythologie, etwas Science-fiction. Die Auditing-Thesen der Scientologen bewegen sich auf der Ebene der Klein-Moritz-Vorstellungen von der Psychoanalyse. Es wird davon ausgegangen, daß man irgendwelche Traumata wiederbelebt und hierbei eine kathartische Reinigung von solcher Intensität erfährt, daß man die Traumata los wird. Ein seelisch-geistiger Zustand Clear, wie Scientology ihn verspricht, kann nicht herbeigeführt werden, auch bei den herkömmlichen Therapieformen nicht. Sicher gibt es therapeutische Löschungen durch Konfrontation, Desensibilisierung, Gewöhnung. Aber dabei handelt es sich erstens um viel langwierigere Prozesse als beim Auditing und zweitens um welche, die keine absolute Löschung sämtlicher Probleme, Ängste und Traumata behaupten. Das scientologische Auditing bewirkt im Grunde keine Verarbeitung der Probleme, *keine* echte Löschung, sondern lediglich eine «Handhabung» von Symptomen, aber nur, sofern es sich um kleine Probleme handelt.

Behnk: Ist Scientology, wie in Selbstdarstellungen der Sekte manchmal behauptet, ein Selbsthilfeverfahren? Und wieweit spielt Religiosität dabei eine Rolle?

Nedopil: Ein Selbsthilfeverfahren oder gar eine Eigentherapie ist Scientology in keiner Weise. Denn es wird niemals gesagt, du kannst die beiden Dosen des E-Meters in die Hand nehmen und dich *selbst* auditieren. Anders etwa als beim Autogenen Training, das man erlernen und selbständig einsetzen kann, wenn Probleme auftreten, braucht man bei Scientology den Auditor.

Was die religiöse Qualifikation der scientologischen Methoden angeht, so liegt hier wieder die bereits angesprochene, vom psychiatrisch-therapeutischen Standpunkt aus nicht vertretbare Doppelfunktion vor. Es ist riskant, ja gefährlich, wenn mit Methoden, die auf Beeinflussung des Unter- und Vorbewußten zielen, ideologische Ziele verbunden werden, zumal, wenn die Methoden dem ideologischen Interesse unterstellt sind.

Behnk: Eine der speziellen Techniken des Auditing ist die Methode der «Konfrontation». Sie räumten einerseits ein, es sei eine gute Technik, wenn man lernt, Blicke auch in widrigen Situationen aus-zuhalten. Andererseits warnten Sie ganz konkret, die scientologische «Konfrontations»technik sei bei Menschen mit psychotischen Stö-rungen kontraindiziert. In einem Gutachten sprechen Sie davon, daß es bei Auditierten aufgrund dieser Psychotechnik zu «Halluzinatio-nen», «illusionären Verkennungen» und «Depersonalisationsphäno-menen» gekommen sei, zu Symptomen also, wie sie «vorzugsweise bei exogenen und endogenen Psychosen auftreten». Heißt das aber nicht: Diese scientologische Behandlungsmethode ist nicht bloß für Patienten gefährlich, die bereits eine Psychose haben, sondern sie kann auch zu psychoseähnlichen Phänomenen führen? Macht Scien-tology also nicht glücklich und gesund, sondern unglücklich und krank?

Nedopil: Eine so pauschale Zuordnung würde ich nicht unterstrei-chen. Zunächst einmal: «Konfrontation» oder «Confronting» als Technik bedeutet Reizentzug. Ich konzentriere mich auf die Augen meines Gegenübers und blende Außenreize ab, teilweise stunden-lang. Dann habe ich zum Beispiel das Gefühl, Geräusche zu hören, wo keine sind, das Gefühl, daß die Arme sich verändern, der ganze Körper sich verändert, ja, daß er gar nicht mehr da ist. Wenn Leute labil sind und vielleicht auch eine Prädisposition haben, psychotisch zu kompensieren, dann bedingt diese Technik ein extrem hohes Ri-siko.

Bei Menschen nun, die mit keiner erkennbaren psychischen Labili-tät oder psychotischen Prädisposition ins Confronting gehen, ereig-nen sich zwar die gleichen Phänomene. Wenn solche Personen indes mit dem Confronting aufhören, verschwinden die Phänomene wie-der. Freilich kann die Technik, wenn sie jemanden unvorbereitet trifft, anhaltende Spuren hinterlassen. Auch wenn Confronting chronisch angewendet und nicht angemessen besprochen wird, führt das zu psychotischen Dekompensationen. In der Regel sind bei ge-sunden, vorher untersuchten Menschen die längsten psychotischen Dekompensationen nach sechs Wochen wieder vorbei. Jedoch kann Confronting in Verbindung mit Verabreichung bestimmter Vit-amin-B-Dosierungen und mit Schlafentzug – was bei Scientology ja aus der Praxis bekannt ist – auch bei gesunden Leuten zu längeren psychotischen Dekompensationen führen. Ich weiß von einer Patientin, die in Kopenhagen, also der europäischen Scientology-Zentrale, und Clearwater, dem Weltschulungszentrum der Scientologen im amerikanischen Florida, war, bei der solche längeren psychotischen Dekompensationen zu beobachten waren.

Behnk: Es gibt für Scientology-Mitarbeiter harsche Regeln. Bei wirtschaftlichem Versagen etwa oder Renitenz droht zum Beispiel Urlaubsentzug, wobei der Jahresurlaub ohnehin bloß zwei Wochen beträgt. Wer Angehörige hat, die Scientology kritisieren, gilt so lange als «Potentielle Schwierigkeitsquelle (PTS)», bis er die Angelegenheit «gehandhabt» hat. Entweder kann er die Kritiker für Scientology gewinnen oder sie zumindest zum Schweigen bringen, oder aber er muß sich rigoros von ihnen trennen, von seinen Eltern etwa oder seinem Ehepartner. Wie sehen Sie den Druck, den die Organisation auf den einzelnen ausübt? Welche Folgen, persönliche und soziale, hat die Mitgliedschaft oder gar Mitarbeiterschaft?

Nedopil: Es ist in der Tat eine der üblichen Methoden von Scientology, einen Menschen aus seinem sozialen Kontext herauszuholen, herauszulösen und ihn in ein scientologisches Umfeld hineinzubringen. Eine solche Verfahrensweise ist auch von anderen Sekten, Psychokulten und Gemeinschaften mit autoritären Strukturen her bekannt.

Behnk: Über Kritiker heißt es bei Scientology, sie seien «unterdrückerisch», «antisozial», «krank» und «verbrecherisch». Es wäre der Gesellschaft förderlich, wenn man solche Persönlichkeiten «isolieren würde, so wie man jetzt Leute mit Pocken in Quarantäne steckt», heißt es in L. Ron Hubbards «Einführung in die Ethik». Und an anderer Stelle dieses – für alle Scientologen verbindlichen ethischen Standardwerkes – stellt sich der Gründer von Scientology vor, daß ein als «Feind» zu betrachtender Kritiker «in der Dunkelheit dumpf aufs Straßenpflaster klatscht oder das ganze feindliche Lager als Geburtstagsüberraschung in riesigen Flammen aufgeht». Was läßt sich vom Standort der Psychiatrie über ein derartiges Verständnis von «Ethik» sagen?

Nedopil: Hier geht es um machtpolitische Strukturen, zu denen ich aus fachpsychiatrischer Sicht keine Stellungnahme abgeben kann. Persönlich lehne ich das natürlich ab und halte es für eine Gefangennahme des Menschen in einer autoritären Organisation. Ganz grundsätzlich möchte ich allerdings so viel sagen: Eine Therapie nach heutigem fachlichem Verständnis muß immer eine freie Entscheidung des Therapierten bleiben. Sobald diese nicht mehr vorhanden ist, liegt ein unethisches Verständnis vor. Und insofern ist eine Therapie im Rahmen einer autoritären Hierarchie keine Therapie mehr, sondern eine Manipulation.

Behnk: Durch Verschickung der Broschüre «Der Weg zum Glücklichsein» an Schulen etwa oder durch vorgebliche Therapiearbeit an Drogensüchtigen bei «Narconon e. V.», oder vermittels der «Kommission für Verstöße der Psychiatrie gegen Menschenrechte e. V.» greift die Scientology-Sekte unter der Chiffre «Soziale Koordination (SOCO)» operativ und – meines Erachtens auch destruktiv – in die Gemeinschaftsvollzüge dieser Gesellschaft immer ungenierter ein.

Nach Berichten von Seelsorgern werden in psychiatrischen Kliniken wie Haar am Stadtrand von München z. B. von der scientologischen «Kommission für Verstöße der Psychiatrie gegen Menschenrechte e. V.» gezielt Patienten besucht und gegen ihre Therapeuten aufgebracht. Immer wieder wird der Vorwurf «krimineller» Vergehen der Psychiater erhoben.

Nedopil: Ich halte es für ein großes Risiko, wenn tatsächlich psychisch Kranke, die aufgrund ihrer Krankheit besonders beeinflußbar sind, gegen das Krankenhaus, in dem ihnen geholfen werden soll, aufgehetzt werden. Denn dadurch können sie gegenüber ihren Ärzten derartig verunsichert werden, daß die für sie adäquate Therapie gefährdet ist. Man kann über psychiatrische Methoden sicher unterschiedlicher Meinung sein. Aber für einen psychisch Kranken ist es wohl am schlimmsten, wenn er nicht weiß, wohin er sich wenden kann und darf. Wenn ich jemanden, der schon in der Krise sitzt, so verunsichere, daß er noch tiefer in die Krise gerät, dann ist das – vorsichtig ausgedrückt – unverantwortlich.

Ohne Frage kann man auch Psychiater angreifen, da können diese sich gut wehren. Psychiatrie hat schon immer Kritiker und Feinde gehabt. Aber Psychiatrie hilft ja doch auch Menschen. Es gibt – wie

in allen Berufen – gute und schlechte Psychiater. Die guten helfen
vielen Leuten. Was die von Scientology kritisierten Psychopharmaka
angeht, so handelt es sich um hilfreiche Medikamente. Wo es zu un-
angemessener Verabreichung solcher Mittel kommt, wird das nicht
bloß von Scientology, sondern von den Psychiatern selbst kritisiert.
Andererseits sind Psychopharmaka bei bestimmten Patienten so un-
erläßlich, daß es geradezu schädlich und gefährlich wäre, wenn sie
nicht zum Einsatz kämen. Ärzte werden sogar verklagt und – wie ich
meine – zu Recht, wenn sie für den Patienten therapeutisch notwendige Medikamente nicht eingesetzt haben. Wenn sich beispielsweise
ein Patient umgebracht hat, weil er in eine schwere Depression geraten ist und diese mit Medikamenten hätte verhindert werden können – und das kann verhindert werden –, dann wird der Arzt aus
gutem Grund zur Rechenschaft gezogen. Ferner werden die von
Scientology als «Elektroschocks» bezeichneten therapeutischen
«Elektrokrämpfe» – und dazu bekenne ich mich – bei ganz streng
bestimmten Indikationsstellungen dem Patienten als hilfreiche Maß-
nahme vorgeschlagen, und er kann dann auf den Therapievorschlag
eingehen oder nicht. Elektrokrämpfe werden nicht gegen den Willen
des Patienten durchgeführt. Die schließlich von Scientology ange-
prangerten «Lobotomien» – bei denen die Verbindungen des Stirn-
hirns durchgetrennt werden – werden in Deutschland seit langem
nicht mehr durchgeführt.

Behnk: In einer Beschreibung der «Ziele der Scientology» versprach
L. Ron Hubbard seinen Anhängern: «Für Scientology hört die Sonne
nie auf zu scheinen.» Mit diesem Totalversprechen hängt eine totale
Inanspruchnahme der Anhänger unauflöslich zusammen. Im Anstel-
lungsvertrag eines Mitarbeiters heißt es zum Beispiel: «Daher
schließe ich einen Vertrag mit der Sea Organisation für die nächsten
Milliarden Jahre.» Drückt sich hier lebensbejahende Hoffnung aus,
oder wird der einzelne in ein maßloses Wahnsystem hineingezogen?

Nedopil: Man kann beim Vorstellungssystem der Scientologen nicht
von «Wahn» im Sinne einer Erkrankung sprechen. Es handelt sich
durchaus auch um Überzeugungen im Sinne von Glaubensfragen.
Wir wissen als Christen ja zum Beispiel auch nicht, was der Jüngste
Tag uns bringt und ob er überhaupt kommt. Wir wissen es nicht, und
trotzdem reden wir davon. Allerdings ist mir bei dem scientologi-

schen Überzeugungssystem keineswegs wohl. Ich halte den, der so etwas unterschreibt, schon für verblendet. Verblendung ist eine Form ideologischer Überzeugung, bei der man nicht mehr hinterfragt, ob sie richtig oder falsch ist. Der Wahnkranke meint, seine Idee sei richtig; der Verblendete hinterfragt nicht, ob richtig oder falsch. Bei Scientology würde ich darum auf jeden Fall eher von ideologischer Verblendung sprechen.

Behnk: Die Länderjustizminister beauftragten einen Unterausschuß «Staatsanwaltschaft», die Möglichkeit strafrechtlicher Reaktionen gegenüber der Scientology-Organisation auszuloten. Auch wurde die Innenministerkonferenz gebeten zu prüfen, ob eine Beobachtung durch die Verfassungsschutzbehörden notwendig sei. Auch die Gesundheitsminister prüfen in diesem Zusammenhang, inwieweit das Instrumentarium des bestehenden Gesundheits- und Arzneimittelrechts geeignet ist, den scientologischen Praktiken wirksam zu begegnen.

Was halten Sie von solchen Interventionen des Staates? Genügen solche Reaktionen aus sozialpsychologischer Sicht, oder bedarf es nicht vielmehr verstärkt der Prophylaxe, einer von allen gesellschaftlich relevanten Kräften getragenen Prävention durch Information, Beratung und Bereitstellung tragfähiger Alternativoptionen?

Brauchen wir ein Netzwerk der Hilfe, an dem sich Politiker, Pädagogen, Jugendverbände, Justizvertreter, Journalisten, Betroffeneninitiativen, Ärzte, Psychologen und Kirchen beteiligen, um gegen totalitäre Sekten und Kulte wie Scientology wirksam anzugehen?

Nedopil: Es gibt begrüßenswerte Anregungen auf Bundesebene, ein Forschungs-, Informations- und Beratungszentrum über Jugendsekten und Psychokulte zu initiieren. Bislang freilich ist das nicht realisiert worden. Ich habe meine Auffassung in diesem Sinne auch bei einem Hearing des Deutschen Bundestages über die Sektenproblematik vertreten. Es muß endlich irgend etwas in dieser Richtung geschehen, der bloße Ruf nach dem Staatsanwalt hilft hier allein ja nicht weiter, weil ein erheblicher Teil des Problems nicht justitiabel ist.

Es bedarf eines gesamtgesellschaftlichen Konsenses. Wichtig ist, daß Betroffene sich überall schnell und verläßlich informieren und beraten lassen können. Aus diesem Grunde wären neben den kirchlichen Beratungsstellen und Betroffeneninitiativen sowie Einrichtungen wie «Aktion Psychokultgefahren» oder «Aktion für geistige und psychische Freiheit» zusätzlich neutrale Anlaufstellen im Sinne der intendierten Bundeszentrale erforderlich.

Was den Verantwortungsbereich der Psychotherapie angeht, so müßten Regelungen in ein Psychotherapiegesetz aufgenommen werden über die therapeutischen Methoden, die nur von lizenzierten Therapeuten praktiziert werden dürfen. Nur so können therapeutische Methoden, die von falschen oder unausgebildeten Leuten praktiziert werden, zum Schutz der Patienten rechtlich geahndet werden. Suggestionstherapien wie das «Auditing» sollten unter ein solches Gesetz fallen, überhaupt alle Therapien, die sich über einen langen Zeitraum erstrecken, die also etwa über fünfzig Therapiestunden hinausgehen. Diese dürften nur durch approbiertes Personal durchgeführt werden. Ich meine, daß man psychotherapeutische Methoden vor dem Mißbrauch durch andere Interessen schützen muß. Daß es bei den scientologischen Anwendungen nicht nur faktisch um Therapieansprüche geht, sondern daß diese auch terminologisch explizit gemacht sind, geht aus L. Ron Hubbards Standardhandbuch «Dianetik. Die Moderne Wissenschaft der geistigen Gesundheit» eindeutig hervor.

Den Kirchen kommt hier eine wichtige Aufgabe zu. Bei den Personen, die zu Sekten und Psychokulten kommen, ist ohne Zweifel ein Bedarf vorhanden. Man kann niemanden da rausholen, wenn man nicht auf diese grundsätzlichen Bedürfnisse reagiert. Ich kann doch einem Menschen, der etwa in einer Jugendsekte steckt, nicht sagen, ich nehme dir das, wenn ich nicht auch sagen kann, ich biete dir etwas Gleichwertiges oder Besseres für das, was ich dir genommen habe. Diese Menschen wollen Halt, sie wollen eine Struktur, an der sie sich festhalten können. Sowohl eine Gemeinschaftsstruktur, in der sie Geborgenheit erfahren, als auch eine glaubensmäßige Struktur, an der sie sich festhalten können, sie wollen auch übersinnliche Erlebnisse haben.

Da fehlt es heute an vielem. Die Kirchen sollten analysieren: Was bieten wir den Menschen heute nicht mehr bzw. nur in unzureichender Form, wo dann die Sekten und Kulte einspringen? Und wie können wir auf einem durchschaubaren, mit unseren Grundsätzen vereinbaren Fundament diese Defizite auffüllen?

Ralf-Dietmar Mucha

VON DEN SCHWIERIGKEITEN DES AUSSTIEGS

«Wenn wir einen Clear erreicht haben, stehen wir vor etwas, das man
nie zuvor gesehen hat, denn es existierte nie zuvor in einem schutt-
freien Zustand: eine perfekte Maschine, gut geölt, kraftvoll, schim-
mernd und imstande, all ihre eigenen Funktionen ohne jede weitere
Wartung abzustimmen und zu steuern.»

L. Ron Hubbard

Nimmt man Hubbard beim Wort, dann ist der Vergleich des befreiten
Menschen, des «Clear», mit einer perfekten Maschine die Geburts-
stunde des funktionalisierten Menschen. Er entspricht den Erfahrungen von Aussteigern: Das Individuum wird vollkommen funktiona-
lisiert. Der einzelne interessiert nur als möglichst störungsunanfälliges
Element im scientologischen Räderwerk. Anhängern, die dem totalen
Zugriff des Apparats länger ausgesetzt waren, verlangt es einen enormen Kraftaufwand ab, das System wieder zu verlassen.

Das Hineinkommen ist dagegen ein Kinderspiel. Es kostet nur
Geld. Der scientologische Weg zum Zustand eines Clear ist mit zahl-
reichen kostspieligen Kursen und unzähligen teuren «Auditing-
Stunden» gepflastert. Dem Interessenten – im Scientology-Jargon
«Preclear» (noch zu Klärender) genannt – wird dies vorenthalten.
Nach anfänglicher Begeisterung für Scientology durchlebt er ein
Verfahren, das ihn im System gefangennimmt und erstarren läßt.
Ehemalige Scientology-Anhänger berichten von schrecklichen Ge-
fühlen, die sie beim Erreichen des angeblich so erstrebenswerten
Clear-Zustandes überkamen:

«Ich habe das so erlebt, daß man das Gefühl hat, man ist gar nicht
mehr man selbst. Man gerät in einen schizoiden Zustand. Es ist eben
alles machbar. Es gibt keine eigene Ethik mehr, kein eigenes Gefühl,
was richtig oder falsch ist. Es gibt Richtlinien, vom Gründer aufgestellt, Ethik ist das, was der Organisation dient.»[1]

Zu verstehen sind die Schwierigkeiten, Auswege aus dem Sciento-
logy-Labyrinth zu finden, nur, wenn man um die Wege weiß, die in
dieses System hineingeführt haben. Dessen sollten sich nicht nur rat-

suchende Angehörige und Ratgeber, sondern vor allem auch die ehemaligen Scientology-Anhänger bewußt sein.

Aufgrund der verschiedenen Persönlichkeiten ist die faszinierende Wirkung scientologischer Ideen individuell unterschiedlich. Werbende Scientologen treten freundlich und zuvorkommend auf. Sie nehmen sich Zeit für Menschen, hören zu und sparen nicht mit Streicheleinheiten. Eine ehemalige Anhängerin stellte nach ihrem Austritt fest, daß sie durch dieses angenehme Umworbensein allmählich die Sehnsucht nach einer Ersatzfamilie spürte, die durch Wärme, Nähe und Vertrauen Entwicklung ermöglichte, getragen von dem Bewußtsein des gemeinsamen Ziels, sich selbst und anderen helfen zu wollen. Die Scientology-Werbung benutzt gezielt die Träume, Phantasien und Sehnsüchte der Menschen nach einer besseren Welt, um Neugier zu wecken. Diese Träume werden beim Verkauf der scientologischen Problemlösungen mißbraucht. Beseelt vom Selbstverständnis eines Menschheitsretters, sehen Werber für Scientology ihre Lebensaufgabe beispielsweise darin: «Ich bin so etwas Ähnliches wie ein Chefarzt, nur, daß ich mich nicht in erster Linie um kranke Körper kümmere und auch nicht unbedingt um kranke Seelen; auf jeden Fall aber sorge ich dafür, daß es Menschen bessergeht und daß sie ihre Fähigkeiten wieder ausgraben und verbessern.»[2]

Dieses «berstende Größenselbst» wird erzeugt und gespeist von den dem Normalbürger unverständlichen «Erkenntnissen» des Scientology-Gründers L. Ron Hubbard. Dem Umworbenen sind diese Hintergründe zunächst ebensowenig bekannt wie seinen Angehörigen. Hubbard behauptet zu wissen, wie es um den Menschen bestellt ist und wie ihm geholfen werden kann: «Der Mensch ist in einem riesigen und komplexen Labyrinth gefangen. Um da herauszukommen, muß er dem exakt markierten Weg der Scientology folgen.

Die Scientology wird ihn aus dem Labyrinth herausführen; aber nur, wenn er den exakten Markierungen in den Tunneln folgt.

Es hat mich ein Dritteljahrhundert in diesem Leben gekostet, um diesen Weg hinaus zu markieren.

Es ist erwiesen, daß die Bemühungen des Menschen, andere Wege zu finden, zu nichts geführt haben. Es ist ebenso eine klare Tatsache, daß der Weg, der Scientology genannt wird, *tatsächlich* aus dem Labyrinth hinausführt. Deshalb ist die Scientology ein funktionierendes System, ein Weg, den man begehen kann.»[3]

Den Probanden der Hubbardschen Ideologie wird die irrige Vorstellung eingepflanzt, eine endgültige Problemlösung gefunden zu haben, die sie «fähiger macht», in unserer Leistungsgesellschaft erfolgreich zu operieren und so den anderen immer einen Schritt voraus zu sein.

In mehr als zehnjähriger Beratungsarbeit habe ich viele Menschen kennengelernt, deren Lebensweg von Scientology durchkreuzt wurde. Die Szenarien, an deren Ende stets die Mitgliedschaft in einer Scientology-Organisation steht, sind vergleichbar. «Unsere Tochter spricht immer nur von ‹Hallos›.» – «Unser Sohn schwärmt für eine neue Technik, deren Anwendung ihm den ersehnten und erfolgreichen Studienabschluß ermöglicht.» – «Mein Mann ist begeistert vom Organisationskurs für Führungskräfte eines amerikanischen Management-Experten, dessen Erkenntnisse in über 18000 Firmen weltweit benutzt würden.»

Zahlreiche Menschen verlassen die Scientology-Organisation bereits nach kurzer Zeit wieder. In ihrer Erinnerung bleiben diese Erlebnisse Episoden. Erheblich schwieriger gestalten sich der Absprung und das Leben danach für überzeugte Scientologen. Für sie waren Ideologie und das scientologische System aus individuellen Gründen attraktiv und veranlaßten sie, tiefer in das System einzutauchen.

Jeder, der sich auf Scientology einläßt, verabschiedet sich zumindest gedanklich aus der hiesigen Werte- und Normalgesellschaft und ist autoritären Denkrastern ausgesetzt. Alles beginnt scheinbar ganz harmlos, aber sehr wirkungsvoll mit der schleichenden Umformung des Denkens durch das Medium Sprache. Alle Bücher des Vielschreibers Hubbard enthalten den entscheidenden Hinweis: «Achten Sie beim Studium dieses Buches sehr, sehr sorgfältig darauf, daß Sie niemals über ein Wort hinweggehen, das Sie nicht vollständig verstehen.

Der einzige Grund, warum jemand ein Studium aufgibt, verwirrt oder lernunfähig wird, liegt darin, daß er über ein nicht verstandenes Wort oder eine nicht verstandene Redewendung hinweggegangen ist.»[4]

Wer diese zunächst unbedenklich klingende Regel befolgt, legt entweder das Buch sehr schnell wieder beiseite oder läßt sich von dieser obskuren Sprache einfangen. Die ist jedoch nicht von dieser Welt. So schreibt eine hochrangige Scientologin an ihre frisch angeworbenen Zöglinge: «Ihr liebsten Frontkämpfer!... Wir haben Euch so richtig dubliziert, denn wir haben uns an unsere Zeit dort oben erinnert und dann an das gemächliche Tempo zu Anfang und an das Tempo am Schluß. Und das Crash Training fängt ja gleich mit dem Crash an! Hat natürlich auch den Vorteil, daß es dann konfrontiert ist und man nicht lange auf den großen Knall warten muß. Stimmt's? ...Für mich wird es allerdings jetzt Zeit, daß ich Abstand bekomme von meinen diversen Haufen offener Zyklen... So, bevor ich noch mehr in 1.1 verfalle, wünsche ich Euch alles, alles Schöne und keine Wolke aus der Bank!»[5]

Scientologen, die so denken und so handeln, geraten zwingend in Konflikte mit der sozialen Umwelt.

Außenstehende können Denken und Handeln von Scientologen nicht verstehen. Zur sprachlich-ideologischen Isolierung kommt in der Regel früher oder später der Bruch mit der Familie hinzu – es sei denn, es ist dem Scientologen gelungen, seine Familienangehörigen zu überzeugen und sie zur Mitgliedschaft in der Organisation zu überreden. Er fühlt sich aufgrund seines vermeintlichen Wissens und seiner ihm antrainierten Technik berufen, eine bessere Welt zu schaffen. Jeder Nichtscientologe befindet sich in seinen Augen in einer schlimmen Situation. Für einen Scientologen ist es darum sehr schmerzlich, wenn seine Familie sich nicht mit der Scientology-Technik helfen lassen will oder – noch verhängnisvoller – die Organisation sogar offen ablehnt. Ein Spitzenfunktionär der Organisation teilt einem renitenten Ehemann mit: «Wenn sich in einer Familie ein Ehepartner mit Scientology befaßt und der andere Partner dagegen ist, dann kann dadurch mehr Mißstimmung als Harmonie entstehen ...Daher wollen wir hier mit Ihnen vereinbaren, ...daß Sie, Herr X, den ausdrücklichen Wunsch haben, das Seminar auch zu machen.»

Gerade weil diese Formulierung so subtil ist, ist die Wirkung dieses «Angebotes» um so nachdrücklicher. Sie resultiert aus dem permanenten Drill scientologischer Gesetzmäßigkeiten, die darauf abzielen, dem einzelnen den sozialen Kontext zu rauben. Das System funktioniert – wie alle totalitären Herrschaftssysteme – unter völliger Ausschaltung von Kritik. Der Weg dahin wird durch abgestufte Richtlinien zur «Handhabung von Kritikern» bestimmt. Aus dem Regelwerk der Organisation lernt der Scientologe, wie er die wirklichen «Unterdrücker» erkennt und mit ihnen fertig wird. Obwohl diese laut Hubbard nur 2,5 Prozent der Gesamtbevölkerung ausmachen, durchziehen Anweisungen, wie man mit «Unterdrückern»

(SPs, Suppressive Persons), «Potentiellen Schwierigkeitsquellen» (PTS, Potential Trouble Sources) und Feinden der Scientology umzugehen hat, das Regelwerk der Organisation auf allen Ebenen. Die Scientologen kennen das «Spiel Handhabung», das nun «gespielt» wird, denn sie bestimmen die Regeln. Eltern sind dagegen zuerst ahnungs-, dann rat- und leider oft machtlos: Sie sind schließlich in keiner Weise darauf vorbereitet, zu Testobjekten ihrer Kinder zu werden, die an ihnen die Techniken zur Ausschaltung von Kritikern probieren. Je mehr sich Eltern gedanklich mit der Frage quälen, ob der vor ihnen stehende Mensch eigentlich noch die bekannte Tochter oder der bekannte Sohn ist, um so stärker fühlt sich der Scientologe in seinem «berstenden Größenselbst», dem durch die Sekte initiierten Selbstbewußtsein, bestätigt. Er ist jetzt, durch die Verbreitung der Scientology-Ideologie, «Ursache» und hat, um es im Jargon zu sagen, die Eltern zur «Wirkung» degradiert.

In dieser Notlage suchen Angehörige entweder eine Beratungsstelle auf, oder sie werden über kurz oder lang – weil sie den Kontakt zu ihren Kindern nicht verlieren wollen – selbst aktive Scientologen bzw. Sympathisanten. Kritische Familienangehörige werden eingeladen, sich eine Scientology-Niederlassung anzuschauen. Ihre kritische Einstellung wird auf einen Mangel an richtigen Informationen über Scientology zurückgeführt. Bei der Vorführung des Center zeigt sich die Organisation von ihrer Schokoladenseite und versucht, durch Hinweise auf ihre «sozialen Programme» (z. B. «Narconon», «ZIEL»), die Angehörigen und Freunde einzulullen. Der Scientologe erhält die Hausaufgabe, diese «Handhabung» fortzuführen, unter anderem mit Hilfe der Kassette «Können wir jemals Freunde sein» und Handlungsanweisungen wie:

«Die Handhabung könnte zum Beispiel einfach darin bestehen, einen Brief an seinen Vater zu schreiben, in dem es heißt: Ich beschwere mich nicht, daß Du Hausmeister bist, bitte beschwere Du Dich nicht, daß ich Scientologe bin. Das einzig Wichtige ist, daß ich Dein Sohn bin und daß ich Dich liebe und achte. Ich weiß, daß Du mich liebst, aber bitte lerne mich als einen erwachsenen Menschen zu respektieren, der weiß, was er im Leben will.»[6]

Ein anderer Formulierungsvorschlag lautet:

«Ich schreibe Dir, Vati, weil Mutti mir immer wieder diese schrecklichen Zeitungsausschnitte schickt, die mich verstimmen, weil ich weiß, daß sie nicht wahr sind. Du tust das nicht, und so fällt es mir leichter, Dir zu schreiben.»[7]

Den Kritikern der Scientology unterstellt die Organisation neben anderen üblen Taten (Hubbard: «Wir fanden niemals Kritiker der Scientology, die keine kriminelle Vergangenheit hatten.»)[8] auch sogenannte «unterdrückerische» Handlungen. Als solche gelten «Tätigkeiten oder Unterlassungen, mit denen Scientology oder Scientologen wissentlich unterdrückt, unter Zwang gesetzt oder behindert werden sollen»[9].

Wer sich derartiger «Verbrechen» schuldig macht, wird zur «Unterdrückerischen Person» erklärt. Der von seinen Anhängern gern als Menschenfreund titulierte Hubbard folgert weiterhin: «Ein Scientologe, der durch familiäre oder andere Verbindungen mit einer Person verknüpft ist, die unterdrückerische Handlungen begangen hat, ist als potentielle Schwierigkeitsquelle oder als Quelle von Schwierigkeiten bekannt... daher erstreckt sich die Gültigkeit dieses Policy-Briefes auf Unterdrücker, nichtscientologische Ehefrauen und Ehemänner und Eltern oder andere Familienmitglieder oder auf feindlich eingestellte Gruppen oder sogar auf enge Freunde.»[10]

Diese recht seltsam anmutenden Gedanken bestimmen das Alltagsleben des Scientologen und haben prägenden Charakter. So heißt es in einem Briefwechsel zwischen Hubbard-Jüngern: «Hier in H. läuft alles fast gut, dies bedeutet, daß ich etwas PTS («Potential Trouble Source» – im Jargon für Querulant, d.A.) gegangen bin, da meine Mutter mit einem SP in Verbindung gekommen ist. Nun wird dies gehandhabt. Im Moment bekomme ich den PTS-Rundown und es geht mir schon wesentlich besser. Es ist schon blöde, so Effekt zu gehen. Aber dies ist bald vorbei und ich handhabe alle Situationen, die zu Hause auftreten, recht gut.»

Einem Scientologen, der Kontakt zu Kritikern hat und dennoch weiterhin für die Organisation tätig sein oder Kurse absolvieren möchte, bleibt keine Wahl: Es wird von ihm verlangt, daß er kritische Familienangehörige gemäß den Anweisungen des «PTS/SP-Kurses – Wie man Unterdrückung konfrontiert und zerschlägt» bearbeitet und sich bei erfolgloser «Handhabung» von ihnen trennt. Art und Weise des Vollzugs der Trennung legt die Scientology-Organisation in dem Bulletin «PTS-Sein und das Abbrechen der Verbindung» von 1983 fest. Führende Funktionäre kontrollieren den Text dieses sogenannten «Trennungsbefehls», bevor er an den Adressaten geht; Ablichtungen werden aufbewahrt. Textproben derartiger Trennungsbriefe, deren Existenz die Organisation bestreitet:

«Liebe Mutti, lieber Papa, ich habe alle meine Sachen geholt. Ich möchte Euch noch drei Wochen Zeit geben, daß Ihr Euch entscheidet, ich oder der Sekten-Berater! Meldet Euch dann in F. bei Z. K. oder J. H. Ich glaube, das ist die beste Lösung. Alles Liebe G.» – «Mutti und Papa, hiermit sage ich Euch, daß ich ein Teil von Scientology bin. Es ist mein Glaube und die Wahrheit. Die Technologie funktioniert. Wenn Ihr Scientology angreift, dann greift Ihr auch mich an, sei es öffentlich oder verborgen. Das ist nicht o.k. Ihr hattet die Chance, Euch richtig zu informieren. Nun mache ich Euch einen Vorschlag. Ich gebe Euch zwei Wochen Frist, in der Ihr Euch dann überlegen könnt, ob Ihr lieber mit den geschädigten Eltern und den Sektenberatern zusammenarbeitet oder mit uns oder uns ganz einfach damit in Ruhe laßt und es akzeptiert. Auch möchte ich nicht, daß Ihr weiterhin Kontakt zu diesen Leuten habt. Während dieser Zeit wünsche ich absolut keinen Kontakt, weder brieflich, persönlich oder telefonisch von Euch. Gebt mit Bescheid, für wen Ihr Euch entscheidet! Vielen Dank, Gruß E.» – «Hallo Mutti und Papa! Aus den Gründen, die wir gemeinsam kennen, möchte ich nun die Kommunikation mit Euch beenden. Jetzt! Das heißt: keine Post, keine Anrufe und keine Besuche. Alles Gute E.»

Basis der Empfänglichkeit für die Scientology-Ideologie ist neben der Neugier, die oft begleitet ist von der Selbstüberschätzung, das System durchschauen zu können, meistens ein persönliches Problem. Die Scientology-Funktionäre verstehen es meisterhaft, derartige Probleme aufzugreifen und Lösungen zu suggerieren, die im Kauf von Büchern, Kursen und «Auditings» (scientologische «Therapiesitzungen») bestehen.

«Es klang so verführerisch», erinnert sich die 35jährige Sekretärin Margot Heine. «Sie sprachen von Lebensreparatur und totaler geistiger Freiheit. Ich habe das alles wie eine Verdurstende geschluckt ...Der Kursus reizte mich schon. Ich bin ein sehr introvertierter Mensch und hatte schon immer Schwierigkeiten, mich durchzusetzen ... Andrea erklärte mir genau, auf welchen Gebieten ich Lebenshilfe erwarten könnte. Der Kommunikationskurs zum Beispiel sei geradezu ideal, wenn man Probleme mit Menschen am Arbeitsplatz oder im privaten Bereich hätte – oder Schwierigkeiten mit der Bank, mit Behörden, mit Vermietern...»[11]

Margot absolvierte etliche Kurse und Auditing-Sitzungen. Aufgrund der «Erkenntnisse» aus diesen Sitzungen trennte sie sich von ihrem Mann, zog in eine andere Stadt und wurde Arbeitnehmerin bei einer Scientology-Organisation. Dort erlebte sie, daß man ihr noch nicht einmal den Hungerlohn (150 Mark pro Woche) rechtzeitig auszahlte. Die Summe der traumatischen Erfahrungen ließ sie schließlich den Weg nach draußen suchen:

«Inzwischen wurde ich von der Gruppe total vereinnahmt. Ich hatte keinen normalen Bekanntenkreis mehr. Keinerlei Kontakte, auch nicht zu meinen Eltern. Ich wurde abgeschottet, beobachtet, durfte keine privaten Telefongespräche führen. Alles mit der Begründung: ‹Das lenkt dich nur vom Wesentlichen ab.› Ich hatte auch keine Freizeit. Meine Wohnung verkam. Und wieder blieb mein Lohn aus. Die Bank mahnte, der Vermieter drohte mit Kündigung. Ich war wie in Trance. Aß kaum noch, hatte auch kein Geld für geregelte Mahlzeiten ... Ich war nur noch Haut und Knochen ... Irgendwann war das Maß voll. Ich wußte, wenn du jetzt nicht Schluß machst, ist Schluß mit dir. Ich packte meine Sachen und ging nach Hause ... Dort habe ich mich verkrochen.»[12]

Sollte es in der Psyche eines Scientologen kriseln und er erkennen, daß seine Persönlichkeit ausgehöhlt und umprogrammiert werden soll, um Hubbards Psychokonzern zu bereichern, sieht er sich, wenn er an Ausstieg zu denken beginnt, mit den schlimmsten Feinden von «draußen» konfrontiert: den Kritikern. Der Aussteiger verliert im Moment seines Austritts alles, was vormals sein Leben (Ziele, Träume, Illusionen) ausmachte, den Sinn seines Denkens und Handelns. Er weiß, daß die Organisation ihn jetzt selbst zu diesen Feinden zählt und seine ehemaligen scientologischen Freunde den Kontakt zu ihm abbrechen müssen. Seine Rückkehr in die Normalität ist also zunächst ein totaler Verlust. Wenn der Einstieg in das System mit zwingend folgenden Brüchen mit dem bestehenden sozialen Umfeld einherging, so ist der Graben dieses erneuten Umbruchs für den Aussteiger ungleich tiefer. Außer Wertedesorientierung und Verlustängsten müssen auch systematisch eingepflanzte Feindbilder überwunden werden. Denn Experten und Kritiker, von denen der Ausstiegswillige zum erstenmal Hintergrundinformationen über die Organisation erhält, sind scientologisch gesehen ärgste Feinde. Verachtung für den Experten, der durch Aufklärung über den wahren Charakter der Organisation die ehemalige Gruppe diskreditiert, ist zwingend die Folge dieser Indoktrination. Gleichzeitig hat der Aussteiger das starke Bedürfnis, irgendwo wieder Halt zu finden. Meist hat er auch mit dem Gefühl völliger Überforderung im Beruflichen wie im Privaten zu kämpfen. Er muß wieder allein verantwortlich planen und handeln. Hinzu kommt oft eine innere Zerreißprobe: Der eine Teil seiner Persönlichkeit hat den wahren Charakter des Scientology-Systems erkannt und lehnt das System ab, der andere Teil, durch Kurse und Auditing-Sitzungen indoktriniert und noch der Hubbardschen Ideologie verhaftet, möchte manchmal sogar wieder zurück. Ein Exscientologe ist so ein in vielen Bereichen lebensunfähig gewordener Mensch. Oft bedarf er spezieller therapeutischer Begleitung, damit die Neuorientierung gelingt und es nicht zu einem Rückfall kommt.

Menschen, deren Denken, Fühlen und Handeln jahrelang im Spinnennetz der Scientology-Ideologie gefangen war, kommen in der Regel nur über ein persönlich erschütterndes, tiefgreifendes und dieses Netz zerschneidendes Erlebnis dazu, einen Weg nach draußen zu suchen. Um diesen Weg dann auch gehen zu können, benötigen sie einen starken Willen zur Selbstbestimmung und viel Mut, eben jene Eigenschaften, für die ihnen das System während ihrer Scientology-Mitgliedschaft keinen Raum ließ. Ihr Abschied vom System vollzieht sich in Etappen. Nach der formalen Austrittserklärung beginnt für sie die eigentliche Arbeit: die Loslösung vom scientologischen Denken. Dieser Prozeß dauert Jahre, meistens beansprucht er mindestens ebensoviel Zeit, wie die Mitgliedschaft dauerte. Nach der anfänglichen Freude, mit dem formalen Ausstieg noch einmal davongekommen zu sein, kommt es häufig zu körperlichen und psychischen Reaktionen in Form von Depressionen, Verfolgungsängsten und mitunter auch Suizidgedanken.

Von solchen oder ähnlichen Erfahrungen berichten viele Menschen, die sich lange Zeit Scientology-Kursen und Auditing-Sitzungen aussetzten. Diese Techniken greifen so stark in die Persönlichkeit ein, daß es zu Identitätsdiffusionen kommen kann, die nicht nur mit dem Verlust sozialer Orientierung einhergehen, sondern auch eine Zersetzung der psychischen Struktur bedeuten können. Beispielsweise berichtete eine Ehemalige über das ständige Gefühl, verrückt zu werden, weil außer ihrem eigenen Ich auch noch das antrainierte Scientology-Ich existierte und beide gegeneinander kämpften. Die Folgen dieser personalen Desorganisation sind erheblich und oft lang anhaltend. Die Macht scientologischer Denkmuster erweist sich manchmal noch Jahre nach dem erfolgreichen Ausstieg. So gab mir ein Exmitglied im Verlauf einer kritischen Diskussion zum Thema Scientology sechs Jahre nach seinem Ausstieg zu verstehen, ich hätte durch meine Argumentation seinen «Thetan» verletzt.

Die Persönlichkeits- und Weltbilder, die dieses System in die innere Struktur seiner Mitglieder einpflanzt, sind hochgradig resistent. Aussteigern verlangt es ein äußerst hohes Maß an Selbstreflexion ab, um sich von diesen implantierten Wertmaßstäben und Selbstbildern zu befreien. Erst dadurch wird das Exmitglied wieder zu einem fruchtbaren Dialog mit seinen Mitmenschen fähig und kann wieder aktiv und konstruktiv am sozialen Leben teilnehmen. Wenn der Aussteiger nicht in dieser Weise über sich nachzudenken lernt, schwebt er weiterhin «einen Meter hinter dem Kopf der Gesellschaft» und ist in das soziale Geschehen nicht wirklich integriert.

Anmerkungen

1 Auszug aus dem Protokoll der Sitzung des Ausschusses für Jugend, Familie und politische Bildung des Landtages Nordrhein-Westfalen vom 29. April 1982
2 Brief einer Scientology-Funktionärin an ihre Verwandten, 1988
3 *Hubbard Communication Office* – Brief (intern *HCO*-Policy-Brief genannt) vom 14. Febr. 1965; wiederherausgegeben am 30. August 1980
4 L. Ron Hubbard, *Dianetik,* Kopenhagen 1984
5 Brief einer Scientology-Funktionärin, 1982
6 *HCO*-Brief vom 20. Oktober 1981, revidiert am 10. September 1983
7 Ebenda, S. 6
8 *Freiheit* – Unabhängige Zeitung für Menschenrechte, herausgegeben von der *Scientology Kirche Deutschland*, Nr. 14, München Juli / August 1979, S. 4
9 *HCO*-Policy-Brief vom 23. 12. 1965, revidiert und wiederherausgegeben am 10. September 1983
10 Ebenda, S. 15
11 *Journal für die Frau* 17 / 89
12 Ebd.

SERVICETEIL

Ralf Bernd Abel

KLEINER JURISTISCHER RATGEBER

Arbeitsrecht

Mitglieder, die aus Scientology aussteigen, können eine tarifmäßige Vergütung für dort geleistete Arbeiten beanspruchen. Achtung: es sind arbeitsrechtliche Ausschlußfristen zu beachten (in der Regel sechs Wochen bis sechs Monate). Verlangt werden können nicht nur Nachzahlung des angemessenen Arbeitsentgeltes, sondern auch Versteuerung und Nachversicherung, alles in der Regel für die zurückliegenden zwei Jahre.

Wenn Manager in einem Betrieb scientologische Vorstellungen durchsetzen wollen, handelt es sich hierbei häufig um arbeitsrechtlich unzulässige Maßnahmen. Unerlaubt ist die Führung von «Ethik-Akten», da es sich um verbotene Personalnebenakten handelt. Auch in den Personalakten dürfen nur solche Angaben enthalten sein, die dem (arbeitsrechtlich stark eingeschränkten) Fragerecht des Arbeitgebers unterliegen. Der Besuch von scientologischen Kursen darf nicht gefordert werden; sich darauf beziehende Informationen dürfen grundsätzlich vom Arbeitgeber weder gespeichert noch verarbeitet werden. Scientologische Betriebsstrukturen können darüber hinaus Mitbestimmungsrechte verletzen. Entsprechend getroffene Anordnungen (z. B. Entlassungen) können daher rechtswidrig sein mit der Folge, daß der Arbeitgeber bis zur Wirksamkeit einer ordnungsgemäßen Kündigung (sofern diese zulässig ist) in voller Höhe zahlungspflichtig ist. Der Arbeitnehmer muß allerdings seine Arbeitskraft anbieten.

Datenschutz

Die Speicherung und Verarbeitung personenbezogener Daten ist nur eingeschränkt zulässig. Jedermann hat ein Recht auf Auskunft, Sperrung, Berichtigung und auch auf Löschung personenbezogener Daten. Diese Ansprüche können gegenüber jeder Scientology-Organisation geltend gemacht werden. Besteht der Verdacht, daß nur unrichtige oder unvollständige Auskünfte erteilt werden, kann die örtlich zuständige Datenschutz-Aufsichtsbehörde eingeschaltet werden, die verpflichtet ist, der Beschwerde nachzugehen. Deren Adresse ist im Zweifel beim zuständigen Landesbeauftragten für den Datenschutz zu erfahren.

Belästigende Werbung, Telefonanrufe usw.

Hiergegen bestehen Unterlassungsansprüche. Wenn Werbung in den Briefkasten gesteckt wird, hilft der bekannte Aufkleber «Keine Werbung einwerfen». In der Regel übersenden die Scientologen aber adressierte Werbung per Briefpost. Man kann gegenüber dem Absender bzw. gegenüber der örtlichen Scientology-Organisation der Verwendung der Adresse widersprechen, am besten per Telefax oder per Einschreiben mit Rückschein. Wird dennoch von weiterer Werbung kein Abstand genommen, hilft eine Beschwerde beim Datenschutzbeauftragten bzw. bei der Aufsichtsbehörde für den Datenschutz (siehe oben). Gleichzeitig kann eine zivilrechtliche Abmahnung erfolgen und auf Unterlassung geklagt werden. Das gleiche gilt sinngemäß für belästigende Telefonanrufe. Das einfachste Mittel ist die Einschaltung eines Anrufbeantworters. Wo dies nicht möglich ist oder nicht gewünscht wird, sollten die (meistens anonymen) Anrufe nach Tag und Stunde notiert werden, und es sollte auch festgehalten werden, wer Zeuge ist. Häufen sich die Anrufe, kann auch eine Überprüfung bei der Post beantragt werden, die dann die Anschlüsse speichert, von denen aus angerufen wird.

Öffentliche Äußerungen über Scientology

Jeder kann über seine persönlichen Erlebnisse und seine persönlichen Wahrnehmungen offen sprechen. Ein Bericht über selbsterlebte Tatsachen fällt unter die Meinungsfreiheit und kann nicht verboten werden. Auch Meinungen können frei geäußert werden, sofern sie nicht ohne sachlichen Grund grob beleidigend sind. Es kann also beispielsweise geäußert werden, daß es sich bei Scientology um eine «faschistoide» oder «totalitäre» Organisation handelt, denn dabei handelt es sich um eine typische Meinung.

Riskant sind lediglich *Tatsachen*behauptungen, die man nicht beweisen kann, und zwar auch dann, wenn sie in die Form einer Meinungsäußerung gekleidet sind. So wäre z. B. die Behauptung «XY ist ein Scientologe» nur dann zulässig, wenn sich dies *hieb- und stichfest* beweisen läßt, etwa dadurch, daß diese Person öffentlich als Scientologe aufgetreten ist. Zum einen kann es nicht wünschenswert sein, Personen einem möglicherweise falschen Verdacht auszusetzen – was würde ein Irrtum für diese Person bedeuten?! Zum anderen: läßt sich der Verdacht (egal, ob falsch oder richtig) nicht beweisen, läuft derjenige, der ihn äußert, Gefahr, daß der Betroffene solche Behauptungen gerichtlich verbieten läßt, was teuer werden kann.

Scientologen neigen dazu, anwaltlich abzumahnen und Klage anzudrohen. Die Ankündigung gerichtlicher Schritte ist jedoch häufig eine bloße Drohgebärde und hat keinen konkreten, rechtlichen Hintergrund. Fast alle bekanntgewordenen Abmahnungen waren rechtlich unbeachtlich und sind dann auch nicht weiter verfolgt worden oder waren im Ergebnis erfolglos. Vorsorglich sollte aber in Zweifelsfragen fachlicher Rat eingeholt werden.

Austritt

Ein Austritt aus der Scientology-Organisation ist jederzeit möglich. Etwaige Vorschriften, die einen Austritt erschweren könnten, sind unzulässig und nichtig. Der Austritt oder die Rückzahlung der eingezahlten Gelder darf nicht von Vorbedingungen abhängig gemacht werden, vor allem nicht davon, daß eine «Routing Form» (scientologischer «Laufzettel») durchlaufen wird. Sind Abbuchungsaufträge erteilt worden, sollten diese sofort storniert und eventuelle Abbuchungen sofort rückgängig gemacht werden. Nachforderungen von Scientology für die nachträgliche Bezahlung sogenannter «Dienstleistungen» sind rechtlich kaum oder nicht durchsetzbar.

Rückzahlung

Grundsätzlich kann die Rückzahlung sogenannter «nicht verbrauchter» Beträge zuzüglich Zinsen verlangt werden. Wird die Beiziehung eines Rechtsanwaltes erforderlich, weil die fälligen Zahlungen verschleppt werden, was häufig vorkommt, sind diese Kosten von Scientology ebenfalls zu tragen.

Nicht abschließend geklärt ist die Frage, ob sogenannte «verbrauchte» Beträge ebenfalls zurückzuerstatten sind. Ein Teil der Rechtsprechung gewährt diesen Anspruch wegen Sittenwidrigkeit und damit Nichtigkeit des zugrundeliegenden Geschäfts.

Erbrecht

Gerät ein Familienangehöriger in den Bann der Scientology-Organisation, kann es sinnvoll sein, sich über die erbrechtlichen Konsequenzen Gedanken zu machen. Der hohe Geldbedarf von Scientologen kann dazu führen, daß im Erbfall die Miterben (im Falle von Kindern beispielsweise der überlebende Elternteil) mit hohen Forderungen belastet werden.

Im Zweifel

Sollte kompetenter Rat eingeholt werden.

GLOSSAR

Aberration
Eine Abweichung vom scientologisch vorgegebenen Verhaltensmuster –
‹fixe Ideen zu haben, die nicht wahr sind» (→ Hubbard). Aberrationen gelten
als «ansteckend»; zum Beispiel wird behauptet, daß Eltern sie an ihre Kinder
weitergeben würden.

ARK-Dreieck
Das ARK-(bzw. ARC-)Dreieck ist eines der Symbole von Scientology. Drei
Hubbard-Begriffe stehen an dessen Ecken: Affinität (meint zwischen-
menschliches Gefühl, z. B. Liebe und Haß → Emotionsskala); Realität (meint
die Wirklichkeit der Scientology-Welt) → Kommunikation. Auch scientologische Grußformel.

Auditing
Von → Hubbard entwickelte Technik zur «Befreiung» der Menschen von
→ Engrammen. Speziell ausgebildete Auditoren entlocken ihren Klienten intime Lebensdaten – nicht nur aus deren gegenwärtigem Leben, sondern auch
aus angeblich früheren. Als Hilfsmittel dient den Auditoren dabei das → E-
Meter; es soll überprüft werden, ob sich die auditierte Person von ihren Engrammen getrennt hat. Nach Aussteigerberichten werden alle Daten gesammelt, um bei Bedarf Personen zu erpressen.

Brücke
Scientology nennt die Kurse, die zum Erreichen des scientologischen Idealzu-
standes, dem eines operating → Thetan führen, «Brücke zur totalen Freiheit». Am Anfang stehen meist → Kommunikationskurse; am Ende OT-
Kurse (→ Thetan).

Celebrity Center
Prominente Künstler werden von Scientology gerne als Aushängeschilder
benutzt. Für sie hat die Sekte Celebrity Center als spezielle Betreuungsein-
richtungen geschaffen.

Clear / Preclear
Ziel der → Dianetik ist es, durch → Auditing clear zu werden. Laut Hubbard
ist ein Clear ein «optimaler Mensch»: selbstbestimmt, frei von psychosomatischen Leiden, Verdrängungen → Aberrationen, mit gesteigertem Intelli-

genzquotienten, sensiblerer Sinneswahrnehmung und gesteigerter «schöpferischer Phantasie». Ein Mensch vor diesem Zustand, also auch alle Nicht-Scientologen, gelten als sogenannte Preclears. Auf den Clear-Zustand spielt der von Scientology vielzitierte Einstein-Satz an: «Wir nutzen nur 10 Prozent unseres geistigen Vermögens.» Obwohl angeblich viele Tausende das Clear-Stadium erreicht haben, sind die fulminant angekündigten Veränderungen der Öffentlichkeit natürlich noch nie glaubhaft präsentiert worden. Nicht nur einzelne Menschen sollen clear werden, auch die Welt: So gibt es das Programm «Clear Europe», in dem «Clear Germany» eine besondere Rolle spielt. Ein Aussteiger berichtet: das «Codewort Clear... bedeutet nichts anderes als Machtergreifung durch Scientology».

Department für spezielle Angelegenheiten «DSA)
Deutsche Bezeichnung für den Scientology-Geheimdienst → «Office for Special Affairs» (OSA), der Nachfolge-Abteilung des → Guardian Office. DSA heißt ebenfalls «Direktor für spezielle Angelegenheiten». Im Sommer 1992 waren das Helmuth Blöbaum (Präsident von Scientology Deutschland) und Franz Riedl (Vizepräsident Scientology Hamburg). Die Bezeichnungen «Presse- und Rechtsamt» und «Büro für öffentliche Angelegenheiten» sind andere Ausdrücke für DSA. Nach eigenen Angaben ist das DSA für «Rechts-, Regierungs- und Medienangelegenheiten» zuständig.

Dianetik
Von → Hubbard aus griechischen Wörtern («dia nous», «durch den Verstand») zusammengesetztes Kunstwort, mit dem er seine «neue Wissenschaft des Geistes» bezeichnete. Die Theorie stellte Hubbard erstmals in einem US-amerikanischen Science-fiction-Magazin vor und baute sie in einem im Herbst 1950 erschienenen Buch aus. Der Millionenseller (nach Verlagsangaben über 12 Millionen Auflage) beschreibt in drei Abschnitten: «Das Ziel des Menschen»: der «Clear»; die Hindernisse: der reaktive → Mind → Aberration → Engramme; die «Therapie»: → Auditing. Hubbard erklärte 1954 Dianetik zum Untergebiet der → Scientology. Heute können Dianetik und Scientology als Synonyme gelten. Um den negativ besetzten Begriff Scientology zu umgehen, bezeichnen sich Scientology-Missionen oft als «Dianetik-Zentren».

Dynamiken
→ Hubbard nennt acht Dynamiken, «Überlebensrouten», die die verschiedenen menschlichen Triebkräfte bezeichnen, z. B. Sexualität, Gruppenzugehörigkeit, Glaube an ein höchstes Wesen. Wer in allen Dynamiken scientologischer → Ethik gemäß lebt, ist → clear. Die acht Spitzen des → Scientologen-Kreuzes sollen diese Dynamiken symbolisieren.

E-Meter
Hautwiderstandsmeßgerät, das seit 1960 als Scientology-Patent im Auditing
dem Aufspüren von Engrammen dient, funktioniert etwa wie ein Lügendetektor. Das Ziel des → Auditing, der → Clear-Zustand, ist erreicht, wenn
die Nadel «schwebt», d. h. keinen Ausschlag mehr anzeigt. Der Mate-
rialwert des ominösen Gerätes beträgt einige hundert Mark; verkauft wird
die Luxusausführung dieses «seelsorgerlichen Hilfsmittels» für bis zu
DM 22 000.

Emotionsskala
Eine von Hubbard entwickelte Stimmungsskala. Dient zur Einordnung von
Menschen. Zwischen den Werten 40 und −40 finden sich die Emotionen wie
«Begeisterung» (4), «Mildes Interesse» (2,9), «Feindseligkeit» (1,9),
«Furcht» (1,0), «Unwürdig» (0,3), «Körperlicher Tod» (0), «Nichts sein»
(−20), «Totales Versagen» (−40).

Engramm
Engramme nennen Scientologen die im reaktiven → Mind eingeprägten
Schmerzzustände, die vom → Clear-Sein abhalten. Deswegen ist erstes Ziel
der → Dianetik, die Engramme per → Auditing zu zerstören. Die Engramme
können im gegenwärtigen, aber auch in früheren Leben wurzeln; sie sind
aufgezeichnet auf einer «Zeitspur» («Time-Track»). Es wird behauptet, daß
sie, solange sie nicht gelöscht sind, psychosomatische Krankheiten verursa-
chen und den Menschen am Glücklichsein hindern.

Ethik
Zweck scientologischer Ethik ist nicht eine philosophisch-wissenschaftliche
Theorie über Gut und Böse, sondern «Gegenabsichten und Fremdabsichten
aus der Umwelt zu entfernen». Bekämpfung von Kritikern und Gegnern ist
ebenso Ziel scientologischer Ethik wie das Ausmerzen innerer Kritik. Von
Kritikern wird Hubbards Buch «Einführung in die Ethik der Scientology»
als «mafioses Rezeptbuch» (Abel) gesehen, weil es mehr oder weniger
verschlüsselt zu kriminellen Handlungen auffordert, zum Beispiel die Möglichkeit beschreibt, daß ein Kritiker «in der Dunkelheit dumpf aufs Straßenpflaster klatscht oder das ganze feindliche Lager als Geburtstagsüberraschung
in riesigen Flammen aufgeht».

Flag
Da Hubbard eine Zeitlang von einem (Flagg-)Schiff aus wirkte, wird die 1976
gegründete Land-«Basis» in Clearwater (Florida) «Flag» genannt. Das Flag-
Zentrum verkauft Spezialkurse und Auditings, die andere Scientology-Organisationen nicht liefern dürfen. Flag unterhält mehrere Außenbüros, unter
anderem in Kopenhagen.

Freewinds
Luxus-Kreuzschiff, auf dem sich oft die Führungsclique der internationalen
Scientology aufhält. Allein hier können die letzten OT-Stufen erlangt wer-
den. Kurse kosten bis zu 25 000 Dollar.

Freiheitsspiegel
Zeitschrift, die sich an die Öffentlichkeit richtet und zwei Themenschwer-
punkte hat: Zum einen soll Scientology als Kirche, die sich um Drogensüch-
tige und Psychiatrieopfer kümmert, dargestellt werden; zum anderen geht es
darum, Kritiker zu diffamieren. Bei Bedarf erscheint der Freiheitsspiegel in
Regionalausgaben.

Guardian Office (GO)
1966 von → Hubbard gegründete «Macht- und Terrororganisation» (Haack)
der Scientologen zum Kampf gegen innere und äußere Kritiker und → Suppressive Persons. Alle Guardians seien «tiptop Leute...», die Dinge vollbrin-
gen, «aus denen Legenden gemacht werden», schwärmte Hubbard. Die
Leitung der Sicherheitsabteilung übertrug er seiner dritten Frau Mary Sue
Hubbard. Zum Ausbildungsprogramm des Guardian Office gehörte laut
«Reader's Digest», «wie man anonyme Morddrohungen gegen Journalisten
richtete, Rufmordkampagnen gegen unfreundlich gesinnte Geistliche inszenierte, Zeitungsausschnitte fälschte und Einbrüche plante und durchführte.
Pressesprecher wurden darauf gedrillt, die Presse zu belügen.» 1976, nach der
Entdeckung von Schnüffeleien des GO im US-amerikanischen Justizministerium, kam es zur Verurteilung von neun Guardians wegen Diebstahls und
Verschwörung. Nach der Abschaffung des GO wurde das → Office for Special Affairs (OSA), in Deutschland → Department für spezielle Angelegenheiten (DSA), dessen Nachfolgeinstitution.

Handhaben
«Sei immer Ursache, nie Wirkung» ist eine der Grundregeln für Scientologen. Dementsprechend versuchen sie, Probleme, Situationen und Personen
zu «handhaben», das heißt, sie offensiv zu bestimmen.

Hubbard, Lafayette Ron
«Geistiger Vater» des Scientology-Systems, Autor der «Scientology-Bibel»
Dianetik – Die moderne Wissenschaft der geistigen Gesundheit (1950). Ursprünglich Science-fiction-Schriftsteller und selbsternannter Forscher. 1911 geboren, angeblich am 24. 1. 1986 gestorben. Seit 1982 wurde er nicht mehr öffentlich gesehen.

Hubbard Association of Scientologist International (HASI)
1954 von Hubbard in Arizona gegründete «Vereinigung internationaler
Scientologen»; nach internen Machtkämpfen 1984 abgelöst durch die → International Association of Scientologists (IAS).

Hubbard Communication Office (HCO)
Zu Lebzeiten Hubbards die Machtzentrale des Scientology-Imperiums.
Durch «HCO-Letters» ergingen von hier Befehle und quasigesetzliche An-
ordnungen an alle Scientology-Organisationen.

International Association of Scientologists (ISA)
Nach internen Machtkämpfen 1984 gegründeter internationaler Scientolo-
gen-Verband (→ Hubbard Association...).

Kommission für Verstöße der Psychiatrie gegen Menschenrechte
Der Kampf gegen die moderne Psychiatrie ist neben der Drogentherapie
(→ Narconon) öffentliches Hauptbetätigungsfeld von Scientology. In
Deutschland arbeiten nach Scientology-Angaben sieben Landesgruppen der
Tarnorganisation «Kommission für Verstöße der Psychiatrie gegen Men-
schenrechte».

Kommunikation
Kommunikationskurse sind meist der Einsteig in die Scientology-Kurs-
Welt. Kommunikation meint hier jedoch nicht den Dialog, sondern taktie-
rendes → Handhaben des Gegenübers. Zu den scientologischen Gesprächs-
tugenden gehört zum Beispiel: «scheinbar zu antworten, ohne die Frage
wirklich zu beantworten» und «eine Äußerung abschließend zu bestätigen,
so daß eine weitere Person es nicht für nötig hält, das Thema zu wiederholen
oder weiterzuverfolgen».

LRH
Abkürzung für Lafayette Ron → Hubbard.

Mind
«Mind» wird in Scientology mit «Geist / Verstand» übersetzt. In der → Dianetik unterscheidet → Hubbard den reaktiven und den analytischen Mind.
Während der *reaktive* Mind Ort aller → Aberrationen ist und die Entfaltung
des → Thetans verhindert, bezeichnet der *analytische* Mind das Bewußt-
seinszentrum des Menschen; Hubbard übersetzt es auch mit dem «Ich».

Narconon
Tarnorganisation von Scientology, die sich als Drogenhilfe versteht. Es hat
den Anschein, daß Narconon mit Hilfe von Scientology-Methoden aus Dro-
genabhängigen Sektensüchtige macht, denn die Therapie besteht «aus dem
üblichen Hubbard-Hokuspokus» (*Reader's Digest*). Nach Expertenmeinung
ist kein Fall wirklicher Drogenbefreiung wissenschaftlich belegt.

New Era Publications
Kopenhagener Buchverlag, in dem die Werke → Hubbards erscheinen. Die
1969 gegründete Firma gehört zu den größten dänischen Verlagshäusern. Für
1987 betrug der Umsatz weltweit etwa 67 Millionen DM. 1983 gründete

New Era Publications die erste Tochterfirma in Italien; 1984 in Dreieich den New Era-Verlag, der das deutschsprachige Gebiet mit Scientology-Literatur und -Material versorgt. Im Jahr 1988 erzielte der Verlag damit 3,8 Millionen DM Umsatz. Buchhändler monieren die penetranten Werbesendungen des Verlages, die darauf hindeuten, daß Buchhändler für Scientology interessiert werden sollen. New Era Publications Deutschland ist Mitglied des Börsenvereins des deutschen Buchhandels.

Niacin
Nikotinsäure. In Kombination mit hochdosierten Vitaminpräparaten Bestandteil des → Reinigungs-Rundown. Hubbards Ziel war, mit Hilfe dieser Substanzen Scientologen gegen radioaktive Strahlung zu immunisieren.

Office for Special Affairs (OSA)
Nachdem das → Guardian Office nach Verurteilung mehrerer seiner Mitglieder geschlossen werden mußte, diente das OSA als dessen Nachfolgeeinrichtung. Der Hauptsitz ist in Los Angeles; für Europa, den Ostblock und Afrika ist OSA Kopenhagen zuständig. In Deutschland wird das OSA als → Department für spezielle Angelegenheiten (DSA) bezeichnet (auch «Presse- und Rechtsamt», «Büro für öffentliche Angelegenheiten»); sein Sitz ist in Hamburg. Hier waren im Sommer 1992 5 Mitarbeiter für bundesweite Belange zuständig, u. a. für die Überwachung der sieben deutschen DSA-Büros (Zahl in Klammern die Mitarbeiter) in Hamburg (10), Hannover (1), Düsseldorf (1), Frankfurt am Main (2), Stuttgart (2), Berlin (1) und München (20, zuständig auch für osteuropäische Staaten und Österreich).
   Die OSA (bzw. DSA) arbeitet unabhängig von den → Orgs und stellt ihnen ihre Leistungen in Rechnung.

Org
Scientology-Organisation an einem Ort; den Orgs untergeordnet sind die «Missionen» → Hubbard: «Der einzige Grund, aus dem es Orgs gibt, ist die Aufgabe, Materialien und Dienstleistungen an die Öffentlichkeit zu verkaufen und zu liefern... Die Zielsetzung sind total befreite Kunden.»

Ot
Abkürzung für «Operating → Thetan»

Persönlichkeitstest
Anwerbemethode mit dem Ziel, potentiellen Mitgliedern ihren Bedarf an Scientology-Kursen klarzumachen. Dabei werden den meist auf der Straße angesprochenen Passanten 200 Fragen vorgelegt, die teils intimen Charakter haben: «Können Sie einer strengen Disziplin zustimmen?», «Vergeuden Sie Ihr Geld?», «Gibt es bei Ihnen wunde Punkte?» Die Auswertung der Antworten, vorgelegt in einem Diagramm, bescheinigt der Person immer Labilität und Schwächen in bestimmten Lebensbereichen. → Auditing → Kommunikationskurse, Bücher und Kassetten werden als Ausweg angeboten.

Potential Trouble Source (PTS)
meint eine «mögliche Schwierigkeitsquelle»: Personen, die mit «antisozialen» → «unterdrückerischen Personen» in Kontakt stehen. Krankheiten von
Scientologen werden immer als Folge eines PTS-Zustandes gesehen. Gelöst
werden kann dieser Zustand durch → Handhaben oder «die Verbindung abbrechen». Auf diese Weise wird jede Kritik von außen, z. B. von Eltern und
Freunden neuer Sektenmitglieder, abgewendet und die Kommunikation mit
der Öffentlichkeit allein dem → Department für spezielle Angelegenheiten
übergeben.

Redefinition
Von → Hubbard angewandte Bedeutungsumwandlung von Wörtern.
→ Hubbard: «Der Trick ist, Worte zu redefinieren, bis sie zum Vorteil des
Propagandisten etwas bedeuten.» Im Prinzip werden alle Begriffe auf Scientology zugeschnitten: Kriminell, böse und illegal ist alles, was die Ausbreitung von Scientology behindert. Ein «Psychiater» beispielsweise wird in
diesem System zum «antisozialen Feind des Volkes». Es sei nötig, so Hubbard, «Medizin, Psychiatrie und Psychologie abwärts zu redefinieren und
Dianetics und Scientology aufwärts zu definieren... Konsequente und wie-
derholte Anstrengung ist der Schlüssel zu jedem Erfolg mit dieser Technik
der Propaganda.»

Reinigungs-Rundown
Kombination aus teils stundenlangen Saunagängen und der Einnahme von
hochdosierten Vitaminen und → Niacin. → Hubbard pries den Reinigungs-
Rundown als Prävention gegen die radioaktive Strahlung nach einem Atom-
krieg, den Scientologen «überleben werden – im Gegensatz zu anderen, die
nicht so glücklich dran sind».

Religious Technology Center (RTC)
Management der Scientology Church mit Sitz in Los Angeles. Es hält die
Rechte an allen Scientology-Ausdrücken (z. B. SCIENTOLOGY, DIANE-
TIK, HUBBARD) und kann dadurch Kontrolle über die weltweite Scien-
tology-Organisation ausüben.

Scientologen-Kreuz
Von Scientology als Kirchensymbol gebrauchtes achtspitziges Kreuz, das die
acht → Dynamiken bezeichnet. Experten betonen die Übereinstimmung mit
dem Kreuz des satanischen Magiers Aleister Crowley, mit dessen okkultisti-
schem Orden «O. T. O.» → Hubbard Verbindung gehabt haben soll.

Scientology
Kunstwort, das «Lehre vom Wissen» heißen soll (von lat. scire, wissen). Das
Denksystem Scientology ist eine Ausweitung der → Dianetik, die hauptsächlich ergänzt wird durch die Vorstellung eines → Thetans; erstmals veröffentlicht von → Hubbard im Jahr 1954.

Scientology wurde von 1954 an («Hubbard Scientology Organisation», später «Scientology Church») Name für die Hubbardsche Gesamtorganisation.

Sea Org

Von Hubbard 1956 gegründete («Bruderschafts-»)Organisation, die die → «Brücke zur totalen Freiheit» – gegen hohe Gebühren – verkauft, mit dem Ziel, den Planeten → clear zu machen. Der Name rührt daher, daß Hubbard und die Führungsclique das Scientology-Imperium von 1968 an für acht Jahre von einer Schiffsflotte aus regierten. Mitglieder der Sea Org haben einen umfangreichen Ehrenkodex einzuhalten; ihr Vertrag hat eine Gültigkeit von einer Milliarde Jahren.

Statistik

Jeder Scientologe hat zum Nachweis seines «Überlebenspotentials» Statistiken zu führen, die in Koordinatenkreuzen den «Erfolg» einer Person zeigen. → Hubbard teilt den Verlauf der Statistikkurve in verschiedene Kategorien ein: leichter Anstieg gilt als «normal», leichter Abstieg als «Notlage», steiler Absturz als «Nichtexistenz». Mit Hilfe der Statistiken sind die Ethik-Abteilungen der Scientologen stets über die Produktivität ihrer Mitglieder informiert. Bei längerem Abfallen der Kurven werden Scientologen für ihr Verhalten vom «Ethik-Officer» zitiert und haben gegebenenfalls Strafbefehle zu befolgen.

Suppressive Person (SP)

→ Hubbard teilte Menschen in zwei Typen ein: Diejenigen, die Scientology befürworten und sich an deren Machtausweitung beteiligen, gelten als «konstruktiv», «sozial» und «gut»; Kritiker von Scientology als «katastrophal», «antisozial», «böse» und «unterdrückerisch». «Anti-Scientologen» und «Unterdrücker», nach Hubbard zählen 20 Prozent der Menschheit dazu, «schaffen für andere Schwierigkeiten». Menschen, die Scientology offen kritisieren, gelten als gefährlichste Form der SP.

Thetan

Grundbegriff der Hubbardschen Lehre, nach der ein Mensch aus Body (Körper), → Mind (Verstand) und → Thetan (Seele) besteht. Der Thetan ist ewig und sucht sich, ähnlich wie in anderen Reinkarnationsvorstellungen, Körper, in denen er wirkt. Ziel des Menschen ist nach Scientology, «Operating Thetan» (OT) zu werden: ein → Thetan, der «völlige Ursache über Materie, Energie, Raum und Zeit» ist. Dazu sind Kurse, (OT I bis OT VIII) nötig. Diese OT-Stufen gelten als dem bloßen → Clear-Zustand übergeordnet. Höchste Stufe ist derzeit «NEW OT VIII».

Verband Verantwortungsbewußter Geschäftsleute (VVG)
Verband engagierter Manager (VEM)
Scientology-Institutionen, die Hubbards Managementtechniken im Geschäftsleben verbreiten wollen. In der Praxis Tarnorganisationen, die ohne Wissen der Kunden Scientology-Methoden in Unternehmen einzubringen versuchen.

World Institute of Scientology Enterprises (WISE)
1979 gegründete Scientology-Organisation, die für die Ausbreitung der Hubbard-Lehre in der Geschäftswelt und damit mittelbar für die Finanzierung des Scientology-Imperiums zuständig ist. «WISE»-Listen enthalten Wirtschaftsunternehmen, die von Scientologen geführt werden. Hauptsitz ist Clearwater/Florida.

Zentrum für individuelles und effektives Lernen (ZIEL)
1977 in der Schweiz (seit 1979 auch in Deutschland und in Österreich) gegründete Unterorganisation, die die Hubbardsche Lernmethodik verbreiten will. Kernsatz: «Gehe nie über ein Wort hinweg, das Du nicht verstehst.» Seit einiger Zeit arbeiten Schulkinder-Hausaufgabenhilfen unter dem Namen ZIEL.

BADEN-WÜRTTEMBERG

Aktion Bildungsinformation e. V. (ABI)
Alte Poststr. 5
7000 Stuttgart 1
Tel. 0711 / 299335

Pfarrer Klaus-Martin Bender
Mittelstr. 16
6920 Sinsheim-Adersbach

Evangelische Zentralstelle für Weltanschauungsfragen (EZW)
Hölderlinplatz 2
7000 Stuttgart
Tel. 0711 / 2262281

Hartmut Hauser
Sektenbeauftragter des Landes Baden-Württemberg
Rothebühlplatz 1
7000 Stuttgart
Tel. 0711 / 2792873

Robin Direkt e. V.
Postfach 44
7914 Pfaffenhofen
Tel. 07302 / 4019

BAYERN

Pfarrer Dr. Wolfgang Behnk
Beauftragter für Sekten- und Weltanschauungsfragen
der Bayerischen Landeskirche
Marsstr. 22
8000 München 2
Tel. 089 / 5598 0444

Elterninitiative zur Hilfe gegen seelische Abhängigkeit
und religiösen Extremismus
Postfach 10 05 13
8000 München 1

Dipl.-Theol. Hubert Kohle
Kappelberg 1
8900 Augsburg
Tel. 08 21 / 3 15 22 74

Dipl.-Theol. Ludwig Landshammer
Obstmarkt 28
8500 Nürnberg 1
Tel. 09 11 / 20 43 37

Dipl.-Theol. Hans Liebl
Beauftragter für Sekten- und Weltanschauungsfragen
der Erzdiözese München-Freising
Dachauer Str. 5
8000 München 2
Tel. 0 89 / 2 13 74 17

BERLIN

Eltern- und Betroffeneninitiative gegen psychische Abhängigkeit
für geistige Freiheit Berlin e. V.
Mommsenstr. 19
1000 Berlin 12
Tel. 0 30 / 3 24 95 75

Pater Klaus Funke
Dominikanerkloster St. Paulus
Oldenburger Str. 46
1000 Berlin 21
Tel. 0 30 / 3 95 57 97

Pfarrer Thomas Gandow
Beauftragter für Sekten- und Weltanschauungsfragen
der Evangelischen Kirche in Berlin-Brandenburg
Heimat 27
1000 Berlin 37
Tel. 0 30 / 8 15 70 40

HAMBURG

Initiative besorgter Eltern und Bürger Eppendorf e. V.
c / o Kulturhaus Eppendorf
Martinistr. 40
2000 Hamburg 20

HESSEN

Dipl.-Päd. Kurt-Helmuth Eimuth
Beauftragter des Evangelischen Regionalverbandes Frankfurt a. M.
für Religions- und Weltanschauungsfragen
Saalgasse 15
6000 Frankfurt a. M. 1
Tel. 069 / 285502

MECKLENBURG-VORPOMMERN

Landespastor Matthias Kleiminger
Hansenstr. 5
O-2600 Güstrow
Tel. Güstrow 63964

Pfarrer Friedrich von Kymmel
Dorfstr. 50
O-2251 Morgenitz
Tel. Morgenitz 251

NIEDERSACHSEN

Pfarrer Wilhelm Knackstedt
Beauftragter für Sekten- und Weltanschauungsfragen
der Evangelisch-Lutherischen Landeskirche Hannovers
Archivstr. 3
3000 Hannover 1
Tel. 0511 / 1241452

NORDRHEIN-WESTFALEN

Aktion für geistige und psychische Freiheit, Arbeitsgemeinschaft
der Elterninitiativen e. V. (AGPF)
Graurheindorferstr. 15
5300 Bonn 1
Tel. 0228/631547

Aktion Psychokultgefahren e. V. (APG)
Ellerstr. 101
4000 Düsseldorf 1
Tel. 0211/721066

Dr. Hermann-Josef Beckers
Referat Sekten- und Weltanschauungsfragen
beim Bischöflichen Generalvikariat der Diözese Aachen
Klosterplatz 7
5100 Aachen
Tel. 0241/452419

Bundesministerium für Jugend, Familie und Gesundheit
Kennedy-Allee 105–107
5300 Bonn 2
Tel. 0228/3381

Pfarrer Rüdiger Hauth
Beauftragter für Sekten- und Weltanschauungsfragen
der Evangelischen Kirche von Westfalen
Röhrchenstr. 10
5810 Witten 1
Tel. 02392/13611

Pfarrer Joachim Keden
Beauftragter für Sekten- und Weltanschauungsfragen
der Evangelischen Kirche im Rheinland
Rochusstr. 44
4000 Düsseldorf 30
Tel. 0211/3610246

SACHSEN

A. G. Sekten
Psychogruppen, Jugendreligionen beim Studentenrat
der Technischen Universität Chemnitz
Reichenhainer Str. 41
O-9022 Chemnitz
Tel. Chemnitz 5 61 26 39

Pfarrerin Ingrid Dietrich
Giordano–Bruno–Str. 1
O-7034 Leipzig
Tel. Leipzig 47 39 15

Eltern- und Betroffeneninitiative gegen psychische Abhängigkeit
Sachsen e. V.
c / o Bartsch
Straße der Waffenbrüderschaft 31
O-7066 Leipzig
Tel. Leipzig 11 53 14

Kaplan Gerald Kluge
Dr. Wilhelm-Külz-Str. 2
O-8300 Pirna
Tel. Pirna 3 41 61

Pfarrer Ekkehard Zieglschmid
Beauftragter der Evangelisch-Lutherischen Landeskirche Sachsens
für Sekten- und Weltanschauungsfragen
An der Heilandskirche 1
O-8029 Dresden
Tel. Dresden 43 64 50

SCHLESWIG-HOLSTEIN

Pfarrer Detlef Bendrath
Beauftragter für Sekten- und Weltanschauungsfragen
der Nordelbischen Evangelisch-Lutherischen Kirche
Brahmsstr. 20 f
2400 Lübeck 1
Tel. 04 51 / 4 22 15

Initiative Besorgter Eltern und Bürger Hoisdorf e. V.
Postfach 16
2071 Hoisdorf

THÜRINGEN

Dr. Friedrich Büchner
Beauftragter der Evangelisch-Lutherischen Kirche in Thüringen
für Sekten- und Weltanschauungsfragen
Karolinenstr. 8
O-5900 Eisenach
Tel. Eisenach 7 66 49

ÖSTERREICH

Referat für Weltanschauungsfragen beim Pastoralamt der Erzdiözese Wien
Dr. Friederike Valentin
Stephansplatz 6
A-1010 Wien
Tel. 00 43 / 2 22 / 51 55 23 67

SCHWEIZ

Aufklärungsgemeinschaft über Scientology und Dianetik (AGSD)
Postfach
CH-8036 Zürich

Evangelische Orientierungsstelle
Pfarrer Dr. Oswald Eggenberger
Frohalpstr. 77
CH-8038 Zürich
Tel. 00 41 / 1 / 48 20 29

LITERATUREMPFEHLUNGEN

Aktion Bildungsinformation e. V. Stuttgart (Hg.), *Die Scientology-Sekte und ihre Tarnorganisationen*, ohne Ort und Jahr

Aktion Psychokultgefahren e. V. Düsseldorf (Hg.), *Die Rechtsprechung zu Neueren Glaubensgemeinschaften. Ein systematischer Überblick*, Krefeld 1991

Aktion Psychokultgefahren e. V. Düsseldorf (Hg.), *Im Netz der Sinnverkäufer. Ergebnisse einer Tagung*, Krefeld 1991

Alexander, Maximilian, *Die falschen Propheten. Schein und Wirklichkeit der Sekten*, Düsseldorf ²1986

Bannach, Klaus / Rommel, Kurt (Hg.), *Religiöse Strömungen unserer Zeit. Eine Einführung und Orientierung*, Stuttgart 1991

Corydon, Bent / Hubbard, L. Ron Jr., *Ron Hubbard, Messiah or Madman?* Secaucus, N. J. 1987

Evans, Christopher, *Kulte des Irrationalen. Sekten, Schwindler, Seelenfänger*, Reinbek 1979 (1973)

Gaster, Hans u. a. (Hg.), *Lexikon der Sekten, Sondergruppen und Weltanschauungen. Fakten, Hintergründe, Klärungen*, Freiburg, Basel, Wien ³1991

Haack, Friedrich-Wilhelm, *Scientology – Magie des 20. Jahrhunderts*, München 1982

Haack, Friedrich-Wilhelm, *Scientology, Dianetik und andere Hubbardismen*, München 1990

Haack, Friedrich-Wilhelm, *Jugendsekten, Vorbeugen – Hilfe – Auswege*, Weinheim 1991

Hassan, Steven, *Combatting Cult Mind Control*, Rochester 1990 (1988), erscheint 1993 unter dem Titel *Ausbruch aus dem Bann der Sekten. Psychologische Beratung für Betroffene und Angehörige* im Rowohlt Taschenbuch Verlag, Reinbek

Hauth, Rüdiger, *Die nach der Seele greifen. Psychokult und Jugendsekten*, Gütersloh ²1985

Hemminger, Hansjörg (Hg.), *Fundamentalismus in der verweltlichten Kultur*, Stuttgart 1991

Karbe, Klaus / Müller-Küppers, Manfred (Hg.), *Destruktive Kulte. Gesellschaftliche und gesundheitliche Folgen totalitärer pseudoreligiöser Bewegungen*, Göttingen 1983

Kaufmann, Robert, *Übermenschen unter uns*, Frankfurt 1972

Luschnat, Cornelia / Potthoff, Norbert J., *Totalitäre Thetanen. Macht und Ohnmacht des Individuums*, Krefeld 1992

Meyer, Thomas (Hg.), *Fundamentalismus, Aufstand gegen die Moderne*, Reinbek 1989

Meyer, Thomas (Hg.), *Fundamentalismus in der modernen Welt. Die Internationale der Unvernunft*, Frankfurt 1989

Miller, Russell, *Bare Faced Messiah, The True Story of L. Ron Hubbard*, New York 1988

Müller, Ulrich / Leimkühler, A. M., *Zwischen Allmacht und Ohnmacht. Untersuchungen zum Welt-, Gesellschafts- und Menschenbild Neureligiöser Bewegungen*, Regensburg 1992

Potthoff, Norbert J., *Netzwerk Scientology. Organisationen, Tarnfirmen und weltweites Netzwerk*, Krefeld 1992

Potthoff, Norbert J., *Was ist Scientology?* Krefeld 1992

Reller, Horst (Hg.), *Handbuch Religiöse Gemeinschaften. Freikirchen, Sondergemeinschaften, Sekten, Weltanschauungsgemeinschaften, Neureligionen*, Gütersloh 1978

Richter, Horst-Eberhard, *Der Gotteskomplex, Die Geburt und die Krise des Glaubens an die Allmacht des Menschen*, Reinbek 1986 (1979)

Rosina, Hans-Joachim, *Faszination und Indoktrination. Beobachtungen zu psychischen Manipulationspraktiken in totalitären Kulturen*, München 1989

Schröder, Burkhard, *Spuren der Macht, Memmen, Macker, Muskelmänner*, Reinbek 1990

Stamm, Hugo, *Scientology. Seele im Würgegriff*, Horgen 1982

Steiden, H. P. / Hamernik, C., *Einsteins falsche Erben. Die unheimliche Macht und Magie von Dianetik und Scientology*, Wien 1992

Thiede, Werner, *Scientology – Religion oder Geistesmagie?* Konstanz 1992

Valentin, Friederike / Knaup, Horand (Hg.), *Scientology – der Griff nach Macht und Geld. Selbstbefreiung als Geschäft*, Freiburg, Basel, Wien 1992

Wallis, Roy, *The Road to Total Freedom. A Sociological Analysis of Scientology*, New York 1977

Zingerle, A. / Mongardini, C. (Hg.), *Magie und Moderne*, Berlin 1987

DIE AUTOREN

Ralf Bernd Abel, Jg. 1948, Rechtsanwalt und Notar. Studium in Tübingen und Göttingen, Promotion mit einer Arbeit über die Grenzen der Religionsfreiheit in bezug auf die neuen Jugendreligionen. 1977 bis 1982 wissenschaftlicher Assistent und Lehrbeauftragter der Universität Hamburg. Vortragstätigkeit über die rechtlichen Fragen in Verbindung mit den sogenannten neuen Jugendreligionen, kommerziellen Kulten und pseudoreligiösen Bewegungen.

Volker Albers, Jg. 1954, Studium der Literaturwissenschaft und Psychologie, einige Jahre Redakteur beim *Hamburger Abendblatt,* lebt als Journalist in Hamburg.

Wolfgang Behnk, Jg. 1949, ist landeskirchlicher Beauftragter für Sekten und Weltanschauungsfragen der Evangelisch-Lutherischen Kirche in Bayern. Er arbeitet eng mit der Münchner Eltern- und Betroffeneninitiative zur Hilfe gegen seelische Abhängigkeit und religiösen Extremismus e. V. («EI») zusammen.

Uwe Birnstein, Jg. 1962, evangelischer Diplomtheologe, arbeitet in Hamburg als freier Journalist für Zeitungen, Hörfunk und Fernsehen. Buchveröffentlichungen.

Katharina Gralla, Jg. 1965, Journalistenschule München, Studium der Theologie und Religionswissenschaften in Hamburg und Philadelphia / USA, freie publizistische Arbeit.

Karl Hermann, Jg. 1955, Redaktionsleiter der Stadtillustrierten PRINZ in Berlin, Diplompolitologe, nach dem Studium freier Mitarbeiter für Tageszeitungen und Magazine, Rundfunkbeiträge, Drehbücher, regelmäßige Auftragsarbeiten für *Die Zeit.*

Jörg Herrmann, Jg. 1958, Studium der Germanistik und Theologie in Marburg und Rom, arbeitet als Pfarrer und freier Journalist in Hamburg, wissenschaftliche und journalistische Veröffentlichungen in Zeitungen, Zeitschriften und im Rundfunk.

Hans-Joachim Maes, Jg. 1947, Studium der Politischen Wissenschaften an der Freien Universität Berlin. Mitarbeit bei einer amerikanischen Nachrichtenagentur, bei Zeitungen, Zeitschriften, Rundfunk und Fernsehen. Zahlreiche Publikationen.

Ralf-Dietmar Mucha, Jg. 1948, Referent für Jugendschutz, Vorsitzender der Aktion Psychokultgefahren – APG Düsseldorf e. V. Vorsitzender des Instituts für Dokumentation, Forschung und Beratung der APG e. V., ebenso Geschäftsführer der Forschungsgruppe Weltanschauungen. Zahlreiche Publikationen zum Thema Psychokulte.

Ulrich Müller, Jg. 1944, Dipl.-Sozialwirt. Seit 1975 Leiter der Forschungsstelle für Psychiatrische Soziologie, Psychiatrische Klinik der Heinrich-Heine-Universität Düsseldorf – Rheinische Landesklinik. Studium der Wirtschafts- und Sozialwissenschaft, Psychologie, Volkskunde und Ethnologie an den Universitäten Erlangen, Nürnberg, Bonn und Wuppertal. Zahlreiche Veröffentlichungen.

Norbert Nedopil, Jg. 1947, Studium der Medizin und Psychologie in München, 1975 Promotion. Anschließende Tätigkeit in verschiedenen psychiatrischen Krankenhäusern, überwiegend an der Universitätsklinik München. 1988 Habilitation, 1989 Übernahme der Abteilung für forensische Psychiatrie an der Psychiatrischen Universitätsklinik Würzburg, seit 1992 Übernahme der entsprechenden Funktion an der Universitätsklinik München.

Marita Overbeck, Jg. 1961, Studium der Philosophie und evangelischen Theologie in Marburg, Tübingen und Heidelberg. Lebt und arbeitet als wissenschaftliche Autorin in Heidelberg. Veröffentlichungen in diversen theologischen und philosophischen Fachzeitschriften.

Norbert J. Potthoff, Jg. 1948 in Krefeld am Niederrhein. Ausbildung / Studium Fotografie, Design und Malerei, Studio und Agentur für Design seit 1973. 1981 Mitgliedschaft bei Scientology, 1984 bis zum Ausstieg 1985 im Topmanagement der Sekte. Seit 1988 Engagement in der Aufklärungsarbeit über Scientology. Zahlreiche Publikationen und Vorträge zum Thema.

Angelika Rieger, Jg. 1953, Beruf Sekretärin, geschieden (kinderlos).

Burkhard Schröder, Jg. 1952, freier Journalist in Berlin. Verschiedene Veröffentlichungen.

Hugo Stamm, Jg. 1949, arbeitet beim Zürcher *Tages-Anzeiger* als Redakteur. Er hat sich auf Sekten und totalitäre Gruppen spezialisiert. 1982 publizierte er das Buch «Scientology – Seele im Würgegriff» (vergriffen).

Werner Thiede, Jg. 1955, ist seit 1991 Referent an der Evangelischen Zentralstelle für Weltanschauungsfragen (Stuttgart). Nach Studium und Pfarramt war er Akademischer Rat a. Z. am Institut für Evangelische Theologie der Universität Regensburg. Promotion zum Dr. theol. 1990 in München. Zahlreiche Veröffentlichungen.

Hinrich C. G. Westphal, Jg. 1944, ist Öffentlichkeitspastor der Nordelbischen Kirche in Hamburg. Als Mitbegründer der «Projektgruppe Glaubensinformation» und der Fastenaktion «Sieben Wochen ohne» sowie als freier Journalist ist er mit Büchern, Filmen und Kommentaren zu Fragen der Ethik und des Glaubens an die Öffentlichkeit getreten.